# 이젠 다시
# 유혹하지
# 않으련다

피에르 쌍소

서민원 옮김

東文選

이젠 다시 유혹하지 않으련다

Pierre Sansot
J'ai renoncé à vous séduire

© Desclée de Brouwer, 2002

This edition was published by arrangement
with Desclée de Brouwer, Paris
through Bestun Korea Agency, Seoul

## 차 례

가면무도회 · 9
거 부 · 15
정열의 탄생과 사라짐 · 21
불행한 유혹의 종말 · 25
프랑스어의 은근한 유혹 · 35
세상은 왜 이리 불공평할까? · 41
어떻게 그녀들이 꿈꿀 수 있도록 할까? · 47
때이른 은퇴 · 51
아무리 그래도 비열해지긴 싫다 · 55
여자들의 명랑함은 나를 무력하게 한다 · 59
내 첫사랑은 소설 속의 여주인공 · 63
남녀가 서로 끌리는 것, 그 이론과 실체 · 67
파리의 공원들 · 71
더 이상 꿈꾸지 않기 · 75
잊을 수 없는 한 방 · 77
이렇게 상상력이 고갈되다니 · 81
이블린보다 몽테뉴를 택하겠다 · 83
그래도 이 세상은 살 만한 곳이다 · 85

고집스럽게 핀 푸른 꽃으로 남고 싶다 · 87

엽색가도 무뢰한도 아닌 호감 가는 남자이고 싶다 · 91

이 모두가 라신의 잘못이다 · 101

조건부 휴전 협정 · 103

지방 출신의 여자들 · 107

나는 증오한다 · 113

쌍소의 리스트 · 121

신은 유혹자가 아니다 · 125

마레샬의 시가(詩歌) · 135

요즈음 무척 피곤하다 · 145

더 이상 유혹하지 않는다는 것은 불가능한 일이다 · 147

내가 그녀들에게 하나의 에피소드에 지나지 않았다니 · 153

고작 일주일 가는 풋사랑의 주인공이 되기는 싫다 · 157

나는 안락한 삶을 택했다 · 159

한 달 후, 아니 일 년 후에 보자구 · 163

추녀든 미녀든 그저 여자라면 모두 환영이다 · 167

유혹은 그저 그럴듯한 허세에 불과한가 · 177

정처 없이 떠돌아다니기 · 181

그저 괜찮은 인간으로 남을 수 있었으면 좋겠다 · 189

유혹자 클럽 회장 · 195

둘도 없는 우정 · 207

사계(四季) · 219

진정한 미망인이 아니라면 다 싫다 · 227

미소를 퍼뜨리는 사람 · 243

우수와 가까워지는 법 · 251

그녀에게 새 생명을 불어넣은 기분이 든다 · 253

내 자신 그대로를 드러내는 위험마저도 감수하리라 · 255

누가 정겨움을 하찮다고 하는가 · 257

## 가면무도회

나는 언제나 몽상가였다. 그것도 아주 못말리는 몽상가 말이다. 물론 이 습관 때문에 생긴 성가신 일이 한두 가지가 아니었던 것도 사실이다. 학창 시절 선생님들은 내가 강의에 주목하지 않는다고 단정짓고, 내 시험 답안지도 형편없을 것이라 지레짐작했다. 우리 부모님은 내게 암소지기 일을 맡기셨다. 그 중 한 놈이 꽤나 똑똑했던 모양으로 내가 잠시 한눈파는 틈을 타 도망치고 말았다. 그놈을 어떻게 해서라도 찾아내야만 했는데 해는 벌써 뉘엿뉘엿 기울고 있었고, 들판 위로 어둠이 내리기 시작했다. 그나마 불행 중 다행으로 이놈이 방울은 그대로 달고 있어서 그런대로 수월하게 찾아낼 수는 있었다. 그 중에서도 최악의 사건은 군복무 시절에 터지고 말았다. 어느 날 군부대의 준위가 내게 매우 중요한 특명을 전달할 것을 명했다. 그런데 늘 그랬던 것처럼 다른 데 정신이 팔려서 그만 그 사실을 까맣게 잊고 말았다.

그렇지만 몽상의 능력은 내가 몸담고 있는 현실에서 벗어날 수 있게 해주고, 한 인간이 세상을 살면서 도리 없이 겪어야 하는 달갑지 않은 일들을 견뎌내고 살아갈 수 있는 원동력을 주었다. 자전거를 타고서 멀리 하이킹하는 즐거움이 없었더라면 대학 시절 저녁나절이 얼마나 지루했을지 상상하기도 싫다. 또 내가 평범한 일상을 빌려 망자들 사이를 방황하는 데 시간을 보내지 않았더라면 제1보병연대 11사단의 영창살이 동안 동굴(그곳을 지칭하기에 감방이란 말은 너무 지나치다)은 얼마나 견디기 힘든 곳이 되었을까. 얼마나 깊은 몽상에 빠져 있었던지 하사가 감방 문을 열 때까지 시나리오를 채 끝마치지 못했을 정도였다. 나는 하마터면 그에게 이렇게 말할 뻔했다. "이곳에 몇 시간 더 머물 수 없을까요, 아직 이야기를 끝맺지 못했거든요." 나는 그가 유머 감각이 전혀 없는 꽉 막힌 작자란 것을 이미 알고 있었으므로 차마 그런 농담을 입에 올리지는 못했다.

솔직히 말해 이 책에서 내가 하고 있는 이야기들은 거의가 실제로 있었던 일들이다. 다행스럽게도 내 전공과 직업은 삶을 자유로이 영위하는 데 지장을 주지 않았다. 게다가 내게는 여자를 꼬이는 일이 스포츠 경기나 시시한 일상에 에너지를 소모하는 것보다 훨씬 중요하면서 강렬한 어떤 것이었다. 나는 여자를 꼬일 때마다 처음부터 솔직하게 내 소개를 했다. 사실 나는 이 일에 내 자신을 걸었기 때문에 나의 명예를 걸고 도전하였던 것이다. 반면 다른 남자들은 여자 꼬이는 일을 가볍게 생각한 나머지 자신의 시도가 실패로 돌아가더라도 참모습이 드러나지 않도록 비겁하게 비인칭의 영역 속으로 도피하곤 한다. 나는 젊고 아름다운 여자들의 마음을 교묘히 사로잡기 위한 장소로 곧잘 공원을 선택하곤 했다. 내심 도시 한복판에서부터 줄곧 뒤쫓던 여자들을 꼬이는 일이 실패로 돌아가면 어쩌나 하는 조바심과, 실패했을 때 혼자서 넓디넓은 대도시의 어딘가를 정처 없이 헤매야 할지도 모른다는 씁쓸함에 사로잡힌 채로 말이다. 멍청하고 무능한 작자들이 직장의 여자 동료들 사이에서 인기가 있다고 은근히 자랑하는 것을 보면 한 대 갈기고 싶은 마음이 생긴다. 여자들을 일일이 찾아다니며 그놈은 글렀으니 맘 바꿔 먹으라고 충고해 주고 싶은 마음이 들 정도이다. 아뿔싸! 너그럽지 못한 남편이 질투심에 사로잡힌 나머지 내게 몇 방 먹인 것 또한 사실이니 이를 어쩌겠는가.

그 나머지의 일화들도 어떤 방식으로든 내가 겪은 일들이다. 여기서 이야기하고 있는 일화가 어떤 것이건 그 내용은 나 자신과 닮아 있고, 나의 진실을 드러내 준다. 나는 한번도 보험회사에서 근무한 적이 없다. 또 미라몽-드-귀옌이 아니라 쌩뜨-푸아-라그랑드(프랑스 지리에 어두운 독자들은 아마 이 두 지명을 혼동하고 있으리라)에서 예쁜 여자들의 꽁무니를 따라다녔다. 세부 사항들

이 중요한 것은 아니다. 그러한 외부적인 조건들은 기분에 따라 얼마든지 바꿀 수 있는 겉치레에 불과하니 말이다. 중요한 것은 이 가면 밑으로 숨김없는 나의 얼굴이 드러난다는 것이다. 내가 어떤 식으로 다른 사람들에게 접근하며, 어떻게 그들과 희롱하고, 또 전혀 평범하지 않은 여행에 그들을 어떻게 초대하는지 말이다.

그러니 현실과 상상의 세계를 무 자르듯 하는 사람을 보면 나로서는 안타깝다! 우리는 이 상상의 세계로 열리는 문을 힘껏 밀고 서(제라르 드 네르발은 그 칠흑 같은 초현실의 문을 빠끔히 열 줄 알았었다) 기쁨이 가득하지만 빈번한 위협의 대상이 되는 이방의 대륙을 발견해야 할 것이다.

이러한 추억과 몽상들을 재료로 마음을 사로잡는 기쁨을 질서 정연한 사유의 흐름에 따라 추상적인 용어로 설명할 수도 있을 것이다. 그런데 그렇게 하면 하나의 이야기가 만들어 내는 색깔과 비약, 감동과 모호성, 그리고 주변의 이야깃거리들은 어디론가 사라져 버리고 만다. 분석적이기만 한 방법은 특히 유혹에 관해 성찰할 때는 별다른 매력이 없어 보인다.

유혹은 천의 얼굴을 하고 있다. 그리고 나는 사랑하지 않기처럼 유혹하지 않기라는 부분에 중점을 두면서 그 몇몇의 얼굴에 정당성을 부여하고자 했다. 사실 유혹에 작별을 고한 뒤라야 세상의 잔인한 얼굴과도 작별을 고할 수 있지 않을까? 게임의 규칙은 소박한 방법으로 바뀌고, 우리는 다시 이전으로 돌아갈 필요성을 느끼지 않는다. 마찬가지로 우리는 타인에 대해 아주 많이 알고 있고, 인간 조건에 대한 지식을 쌓아 가고 있다고 굳게 믿고 있었지만 이 모든 희망은 헛된 것이라는 사실이 드러났다. 나는 한 친구와 이 작업을 함께하기 위해 파리를 여행하려 했다. 그런데 그 친구는 사라졌으며(가정에 안주하였다), 그 도시는 더 이상 예전의 파리가 아니었다. 그러니 그것을 실제 경험하느니보다는 글을 쓰는 것이 훨씬 나으리라는 결론이 났다. 그리하여 가면 뒤에 자신을 숨기는 유혹자로서의 삶을 거부하고, 나 자신을 드러내어 사랑하는 삶을 택했다. 이 세상은 수천의 얼굴로, 풍성한 녹음으로, 그 별들로 한껏 사랑스러운 모습을 보여 주고 있다. 이렇게 하여 나의 시선을 단지 몇몇 피조물에만 고정시킬 필요가 없다는 사실을 점차로 깨닫게 되었다.

나는 블레즈파스칼고등학교에서 다시 발견했던 신념과 안락한 생활의 매력 사이에서 하나의 선택을 했다. 당시 과연 얼마나 많은 선택의 여지가 있었는가? 그러나 이 책에서 나는 그보다 훨씬 다양한 형태의 포기에 대해 말하였다.

한참이나 엉뚱한 길을 헤맨 끝에 진리의 한 형식을 발견했다는 생각이 들었다.

그저 단순히 좋은 사람이 되는 것만으로도 벌써 대단한 일이다.

구태여 커다란 승리나 대단한 성취·성공을 바라지 않고, 그저 신뢰할 수 있는 어떤 사람이 되는 것 말이다.

소리 없이 미소를 퍼뜨리며 만나는 사람의 말에 진심으로 귀를 기울인다면 그쪽에서도 기분 좋은 관심으로 응답할 것이고, 그런 사이 주변은 환해질 터이다.

정겨움을 몸소 실천하는 것은 결코 사람이 흐물흐물하다거나 줏대가 없어지는 일이 아니다. 그것은 다른 사람의 영향권 안으로 기꺼이 들어가 특별히 해를 끼치지 않으면서 그의 곁에 함께할 수 있는 방법이다. 이제 여러분에게 떠도는 존재의 여정, 섬세함과 행운을 약속하는 존재의 여정을 제안하겠다. 다시 말해 거부에서 시작해 합의에 이르고, 새로운 세계를 발견하게 되는 여정을 말이다.

거 부

　본론으로 돌아오기가 이렇게 어려운 것을 보니 너무 멀리까지 나아간 모양이다. 나는 지금껏 무슨 일을 하려 할 때 내가 몸담고 있던 지난 일에 작별을 고하는 의식을 제대로 치러야 한다고 믿었었다. 그것은 언젠가는 끝을 보아야 하는 인내심을 요구하는 작업이었다. 그런데 이 작업에서 좀처럼 진전을 볼 수가 없었다. 이런 일을 불과 며칠, 아니 몇 달 만에 해치우는 이들과 달리 나는 작은 한걸음의 전진에 의미를 두고 있었으므로 더디다는 점에 대해서는 전혀 마음을 쓰지 않았다. 내가 한사코 이상하게 생각하는 일이 있다. 도대체 사람들은 관에서 시신을 꺼내고 난 후, 그 관이 어떻게 되었을지에는 도통 관심이 없는 것이다. 그러나 그들은 나름대로 나의 무사태평한 일처리가 마음에 차지 않는 모양이다. 무슨 일이건 '산만하게 처리' 하는 나의 성향은 주변에 의혹을 불러일으키기에 충분한 것이었다. 그렇다면 나는 영 일관성 없는 인간으로 전락한 것이란 말인가? 나는 불치의 병에 걸려 놓고, 그 병에 걸린 것에 흡족해하는 참으로 이상한 병에 걸려 버리고 만 것이다. 다른 사람들의 말을 한 귀로 듣고 한 귀로 흘려보냈는데, 이 때문에 사람들은 또 한번 분개했다. 프랑스 영화의 새로운 걸작이 출시되었다고 해서 손뼉을 치며 반기지도 않았다. 정치적인 추문으로 세상이 떠들썩할 때도 분개하며 발을 동동 구르지 않았다. 그러나 태양이 미적거리며 떠오르기를 늦출 때 슬픈 얼굴을 지어 그들의 화를 더욱 돋우었다.

사랑한다고 동네방네 떠들고 다니던 이를 저세상으로 떠나보내고, 너무도 빨리 삶의 기쁨과 집착으로 위안을 받는 이들을 나는 원망했다. 갓 열다섯 살 난 아들을 여읜 한 어머니가 쇼윈도에서 본 아름다운 봄옷의 화사한 빛깔에 매혹되어 살까말까를 주저하는 모습은 나를 절망케 한다. 그보다 더한 일도 있다. 이 친구는 평생을 함께 살던 동거녀가 암으로 죽기 직전에 혼인 신고를 했다. 덕분에 그 재산의 일부를 낚아챌 수 있었던 이 작자는, 아내가 죽은 지 채 일주일도 안 되어 지역 무가지에 '오십대, 홀아비, 교양을 갖춤, 신장 174센티미터' 라는 광고를 냈다. 나는 이 광고를 발견하고서 경악하며 동그라미를 쳐두었다.

그들의 가벼움은 이같은 논리로 설명된다. 그들은 영원하면서 지고지순한 황홀의 순간을 시도때도 없이 바라고, 그외의 행복이란 있을 수 없다고 굳게 믿고 있다. 가만히 기다리면 될 몇 달간의 공백 때문에 살가운 애정, 성적 만족, 오순도순 주고받는 잡담 등을 빼앗길까 두려운 것이다. 이렇게 하여 그들은 결국 인생에서 유일한 자기 자신, 고독, 고독의 무한한 심연으로 돌아갈 수 있는 기회를 영영 잃고 마는 것이다. 이런 사람들은 죽음이 그들의 인생에서 그 어느 누구와도 바꿀 수 없는 단 하나의 사랑을 앗아 갔다고 입술에 침도 바르지 않고 말할 것이다. 그 유일한 사랑 대신 다른 유일무이하고도 대체할 수 없는 사랑을 찾으려고 온갖 수단을 다 동원하면서 말이다. 인간 존재가 이처럼 배반의 대가로만 성취되는 존재라면, 우리들 모두 한낱 일회용품 같은 개개인에 불과하다면, 한 인생의 성공이 그의 친구들과 애인들의 숫자로만 가늠된다면 그런 인생에 대해서는 아예 성찰할 가치조차 없을 것이다.

이런 나를 사람들은 새로운 돈키호테 정도로 취급했을 법하다. 그러나 나는 가상의 난폭한 병사로부터 과부와 고아를 보호하지는 않았다. 그보다 그들 자신으로부터, 즉 운명이 그들에게 부여한 역할을 벗어나 그것을 배반하고자 하는 자신의 유혹으로부터 그들을 보호하려 한 것이다.

그때부터 그들의 애무와 입맞춤, 즐거운 생일 잔치, 부부 싸움

과 뒤따르는 화해, 뤽상부르 공원을, 해안선을 따라 손에 손을 잡고 하는 산책, "이리 와서 내 옆에 앉아" "아이가 울고 있네, 뭐가 잘못되었는지 좀 가보지 그래" "이번 주 토요일엔 맛있는 감자 그라탱을 해줄까" 하는 그들의 낯간지러운 말들에 분개했다.

분노는 내게 유익한 것이었다. 이 끊임없는 투쟁이 나의 슬픔과 사랑하는 사람의 부재로부터 눈을 돌리게 해주었던 것이다. 나는 점차 나의 동시대인들과 으르렁거리는 일을 멈추고, 내 자신의 고통을 돌아보게 되었다. 과부나 홀아비들이 행복했던 순간, 일상 생활로부터의 일탈 경험을 다시 살아 봄으로써 스스로 위안을 삼는 것처럼 말이다. 이렇게 그들은 기억의 도움을 받아 추억이라는 유익한 파도에 몸을 맡기며, 서로의 손을 잡고 더 넓은 곳으로 나아가 우리 눈앞에서 영영 사라지고 만다. 아니면 영원히 끝나지 않을 소설을 쓸지도 모른다.

그들처럼 흘러간 과거 속에서 한 파편을 끌어낸다. 그것에 색상을 덧입히면서 회복될 수 없는 것이 회복되고, 끔찍한 현실도 거부할 수 있을 것 같은 착각을 한다. 나의 상상력, 나의 기억은 그런 일도 가능한 것으로 만들 만큼 충분히 생생하다. 그렇다고 분명하지 못한 이유를 가지고 치유하는 활동에 전념하고 싶지는 않다. 그것은 아마도 내 상태가 생각한 것보다 심각한 때문이리라.

나는 다른 사람들보다 훨씬 멀리까지 나아갔고, 이제 당신들과 같은 길로 접어드는 일은 불가능해지고 말았다. 틀림없이 나의 길에는 나의 명예가 달려 있기 때문이리라.

나를 다른 사람들과 비교해 본다. 잔인한 전쟁, 믿을 수 없는 폭력과 살육이 있던 자리, 뉴욕의 5번 애버뉴와 파리 샹젤리제의 말끔한 거리를 상이군인들이 비틀거리며 걷는다. 그들의 머릿속에는 아직도 네이팜탄이 태워 버린 거리와 불구가 된 일그러진 얼굴들만이 남아 있다. 또 다른 인간 유형을 보자. 그는 우리의 분노가 미치지 않는 영역에 살고 있다. 어느 누구를 막론하고 겪는 일들, 우리가 애착을 갖고 있는 모든 것, 일상의 혼잡함, 불공평한 세상에 그는 상처입는다. 한 남자를 보자. 그는 길었던 형기를 마치고 감옥에서 출소했다. 어떻게 대문을 여는지, 호텔 숙박부에 어떻게 기재를 하는지, 하다못해 거리에서 길을 묻는 방법조차 그는 까맣게 잊고 말았다. 또 다른 한 사람은 신을 영접하여 그의 무한한 선의지와 능력을 받아들인다. 신은 가엾은 피조물의 눈에는 보이지 않는 법, 신은 자신의 피조물들의 비참을 보고서 비애를 느낄지도 모른다. 어쨌든 적어도 그들은 신과의 영적인 교류에만 만족하며 세상의 부름에는 무감각하게 살아간다.

그보다 더 이상한 일도 있다. 선배 죄수들이 이승 아니 저승이라고 명명하였던 그림자의 왕국을 며칠 동안 떠났다 올 것을 허락받은 한 죄수가 있다. 그런데 생생하게 살아 있는 빛과 육신의 우둔함은 그로서는 견딜 수 없는 것이 되어, 언젠가 자신도 이 땅의 한편에서 살고 있었다는 사실조차 기억할 수가 없다. 눈이 부셔 어리둥절한 그는 이쪽도 저쪽도 아닌 문턱에서만 머물다가 밤의 친구들 곁으로 다시 돌아간다.

나는 너무도 많은 말들을 하고 말았다. 이 수다를 여러분이 다 들어 줄 수 있을지! 그 사랑이 상호간의 존경과 공통된 취미, 환희의 순간, 멋진 깨달음과 긴 저녁나절에 기반을 두고 있다면 당신들의 사랑의 가치 자체에 전혀 의심을 품지 않으리라. 그렇지만 어느 날 단조로운 일상과 계절의 사이클로 다시 돌아갈 때, 당신의 모든 것을 완전히 빼앗고 껍질만 남길 신비롭고도 이상한 타인의 존재가 살금살금 당신에게 다가간 적이 한번도 없었는가. 그랬다면 그것은 아마도 당신에게는 행운이었을 것이다.

내게 있어서 그 모든 것을 포기한다는 것은 단순한 포기보다 한층 더한 것. 그것은 차라리 거부인 것이다.

## 정열의 탄생과 사라짐

　유혹보다도 한층 강한 정열은 그 신비로 나를 사로잡는다. 그렇다면 정열은 어떻게 생겨나 어떻게 사라지는 것일까? 나는 정열이 생겨났다가 사라지는 미묘한 움직임에 깊은 관심을 가지고 있었다. 그런데 누군가에게 홀딱 반한다는 것은 내게는 너무 급작스러운 까닭에 의심스러운 것이었다. 이러한 상태는 차츰차츰 다가와서 서서히 자리를 잡는, 생각지도 못한 작은 신호들이 예고하는 마음의 설렘과는 아무런 상관이 없는 것으로 보였던 것이다. 일단 서로의 마음을 확인하고 나면, 우리는 이 조용한 다가옴을 너무 무시하는 경향이 있다. 매력이 이것으로부터 나오는데도 말이다. 이 조용한 다가옴을 봄에 비유하는 것은, 그것이 무미건조하고 상투적인 젊은이의 야망으로서가 아니라 수줍은 속삭임으로 약간은 나른한 오후 무렵, 야외에서 식사를 나누는 저녁나절에 오기 때문이다. 그런 다음에는 한바탕의 팡파르와 함께 차가운 겨울이 온다. 얼음같이 찬비가 내리고 눈보라가 친 다음에 우리는 벌써 이 사랑이 종점에 닿아 있음을 깨닫게 되는 것이다.

  나는 바로 그런 순서로 진행되는 정열을 꿈꾸었다. 우리는 사랑하였고 사랑을 받았으며, 우리의 관계가 더 이상 예전 같지 않다는 것을 누구보다 먼저 의식한다.

  내가 느끼기에 정열이란 갑작스런 죽음으로 쉽사리 사라질 수 있는 성질의 것이 아니다. 정열은 저 광활한 해안선을 따라 지는 해처럼 황홀하게 사라진다. 사랑하는 여자에게 버림받은 사나이가 절망에 몸부림치며 울부짖을 때, 치명적인 덫에 걸린 짐승처럼 끔찍한 고통을 호소할 때, 나는 그가 정열을 그처럼 도매금으로 넘겨 버리는 것에 화가 치민다. 그에 합당한 가치를 정열에 두었더라면 마지막 순간까지 그 정열에 걸맞게 행동하였어야 했다. 느리고 우수에 찬 정열의 행렬을 따라야 했으며, 그것을 위해 비장하고 슬픈 노래를 작곡하였어야 했다. 하나의 정열은 반짝이며 새롭게 태어날 때보다 꺼질 때 더욱 아름다워야 한다. 그것은 발걸음을 재촉하지 않고 우리로부터 멀어지는 정열이어야 한다. 휙 지나가는 부채바람처럼 단번에 모든 것을 부수어 버리는 것이어서는 안 된다. 태어날 때보다도 더 신비롭고 불가사의함을 간직한 채 능변도 절규도 멀리하며, 말없이 보일 듯 말 듯한 미소를 머금고 사라져야 하는 것이다.

  이제 덧없는 유혹의 유희를 그만두련다. 이렇게 얘기해도 좋을지 모르겠지만 내 첫사랑의 경험들로 돌아가련다. 그런데 성운들과 수목들과 하천들과 몇몇의 광활한 도시와 접목되어 바야흐로 탄생할 정열을 공유할 만할 시간을 내줄 사람들을 과연 발견할 수 있을 것인지…….

어느 날 단조로운 일상과 계절의 사이클로
다시 돌아갈 때, 당신의 모든 것을 완전히 빼앗고
껍질만 남길 신비롭고도 이상한 타인의 존재가
살금살금 당신에게 다가간 적이
한번도 없었는가. 그랬다면 그것은
아마도 당신에게는 행운이었을 것이다.

## 불행한 유혹의 종말

나도 대부분의 내 친구들처럼 자연스럽게 주어진 기회들을 증식시키면서 쉽게 여자들을 꼬일 수 있었을 것이다. 고등학교나 대학교 때의 동급생, 친구의 여동생이나 친구들의 여자 친구들이었던 여자들 말이다. 결국에는 그녀들도 친숙한 인연에 끌리게 마련이었으니. 그것도 아니라면 무도회나 마을의 축제, 결혼식 또는 장례식——장례식이라고 구태여 안 될 법은 없지 않은가?——등에서 이루어지는 만남을 이용해 볼 수도 있었다. 그런데 문제는 이런 식의 만남이 내겐 도무지 낭만적이지도 않고, 기회주의자적인 선택으로밖에 비치지 않는다는 것이었다. 나는 위험을 감행하고자 했다. 사실 내게는 위험이 없는 유혹은 전혀 무의미하였고, 나에게 유혹의 가치는 그에 따르는 위험에 비례하였기 때문이다.

도시의 대로 한길을 성큼성큼 걷다가 한 여인에게 다가갈지 말지를 망설이는 순간, 나는 거절당하면 어쩌나 무척 두려워지곤 하였다. 그런데도 언제 어떻게 그녀에게 말을 붙여 볼까 쉴새없이 기회를 엿보면서 한편으로 이런 상황에 희열을 느끼곤 하였다. 결국 입을 열자마자 사지는 경멸과 아연실색의 구렁텅이로 떨어지곤 하였지만 말이다. 그렇게 되면 복서가 공포에서 벗어나기 위해 필사적으로 상대방에게 펀치를 먹이는 것처럼 정신없이 밀어붙일 수밖에 없었다. 내 자신을 드러내야 하는 상황에 이르면, 마치 줄리앙 소렐이 처음으로 레날 부인의 손을 잡기를 주저하던 순간에 느꼈음직한 감정을 느꼈다. 경멸을 당한다면 저주요, 그녀와 함께 길을 걷기를 허락받는다면 지상의 행복인 것이다.

얼마나 오랫동안, 또 얼마나 많은 거리를 지났는지 모르겠다. 그동안 내 얼굴 모습은 변화하여 공포로 일그러진 표정을 하고 있었던 모양이다. 아마 누군가가 나를 보았다면 겁에 질리거나, 굶주림에 시달리거나, 애정에 굶주린 그런 얼굴을 하고 있다고 하였을 것이다. 그런 얼굴로 나를 원치 않았던 이 도시와 담판을 지을 수도 있었다. 그런데 만일 이 도시가 나를 그렇듯 잔인하게 거부하지 않았더라면, 내가 이 도시와 맺은 관계는 아마 훨씬 모호한 것이 되었을 터이다. 그러나 나는 마음속 깊이 이 도시가 나와 다를 것이 없다는 것을 알고 있었다. 나처럼 버림받고 은혜를 입지 못하였으며, 또 나만큼이나 사랑을 필요로 한다는 것을 알고 있었던 것이다. 나는 이름 모를 행인과는 비할 수 없을 정도로 그 거리와 담벼락, 그 사이로 보이는 하늘에 깊은 애정을 가지고 있었다.

새벽이 내린 거리를 몇 시간 동안 그렇게 정처 없이 걷고 피곤에 지친 나는 침대 위로 무너지듯 몸을 던졌다. 그럴 때 나를 휘감던 절망은 사실은 일상의 자잘한 행복의 바탕이 되는 무언가 숭고한 어떤 것이었다고 느꼈다. 내가 그렇게 버림받고 내던져진 것에 마음속 깊은 곳으로부터 올라오는 희열을 맛보았던 것이다.

\* \*

나는 단지 유혹만 하려 했던 것인가? 사실 탐미주의자 행세를 하였을 뿐 우연히 만나거나 그 뒤를 쫓은 이러이러한 여자와 진정으로 구체적인 관계를 맺으려 하지는 않았다. 만일 어떤 여자에게 다가갔을 때, 그녀가 커다란 미소를 보인다면 나의 흥미는 단박에 사라지고 말 것이었다. 내가 끌렸던 것은 그녀가 나를 배제한 움직임에 속해 있기 때문이었다. 나와는 상관없는 세상과 거리와 다른 행인들과 상관있다는 것은 적어도 그녀가 나와 거리를 유지하고 있다는 것을 의미한다. 나는 그녀가 자신의 움직임과 손짓·발걸음·태도에서 자유롭다는 것을 감지하고 있었다. 댄서들이나 자신만을 위해 헌신하는 사람들, 주어진 상황에 최선을 다하는 사람들이 가지고 있는 것과 같은 그 자유를 말이다. 만일 그녀가 나에게 동조하여——사실 그런 경험도 있었다——내 초대에 응했다면, 그녀는 그 깃털처럼 가볍고 자유롭던 당초의 분위기를 단숨에 잃고 말았을 것이다. 그 주름과 그 속눈썹과 그 살점과 함께 일상 생활의 고민에 힘겨워하는 우리와 같은 존재, 친구들의 집이나 직장에서 매일같이 만나는 여자들과 다를 것 하나 없는 움직이지만 정지된 그런 여자로 변하고 마는 것이었다. 사실 불행한 여자들은 언제나 분주히 움직이며 진지하게 자신의 일과에 열중한다. 이같은 고찰이 이치에 맞는지, 아니면 내가 비겁하게 후퇴하는 것인지 잘 모르겠다. 그냥 먼저 가서 말을 걸어야 하고, 틀림없이 거절당할 것이라는 불안감만으로도 내 심장은 미칠 듯이 뛴다. 만일 그 여자가 내 수작에 화를 낸다면 분명 수치심을 느낄 테지만 내가 찾아 헤매었던 것은 바로 그 모습, 그녀의 그 모욕당한 듯한 얼굴 표정이었다는 것을 나는 잘 알고 있었다.

다른 친구들은 모르는 여자에게 다가가 수작을 거는 일을 큰 즐거움으로 삼았다. 그들은 아주 순진한 체하고 있었으므로 내가 느꼈던 어색함은 아예 느끼지도 않았던 것 같다. 게다가 조금의 양심의 가책도 없었으므로 그것이 그들의 시도를 성공으로 이끄는 데 도움이 되었다. 그들의 행동이 너무도 자연스러웠던 나머지 지나가던 여자들이 그만 쉽게 믿어 버리는 것이었다. 사실이 그렇다. 그런 일을 비극으로 취급할 필요도 없고, 남들이 잘나간다고 해서 구태여 분개할 필요도 없는 것이다. 그렇지만 이렇게 시간이나 때우려는 작태는 내게는 어떤 흥미도 유발시키지 않는 것을 어쩌랴.

때로는 내가 직접 겪고 있는 연애 사건이 완전히 어긋난 경우도 있다. 나는 나의 명예를 건 비장한 연애에 빠졌다고 굳게 믿고 있었다. 그런데 나의 영혼은 마치 이 가지에서 저 가지로 뛰어다니는 새처럼, 아니 그보다는 어느 박식한 노인이 자신의 기억과 현재의 사유로부터 솟아올라 흩어진 모든 단상들의 한쪽 끝을 저쪽 끝에 연결하듯 온갖 구속에서 벗어나 방황하였던 것이다. 길에서 마주친 기억 속의 한 여자와 옆집에 살던 고3 여고생, 대문 안쪽에 자리잡은 현관과 시므농의 소설에 나오는 뒷마당 깊숙이 숨겨져 있던 시체로 시작된 범죄, 가로등과 제라르 드 네르발의 이미지, 짙은 안개와 모험가 잭의 승리 같은 것들이 함께 연상된다. 그런데 진실을 말하자면 이같은 시적인 영감의 순간은 그다지 흔치 않다는 것이다.

나는 파리를 상실했다. 그리고 그것은 그다지 가볍게 지나칠 일이 아니다. 왜냐하면 그토록 피곤함을 무릅쓰고 내가 찾아 헤매었던 것은 어떤 우정어린 존재가 아닌 바로 이 도시였기 때문이

다. 도시란 끊임없이 그곳을 샅샅이 훑는 자에게만 자신의 속살을 드러내는 법이다. 하나의 인간도 사랑하는 사람 곁에 머물 때 활짝 피어난다. 오늘 내가 향수를 느끼는 파리는 평화롭던 지난날의 꽃다운 파리가 아니다. 은방울꽃 향기가 물씬 풍기고, 저녁나절이면 사랑이 풍성하던 그런 파리가 아니다. 어두운, 지독히 어두운 파리였다. 사람들은 저마다 집 안에 틀어박혀 나오지 않는 침울한 11월의 파리이다. 거대한 시가에는 쥐새끼 한 마리 보이지 않고, 작은 골목길은 저마다 잔뜩 몸을 사리고 있는 그런 파리 말이다. 개마저도 감히 나다니지 않을 그런 추위에 감싸인 파리. 기념물들은 그토록 힘겨운 여러 세기를 견뎌낸 것이 하나도 자랑스럽지 않은 듯 어색한 몸짓으로 이리저리 흩어져 있다. 나는 무언가를 애원하며 발걸음을 옮긴다. 그리고는 이 도시와 함께 단말마의 희열을 느낀다. 그것은 내게 할당된 운명이었다. 그러니 어떤 일이 일어나도 이 도시를 배반하여서는 안 되는 것이다. 그 운명을 벗어나기 위해서라도 이 도시와 나 자신을 충분히 신뢰해야 하는 것이다. 며칠 동안의 정적이 끝나고, 마치 조난 사고의 유일한 생존자의 행운을 얻은 듯한 느낌이 들었다. 그러나 내가 느낀 고통에 대해서 한 줌 후회도 없다. 그 고통은 이같은 중압감을 향유하기 위해 치러야 하는 대가였던 것이다. 만일 그랬어야만 했다면 나는 그것을 영광스럽게 증언하기 위해 수많은 골고다의 언덕을 기어올랐을 것이다.

아나운서의 일기예보를 들으며 지금의 내 모습에 수치심을 느낀다.

\*  \*

모든 일은 바라지 않던 방향으로만 흘러갔다. 한 여자, 그리고 또 다른 여자가 내게 미소를 지었으므로 만나자고 신청을 하였고 공교롭게도 두 명 모두가 약속 장소에 나왔다. 결국 나는 아무런 시도도 하지 못한 채 닭 쫓던 개 지붕 쳐다본 격이 되고 말았다. 그래서 이제는 못 올라갈 나무라고 생각하여 아예 말조차 못 붙여 본 나의 여동생의 여자 친구(안-마리)를 목표로 삼았다. 그런데 이런 그녀에게도 결점은 있었으니 조금 다혈질이라는 사실이었다. 나는 결국 이 점에 감사해야 했는데 내 여동생과 부모님, 그리고 안-마리의 부모님은 우리가 결혼할 줄로 굳게 믿고 있었던 것이다.

이 이야기를 악의를 가지고 다르게 구성해 보자. "너는 날 때부터 인생을 망칠 수밖에 없는 운명을 타고났다. 네가 하는 일은 전부 실패로 돌아가게 되어 있었다. 친구들 몇하고 인도 여행을 계획했다. 그런데 그들 중 하나가 여행 자금을 챙겨 가지고 튀어 버렸다. 너는 그럭저럭 수필을 하나 쓰게 되었는데 어떤 출판사도 그 책을 출판하겠다고 나서지 않았다. 같은 건물에 사는 이웃들

은 네가 시간 약속을 지키지 않는다고 뒤에서 욕을 했다. 너와 가장 친한 친구의 아내는 남편에게 너하고는 다시는 만나지 말라고 종용했다. 그 친구는 귀찮아서, 또 그다지 좋은 친구가 아니었기 때문에 아내의 말에 따를 것이다. 얼마 후 너는 헛되이 일자리를 찾아 헤맬 것이다. 게다가 여자들하고는 일이 제대로 풀리는 법이 없다. 너에게는 입술조차 허락하지 않는 여자들이 다른 놈팡이들에게는 모든 것을 바친다. 그 여자들은 자신만만하고 젊은, 생글거리는 작자들만 밝힌다. 그런 어줍잖은 풋내기들의 행동에서 우아한 구석이라곤 눈곱만큼도 찾아볼 수 없는데 말이다. 결국 실리를 취하자는 생각과 모험을 즐기는 취향 때문에 처음부터 너를 경멸하지 않을, 낯선 여자들 쪽에 헛되이 희망을 걸어 보기로 했다."

이 모두는 거짓이다. 나는 모든 것을 다 망칠 만한 재능을 조금도 타고나지 못했다. 같은 건물의 이웃들은 내게 언제나 친절했다. 게다가 인도 여행을 해야겠다는 생각은 한번도 해보지 않았다. 내 친구들은 모두 독신이어서 당연히 나와는 만나지 말라고 할 아내가 없다. 글쓰기에 매력을 느낀 적은 한번도 없으며, 원고를 가지고 출판사에 출판해 줄 것을 부탁해 본 일도 없다. 내 여동생의 친구들이나 여자 동급생들이 내게 가끔 정겨운 눈짓을 보내도 나만 그 사실을 모르고 있었다. 사실 나는 절망한 유혹자가 될 것을 스스로 결정했다. 왜냐하면 그것이 선택이라고 단단히 믿고 있었으니까.

지나가는 여자들에게서 익명성이 아닌 친숙함을 느끼는 순간 나는 유혹을 포기했다. 거대한 희망에 온몸을 내던지는 능력과 마찬가지로 절망을 견뎌내는 내 능력도 쇠퇴하였던 것이다. 나는 이제 더 이상 숭고하지만 예리한 몇 줄기의 섬광 때문에 내 생명을 내걸 수 있으리라고는 생각지 않는다. 그저 매일매일의 내 삶을 영원과 같은 선상에 두려 한다. 그렇지 않아도 신은 언젠가는 허락 없이 내게서 삶을 거두어 갈 테니까 말이다. 다른 사람은 괘념치 않는다. 나를 무죄 석방하거나 사형을 선고할 권리가 그들에게는 없으므로. 그리고 무엇보다도 널리 사랑과 인정을 받던 그 유명한 대도시가 더 이상은 예전 같아 보이지 않는다는 사실을 받아들여야만 한다. 이 도시가 사랑스럽고 친절한 모습을 보인다고 해서 애써 눈치를 살필 필요도, 또 위협적으로 보인다고 해서 구태여 정을 뗄 필요는 없지 않은가.

그에 합당한 가치를 정열에 두었더라면
마지막 순간까지 그 정열에 걸맞게 행동하였어야 했다.
느리고 우수에 찬 정열의 행렬을 따라야 했으며,
그것을 위해 비장하고 슬픈 노래를 작곡하였어야 했다.
하나의 정열은 반짝이며 새롭게 태어날 때보다
꺼질 때 더욱 아름다워야 한다.
그것은 발걸음을 재촉하지 않고
우리로부터 멀어지는 정열이어야 한다.

### 프랑스어의 은근한 유혹

앞서 출간한 두 소설이 성공을 거두는 바람에 문단에 등단하여 나보다 훨씬 유명한 문인들과 자리를 함께할 기회가 많아졌다. 도서전이나 라디오 인터뷰를 통해서도 마주치고, 내 책을 펴내는 출판사에서 여는 모임에서는 보다 사적이고 더 정겨운 분위기에서 만남이 이루어진다. 자주 만난다고 해서 그들이 내게 글쓰기를 가르쳐 준다든지(그들의 가르침을 받을 바에야 차라리 몇몇 위대한 고전을 다시 읽는 편이 훨씬 가치가 있을 것이다), 최근 들어 생긴 재산 관리에 대한 조언(그들 대부분은 재산을 헛되이 낭비하였고, 그중에서 가장 노련한 치들은 진정한 조언을 하려 들지 않았다)을 받을 것이라고는 애초에 생각지도 않았었다. 그보다는 그들이 나에게 여성의 마음을 빼앗는 방법——이 분야에 나는 특히 서툴렀다

―――을 가르쳐 주기를 바랐다. 나는 행복한 내 동료들이 부러웠다. 내 눈에 그들은 센스와 재치 있는 영감의 영원한 축제에서 금방 빠져나온 것처럼 보였다. 그들은 선천적으로 행복할 소질을 타고난 것이었다. 그렇다고 재능만이 전부는 아니다. 그들도 분명히 여러 가지 방법을 습득했을 터이니 그 방법을 배우고 싶다는 거다. 그래서 언젠가 명예로운 유혹자의 대열에 끼이게 된다면 그 이상 바랄 것이 없었다.

나는 그들처럼 노력하지 않고도 단숨에 재능을 습득하진 못했다. 그랬다면 아마도 재빨리 환상으로부터 벗어났을 터인데 말이다. 그들은 한 정열적인 유혹자의 인생에 자신의 시간을 투자할 만한 여유가 없었다. 그들은 뤼베롱 지역의 엄청나게 비싼 호화주택을 샀거나, 뇌이의 고급 단지에 있는 아파트를 샀기 때문에 월말이면 적자를 면해 보려고 안간힘을 써야 했다. 또 이 스튜디오에서 저 스튜디오로, 이 회의에서 저 회의로 손발을 걷어붙이고 돈을 벌러 나선다. 같은 내용의 기사를 베아른의 신문에, 그 다음에는 알자스의 잡지사로 돌린다.

다른 이들은 어떨까. 글쓰기에 대한 지나친 열정에 사로잡혀서 그것으로 돈을 버는 일 따윈 거절한다. 언제나 번민과 감정의 동요 속에서 무언가 다른 새로운 것을 써보려 안간힘을 쓴다. 새벽녘부터 밤늦게까지 천사와, 말로 설명할 수 없는 것과, 새로운 것과 벌이는 투쟁으로 지쳐 나가떨어진다. 그러니 올챙이들과 섞여서 왈츠를 출 만큼 한가하지 않은 것이다. 향연이 있던 다음날의 둔탁한 언어, 머리에 잔뜩 안개가 낀 것 같은 상태를 견딜 수 없어한다. 그저 연민 없는 날카로운 시선과, 신성한 제단에 바쳐질 정확한 몸짓으로 단호히 하루를 시작하는 것이다.

어떤 이들은 금요일 오후가 되면 제각기 자동차에 기름을 채우고 짐을 싸서 별장으로 향한다. 그리고 월요일 아침이면 저마다 신선한 공기도 많이 마시고, 이웃이 파는 진짜 우유도 알아냈다고 어김없이 자랑을 늘어놓는다. 그런 그들을 보면서 나는 그렇게 놀라지 말았어야 했다. 언젠가 몇 달간 메디치 빌라에 묵은 적이 있다. 그곳에 머물렀던 남자들은 한결같이 성실한 얼굴을 하고서 아이들을 유모차에 태워 산책하거나, 때로는 시장을 잔뜩 보아서 돌아오곤 하였다. 또 휘황찬란한 실내장식을 한 식당에서 종업원들이 흰 장갑을 끼고 나르던 형편없는 음식을 아주 맛있다는 듯 게걸스레 먹는 척했다. 그리고 묵직하니 소화되기 어려운 식사를 그나마 촉진시키기 위해 자녀들과 축구를 하곤 했었다.

유혹이라는 것이 모르는 여자를 희롱해야만 하는 것이라면, 내 동료들 대부분은 아예 그런 일에는 관심조차 보이지 않았다. 엄격히 제한된 소그룹 속에서 아내나 애인을 교환하는 스와핑이 이루어졌다. 비슷한 사람들끼리는 비슷한 사람들의 파트너에게도 자연히 끌려서 그런 것일까? 그 사람들은 날 때부터 호기심이라는 것이 없는 것일까? 서로 가까이 있으니 멀리까지 만나러 다니는 불편이 없어서 그런 것일까? 나와 같은 출판사의 작가 모임에 속한 한 작가는 감히 이렇게 고백했다. "이보게 레옹, 우리 작가들은 더 이상 잃을 시간이 없다네. 여자들은 우리가 무엇에 희열을 느끼는지 잘 알고 있고, 우리는 그들의 약점을 잘 알고 있지 않은가. 그래서 모든 것이 재빨리 이루어지고, 결국 우리 모두가 만족하니 이보다 더 좋은 일이 어디 있겠나."

지금으로서는 그다지 바라지 않는 방탕한 삶에 대한 갈망은 나로부터 멀어져 간다. 나는 '몇 번의 기회'를 고사하기까지 했다. 서쪽의 한 도시에서 여성독자협회를 주관하는 여인으로부터 초대를 받은 적이 있었다. 나의 최근 소설에 대해 함께 이야기를 나누고 싶다는 것이었다. 그녀는 멋진 저녁 식사를 준비했다. 그리고는 자신의 빌라로 나를 초대했다. 함께 있던 그녀의 친구들이 우리만 남기고 모두 떠나자 여인은 잠자리를 함께할 것을 직설적으로 암시했다. 그러나 나는 그 자리를 빠져나와 버렸다. 나는 이런 식으로 타인에게 압력을 받는 것이 싫다. 그녀가 머릿속으로 그렸을 시나리오는 나에게 최악의 실수로밖에는 비치지 않았던 것이다. 글을 꽤 잘 쓰는 작가가 아름다운 꽃뱀의 유혹에 넘어가 침실의 미덕을 테스트받는다?

그것보다 훨씬 미묘하고 슬픈 일도 있었다. 한 총명한 여성 독자의 편지에 답장을 한 적이 있다. 그후 우리는 자주 편지를 주고받았다. 그녀는 기지가 있었다. 글재간도 좋아서 내 글보다도 높이 평가했다. 그리고 이내 그녀가 지방 소도시에서의 삶을 몹시 지겨워한다는 것을 알아차릴 수 있었다. 그녀는 내가 갖고 있지 못한 인본주의적인 장점을 다하여 나를 대했다. 나는 그녀가 너무 섬세하여 상처에 쉽게 노출될 수 있고, 또 나는 그런 그녀를 내 멋대로 학대할 수도 있음을 감지했다. 그것은 내가 변덕스러워서가 아니라 우리의 관계가 확실히 정의되지 않았기 때문이었다. 기본도 없는 작가의 하찮은 일부분만 주는 것이라면 모를까, 그녀가 응당히 받아야 할 관대한 가슴이 내게는 없었다. 나는 어쩔 수 없이 희생물의 미칠 듯한 소망과 순결함을 남용할 뿐인 유혹자로 남게 될 것이었다. 그래서 그녀가 더욱 강해지고, 내가 더욱 관대해진 다음이라면 그녀의 손짓을 받아들이기로 했다. 그리하여 우리는 다시 달콤한 연애를 시도할 수 있으리라.

그러니까 프랑스어가 날 원한다면 그것의 은근한 유혹에 슬쩍 넘어가 보는 것은 어떨까. 글쓰기의 행복은 말들이 가장 필연적이고 가장 기쁨을 느끼는 방법으로 조합될 때 샘솟는다. 이렇게 하여 말들은 서로 어울리고, 서로를 돋보이도록 하는 것에 기쁨을 느끼게 될 것이다. 그들은 기쁜 발걸음으로 왈츠를 추고, 함께 월계관을 엮는다. 만약 정말로 이렇게 된다면 그것은 작가가 말들의 편에서 그에 걸맞게 글을 썼기 때문이다. 말들이 서로를 유혹하고 작가는 말들을 유혹하여, 그 중 가장 장난기 있고 자유로운 말들이 우리를 향해 다가온다. 그 속에는 신랄함이 부족할지도 모르고, 독자는 그 속에서 작가가 자신에게 하나의 운명을 덧입히기를 거절하고 있다는 것을 알아차릴지도 모른다. 적어도 그의 글 속에서 우리를 구원하거나, 우리를 행복하게 하는 모든 것들을 신의 변덕에 맡기려는 작가의 의지를 볼 것이다.

## 세상은 왜 이리 불공평할까?

　나는 언제나 세상의 불공평함에 분개한다. 하다못해 나와는 아무런 상관이 없는 다른 사람의 일들에도 분개한다. 인종차별을 내세우며 어떤 사람들을 식당이나 학교에 들어오지 못하게 한다거나, 분배의 불균형으로 한편에서는 비참한 생활을 하고 다른 한편에서는 흥청망청 낭비하는 것, 어떤 이는 지배하고 명령하고 착취하는 반면 어떤 이들은 복종을 강요당하고, 그저 유일한 재산인 몸을 움직여 그날그날의 생계를 유지하는 권력의 문제, 남성과 여성이 같은 일을 하여도 동등하게 임금을 지불하지 않는 고용인의 성차별을 보면 분개하지 않을 수 없다.

　앞서 든 예보다는 정도가 약하고 덜 거슬리는 일이지만 내 개인사정과 밀접한 다른 형태의 불공평에 대해 이야기하여 보겠다.

그것은 젊은 여자들에게 들러붙어 한몫 챙기려는 부류들 사이에 존재하는 불공평함이다. 나는 이 분야에서 나만큼이나 운들이 없다고 자부하는 친구들 몇 명과 의기투합하여 바람둥이들의 흉을 보기 시작했다. 그런 부류들은 여자들 사이에서 엄청난 인기가 있음에도 결점이 적잖았기 때문이다. 앙투안 크레스피의 얼굴은 완벽한 조화를 이루고 있었다. 그리스 조각상 같은 코에 배 근육에는 왕(王)자가 새겨져 있었지만 뭔가를 설명할 때면 늘 어눌했고, 게다가 그의 지루한 수다를 듣고 있노라면 기분 나쁜 슈 소리가 증식하고 있는 기분이 들었다. (우리는 그를 발레리 지스카르 데스탱을 따서 '대통령'이라고 불렀다.) 필리프 레오폴은 감자튀김과 프랑스 옛이야기를 즐겼기 때문에 벨기에인이라는 별명을 가지고 있었다. 잘생긴 친구였지만 여자(자기의 일회용 약혼녀들이 풋내기여도 꼭 여자라고 불렀다)들을 경멸하였고, 잘난 척하느라 어깨에 한껏 힘을 주고 다녔다. 앙드레 르바쇠르는 박력 있게 자동차를 몰았다. 그는 여자 친구들에게 만일 그 장소에 도착하여 처음 보이는 러브호텔에서 함께 지내도 좋다면, 도빌이나 비아리츠까지 드라이브를 나가겠다고 약속하곤 했다. 그는 이상하게도 테니스에 상당히 능숙하였음에도 서브만은 서툴렀다. 게다가 때가 되면 늘 빈털터리가 되었으므로 동행한 여자들에게 고급 레스토랑에서의 더치페이를 요구하곤 했다. 그레구아르 쉔은 세련되고 관대한 청년으로, 사람들 앞에서 자신의 학식을 늘어놓아 하품을 유발하는 단점만 없다면 유일하게 우리의 험담으로부터 벗어날 수 있는 친구였다. 특히 이집트 북부에 대한 이야기만 나오면 그를 말릴 자가 아무도 없었기에 우리는 크리스티앙 자크의 이름을 따 재크라고 부르곤 하였다.

나는 학업이나 스포츠 성적 같은 것으로 승부를 가리는 것이 공평하다고 생각했다. 선생님은 시험 답안의 결점이나 장점에 따라 등급을 매기곤 하였다. 특별히 우리를 싫어하거나 성격이 좀 이상한 선생님을 제외하고는 모두가 그랬다. 테니스에서도 그렇다. 어떤 선수가 적수보다 훌륭한 발리와 서비스를 구사하고 발놀림이 능숙하면 실력과는 상관없이 그 경기를 이기는 것이었다. 가끔 오판을 하기도 하지만, 워낙 뛰어난 그에게는 별문제가 아니다. 장거리경주를 구경할 때는 선수의 보폭을 보고서 미리 우승자를 점치기도 했다. 그러나 내가 정말 관심을 가지고 있는 분야는 수학이나 삼단뛰기에서 우승자가 되는 것이 아니라 여자들 사이에서 성공을 거두는 것이었다.

그들은 어떻게 그 분야에서 그렇게 성공을 거두고, 나는 실패의 쓴맛을 보아야 하는 것인가? 연애에 대해서도 다른 분야에서처럼 타고난 천재가 있다는 말인가? 아직까지 르포나 조사에서 이 분야의 천재들을 다룬 적은 없었다. 텔레비전에서 지능이 높고, 학습 능력이 뛰어난 천재들에 대해서는 자주 다루고 있지만 말이다. 나는 어느곳에나 카메라를 들이대는 대중매체가 이토록 이 방

면을 무시하는 처사를 사뭇 이해할 수가 없다. 그런데 정말 그들이 나보다도 훨씬 능숙하게 여자들을 유혹했다는 것인가? 연애에 있어서도 좋은 결실을 맺는 조건이 분명히 있을 테니 말이다. 아니면 반대로 짐짓 무관심한 체하는 태도가 그들의 매력을 더하였던 것인가? 그들은 약속을 어기고, 면도도 안한 채로 나타나도 모두 용서가 되었다.

그것도 아니면 그들의 저항할 수 없는 매력에 나로서는 도저히 알 수 없는 어떤 것이 있는 것일까. 그것이 사실로 드러날 때는 정말이지 속이 상해 견딜 수가 없어졌다. 이 알 수 없는 어떤 것은 덧없는 뉘앙스와 섬세함으로 이루어진 실로 신비로운 어떤 것인데, 여자들 사이에 인기가 있어 내가 부러워하는 상스럽기 그지없는 이 친구들은 그것을 갖추고 있었다. "최후에 웃는 자가 승리하는 자이다." "마음이 가난한 자에게 복이 있나니……." 인정은 하지만 그렇게 여복이 터진 그들의 마음이 가난하거나 단순할 것이라는 생각은 들지 않는다.

여자들은 경박하고 광적이라고 단정하는 속담에 동의하기가 참으로 힘들다. 그것이 아니라 해도 여자라는 종족은 멍청하다라는 표현도 극단적인 일반화 같아서 마음에 들지 않는다. 그런 표현은 대영제국에 착륙하였던 프랑스인들이 이구동성으로 한 말을 연상시킨다. "영국 여자들은 모두 빨간 머리이다." 게다가 만일 그런

지적이 모두 옳았다면, 머리가 텅 빈 여자들의 뒤꽁무니를 쫓는 따위의 일은 애초에 집어치웠을 것이다.

　사실 포기한다는 것은 쉽지만은 않은 일이었다. 그렇다고 해서 그리 놀라운 일도 아니다. 사람들이란 모름지기 자기가 도저히 해낼 수 없는 일에 인내심을 발휘하는 법이므로. 사람들은 이상하게도 천성적인 결함을 수정하거나 테니스나 외국어 등 자신이 서투르다고 자책하는 일에 집착하는 반면, 재능이 있는 분야에는 신경을 쓰지 않는다.

인간 존재가 이처럼

배반의 대가로만 성취되는 존재라면,

우리들 모두 한낱 일회용품 같은

개개인에 불과하다면,

한 인생의 성공이

그의 친구들과 애인들의 숫자로만 가늠된다면

그런 인생에 대해서는 아예

성찰할 가치조차 없을 것이다.

## 어떻게 그녀들이 꿈꿀 수 있도록 할까?

나이도 있고 하니, 자신들이 경험하지 못했던 시대에 호기심이 많은 젊은 여자들의 마음을 사로잡게 되는 경우가 많았다. 나는 풍성한 레퍼토리와 젊은 여자들(18세부터 40세까지)의 기대에 부응할 만한 통찰력을 갖추고 있었다. 어떤 여자들에게는 샤를 트레네(프랑스의 대중가수. 작가이자 작곡가로서, 샹송에 재즈의 요소를 도입하여 혁명적인 진보를 가져왔다)와 파리의 로맨스, 독일군 점령 기간의 파리 횡단, 레지스탕스, 르클레르 장군의 전차 도착, '파리의 꽃'이라 불린 프랑스 비밀 군사 조직 FFI와 그들의 완장 등 지하에서 벌였으면 했을 영웅적인 행동들을 부풀려 과장했다. 연륜이 느껴지는 눈빛과 나의 기억력은 역사적 사건들을 직접적으로 증언하기에 충분했던 모양이다. 또 어떤 여자들에게는——

좀처럼 믿기지 않는 이야기들이었지만——몽파르나스파와 피투지 바, 라 쿠폴 카페, 아라공 밴드 클럽, 아파치 클럽과 파리의 옛 성터들, 라일락 정원(분석적 입체파 시대가 한창이던 1910-1912년 사이 파리 예술계를 두 개 파가 주도했다. 그 하나는 몽마르트르파로 파블로 피카소와 조르주 브라크를 중심으로 했고, 다른 하나는 라일락 정원이라 불리던 몽파르나스파였다) 등의 이야기를 한참 늘어놓았다. 이렇게 하여 내가 살았던 시대의 가장자리까지 과연 접근할 수 있을는지 모르겠지만 지난날의 제국주의 전쟁, 몬테카를로 스포츠 클럽, 68년 5월의 학생 운동 얘기도 빼놓지 않았다.

순간 그녀들의 눈은 과거에 대한 향수로 아련해지고, 애무의 손길은 산만해진다. 게다가 내가 여전히 팔팔한 젊음을 자랑하고 있다고 믿는 모양이다. 그녀들은 내가 보잘것없는 역할을 하였던 역사의 한순간을 두 번 살게 하는 기쁨을 주었다. 감격스럽게도 내 말에 관심을 가져 주었다는 사실이 그 발랄한 몸짓보다도 가치가 있었다. 대체 왜 그녀들이 화가들이나 30년대의 역사적 사실들을 이야기할 때 그토록 열광하는지 정말로 알 수가 없었다.

조금씩, 나는 누구에게 어떤 꿈을 꾸게 해야 할지 알 수가 없게 되었다. 점점 기력이 쇠해 가기 때문일까? 서툰 대화법 때문인가? 이것도 저것도 아니면 차라리 우리의 수많은 축제들, 다큐멘터리, 방송 매체에서 내보내는 수많은 탐험물, 그것들이 상품의 가치를 떨어뜨리고 욕되게 하였는가? 나는 위험에 처한 신전과 도시 국가를 구한 면류관 쓴 전설의 용사도, 목숨을 건 전투에서 돌아와 레지옹 도뇌르 훈장을 받은 장군도 아닌 그저 내 나이 그대로의 늙은이일 뿐이다.

그 사랑이 상호간의 존경과 공통된 취미, 환희의 순간,
멋진 깨달음과 긴 저녁나절에 기반을 두고 있다면
당신들의 사랑의 가치 자체에 전혀 의심을 품지 않으리라.

## 때이른 은퇴

예전에는 장난을 걸어 아이들의 긴장을 풀어 주거나 놀아 주는 것을 무척 좋아했다. 보통 처음에는 다소 놀라지만 금세 같이 놀자고 덤벼들었다. 그런데 이제 나는 아이들을 위협적인 존재로 느끼기 시작했다. 나만의 시간을 어느 정도는 내주어야 하고, 직업이나 가사에 비해 훨씬 강도 높게 집중해야 하는 것이 괴로운 일처럼 되어 버렸다. 젊은 아빠가 밀고 다니는 유모차를 발견하여도 더 이상 전처럼 깃털같이 가벼운 마음이 들어 기분 좋은 농담을 건네거나 하지 않았다. 아이들이 몰려들어 아우성을 치거나 큰 소리로 노닐며 장난치는 공원을 지나야 할 때면 일부러 다른 길로 돌아갔다. 불행 중 다행인 것이 아이들에게서 자유로이 몽상할 수 있는 나만의 오솔길을 발견하기는 하였지만 말이다.

기차 여행을 하다 보면 다른 여행객들도 나처럼 별다른 목적 없이 객차 안의 바로 모여든다. 때로는 그곳에서 미지의 여자를 만나게 되고, 그녀가 헤어진 연인이나 목적지에서 만나기로 한 연인을 나 때문에 잊었으면 하는 희망에 사로잡힌다. 그런데 마침 한 여인이 가슴에 안고 있는 아기에게 줄 우유병을 데워다 줄 것을 웨이터에게 요구한다. 그러니까 상대 여성은 속이 빤한 나의 감언이설은 안중에도 없고 젖먹이의 치다꺼리에 바쁘다. 우유병을 데우는 데는 시간이 한참 걸릴 테고, 또 조금만 지체했다가는 너무 뜨거워져서 칭얼대는 아기의 입을 델 터이다. 나는 찻값을 치르고, 여인과 나 사이에 놓여 있는 이 아기를 창밖으로 내던져 버리고 싶은 충동을 애써 가라앉힌다.

그렇다고 여자들 모두가 어머니인 건 아니다. 1백 퍼센트 처녀들을 만날 기회도 있었다. 나는 손을 조심스럽게 매력적인 여인의 배 위에 얹었고, 그 배는 내게는 더 이상 관능의 동굴이 아니라 새 생명이 싹트는 곳, 비옥한 장소로 여겨지는 것이다. 그 빛나는 미소, 좀더 주의를 기울여 살펴보면 그것은 곧 아주 빠르게 한 아기에게 바쳐질 모성적인 빛으로 변화될 것이었다. 다행히 현실은 그렇지 않아 나의 두려움은 씻겼고, 환상도 곧 멈추었지만 말이다. 우리 둘은 자전거를 타고서 하이킹을 했다. 그녀는 발을 땅에 디디고 덤불을 넘기 위해 속력을 내었다. 유행가를 콧노래로 흥얼거리면서 내게 흙탕물을 튀겼으나 정작 물웅덩이로 자전거를

몬 것은 그녀였다. 이처럼 오로지 순간 속에서만 사는 이의 사심 없이 매력적인 몸짓은 미래를 예견하지 않고 영원한 현재를 사는, 근심 없음 속을 살고 있다는 인상을 확실하게 해주었다. 그렇다고 해서 내 버릇이 완전히 사라진 것은 아니었다. 의미 없이 순진하게 내뱉는 그녀의 말 속에서 숨겨진 의미를 찾아내려고 애쓰거나, 무심한 몸짓에 애정이 실렸다고 지레짐작하여 마음이 동요되는 것을 보니 아직은 모권제의 위협하에 놓여 있는 모양이다.

이제 엽색가 노릇은 그만두려고 한다. 그러자 공원을 이리저리 뛰어다니는 아이들을 바라보는 마음이 홀가분해지면서 기분이 상쾌하다. 정작 한참을 뛰어다니다가 내 벤치 앞에 우뚝 선 아이들은 자신들을 그토록 열심히 관찰하는 나를 이상하게 여길는지도 모르겠지만 말이다.

도시의 대로 한길을 성큼성큼 걷다가
한 여인에게 다가갈지 말지를 망설이는 순간,
나는 거절당하면 어쩌나 무척 두려워지곤 하였다.
그런데도 언제 어떻게 그녀에게 말을 붙여 볼까
쉴새없이 기회를 엿보면서 한편으로
이런 상황에 희열을 느끼곤 하였다.

## 아무리 그래도 비열해지긴 싫다

불편해질 상황을 자초해서 좋을 일이 무에 있겠는가! 나는 좀팽이가 되고 말았다. 연애 관계에 종지부를 찍을라치면 몇 개월 전부터 젖 먹던 힘까지 짜내야 한다. 쉴새없이 약속을 다음 기회로 미루거나, 만날 때 "이제 내 속마음을 털어놓겠어"라고 선언하거나, 그보다 조금 덜 무식한 방법이라면 "우리 관계에 확실한 선을 그으려고 해"라고 말하겠다고 다짐한다. 그녀들은 내 말을 이해하지 못한 척한다. 이에 나는 모호한 말을 걷어치우고 좀더 강도 있게 말하기 시작한다. 그것이 여자들의 눈물샘을 자극한다. 다음 날, 울게 한 것을 용서받으려 온갖 입에 발린 소리를 다 동원한다. 급기야 그녀 없는 인생은 아무런 의미가 없다는 말까지 끌어 댄다. 공을 들여 멋진 편지도 보낸다. (눈치 빠른 내 약혼녀가 만일

이 사실을 알게 되면, 이런 편지에 이렇듯 지나치게 공을 들인 것에 치를 떨 것이다.) 그러다가 빙빙 돌리지 않고 사실을 말하기 위한 노력을 시작한다. "꽃피는 봄날은 이제 다 지났다. 네 젊음을 남용할 권리가 내겐 없어." 그녀가 뭐라고 답하는지 아는가. 자기는 그다지 젊지도 않고, 나에게라면 자신의 꽃다운 청춘을 희생할 각오가 충분히 되었노라고 한다. 이렇게 하여 절교 장면은 감동적인 연애극으로 끝을 맺는다. 수없이 되풀이되는 이런 일들이 나를 지치게 한다.

나는 이제 애정의 굴곡과는 거리를 두고 현명하게 살기로 작정했다. 그리고 그러한 나의 결정에 한 점 후회도 없다. 내 동료 몇몇의 야비함에는 기가 질린다. 그들은 원하지 않는 관계를 끝내기 위해서라면 가장 치사한 전략도 마다하지 않는다. 다시 말해 다른 사람들 앞에서 여자 친구에게 모욕을 주고, 바람맞히고, 오랫동안 준비해 온 여행을 결정적인 순간에 거절하고, 뻔뻔스럽게 거짓말을 하고, 여자 친구가 뭐라고 한마디만 하면 소리소리 지르며 화를 낸다. 적어도 최소한의 인간성을 갖추고 있었더라면 그렇게까지 무지막지하게 굴지는 않았을 것이다. 그러기는커녕 이런 부류의 사람들은 똑같은 인간들과 어울려 방탕한 생활을 하면서 무한한 기쁨을 느낀다.

나는 사랑을 갈구한다는 핑계로 타인의 존재에 천박하게 끼어들어 왔다는 사실을 깨닫게 되었다. 의심할 줄 모르고 착하기만

한 그녀는 자신의 존재의 내밀한 문을 열어 주었다. 나는 열린 문을 통해 안으로 들어갔고, 그녀에게 설혹 가져다 주었을지도 모를 혼란 때문에 고민도 하지 않고 떠나갔다.

조금 늦은 감이 없지 않지만 그동안 수많은 경험에도 비열해지지 않고, 오히려 미덕을 얻었다는 것에 만족감을 느낀다. 결국 다른 방법으로도 얼마든지 즐길 수 있지 않은가 말이다.

"마음이 가난한 자에게 복이 있나니……."
인정은 하지만 그렇게 여복이 터진 그들의 마음이
가난하거나 단순할 것이라는 생각은 들지 않는다.

## 여자들의 명랑함은 나를 무력하게 한다

현재 명랑함에 대하여 생각중이다. 분명 괜찮은 장점이긴 하지만 때에 따라서는 내 패배의 원인이 되니까 말이다. 내가 지금 누군가를 유혹하지 않고 있다면 그것은 몇 달째 어떤 명랑한 여자에게 푹 빠져 있기 때문이다. 명랑한 여자들은 그 명랑함을 무기로 내 유혹자로서의 신용을 떨어뜨리고 말았다. 농담을 하거나 옷을 벗길 때, 그녀들이 목젖이 보이도록 웃었다고 말하고 싶은 것이 아니다. 그렇다고 해서 그녀들이 앵무새 같은 수다(앵무새가 정작 수다를 떨었던가?)로 금세 나를 지쳐 떨어지게 한다는 얘기도 아니다. 그녀들의 명랑은 은밀한 미소이거나 생각지도 않았던 것에의 관심 같은 것이다. 게다가 분명히 기분 나쁜 일이었을 텐데도 그토록 좋은 기분으로 받아들이는 것에는 감탄이 절로 나온다. 단지 그녀들이 기막히게 평온함을 유지하는 것을 보고, 혹시 내게 어느 정도는 무관심하지 않은가 의심하게 되는 것이 문제이다. 우리 사이에 무슨 일이 벌어지건 도대체 놀라는 법이 없다. 그러니 자연히 흥분의 순간이나 싸움을 하거나 하면 화낼 줄도 알고 축 늘어질 줄도 아는 그런 여자였으면 좋겠다는 생각까지 하게 되었다.

여자들은 못말릴 존재들이다. 언젠가 리옹에서 만난 젊은 여자와 있었던 일이다. 처음 만났을 때 나는 순간적으로 그녀가 밤을 닮았다고 느꼈다. 적어도 지난 몇 달간 이 여자는 운명적으로 슬픈 일을 겪었으리라고 확신했다. 그런데 며칠이 지나자 신기하게도 그녀는 슬픔을 훌훌 털어 버렸다. 그래서 사기 치고 헌신짝처럼 그녀를 버린 작자의 얘기를 꺼내 보았지만 아무 소용이 없었다. 또 한 번은 올해 초에 있었던 일로 분위기가 음울한 여인에게 다가갈 기회가 생겼다. 그녀의 복장과 시선·피부색 모두가 어두웠다. 그녀는 우수나 죽음과 무슨 비밀스런 동맹 관계에 있는 것처럼 보였다. 우리는 엄숙히 서로에게 다가갔다. 그런데 어느새 그녀는 애초의 우울하고 혼란스러운 상태에서 벗어나 눈부신 금발로 염색을 하고 투우사가 소를 유인하는 장면을 흉내낼 정도가 되었다.

잠자리에서 일어나서(이것까지는 참아 주겠다), 레스토랑에서 식사하는 도중, 그뿐 아니라 사랑을 나누는 동안, 아폴리네르의 아름다운 시를 낭송해 줄 때, 그녀는 이유도 없이 웃음을 터뜨렸다. 왜 웃느냐고 물으면 "자기만 보면 우스운 걸 어떻게 해"라고 대답할 뿐이었다. 결혼식장의 주례 앞에 나란히 서게 된다면 그런 때에도 아마 그녀는 어김없이 큰 소리로 웃어댈 것이다. 그리곤 이렇게 용서를 빌겠지. "어쩔 수 없었어, 자기" 하면서 말이다. 핵전쟁이 터지고 난 폐허 위에서도 상황은 크게 달라지지 않으리라고 나는 확신한다.

이제 여러분은 내가 어떤 문제에 봉착했는지 알아차렸을 것이다. 나는 언제나 명랑한 여자들하고만 만나 사랑하고 싶다.

오로지 순간 속에서만 사는 이의

사심 없이 매력적인 몸짓은

미래를 예견하지 않고

영원한 현재를 사는,

근심 없음 속을 살고 있다는 인상을

확실하게 해주었다.

## 내 첫사랑은 소설 속의 여주인공

사실, 나는 재빨리 포기했다. 다른 노인들이 어린 시절로 퇴행하는 데 반해, 나는 조숙하게 사춘기로 접어들었다. 열네 살 무렵인가, 열여덟 살 무렵인가, 하루의 일과를 마친 후 나는 부모님의 농장을 나섰다. 그리고는 뚜렷한 이유도, 정처도 없이 마냥 걸었다. 내가 지어낸 이야기들의 여주인공 중 한 명과 정숙하게 길을 함께하는 재미가 있었다. 그 즐거움을 누리기 위해 지리학과 대수학 기초 담당 선생님을 포기하여야 했는데, 나는 아무런 양심의 가책 없이 그들의 엄한 얼굴을 잊어 갔다. 애교 넘치던 여자 동급생들도 그녀들에 비할 바가 못되었다. 그러다가 다른 친구들이 무도장에 잽싸게 먼저 초대하기 전에 재기 넘치는 연인들 중 한 명을 선택하여 그녀와 좀더 친해질 결심을 해야 할 순간이 도래했다.

앵글로-색슨 혈통의 여자들과 러시아 여자는 리스트에서 제외하기로 했다. 그녀들에게는 확실히 미지의 여인에게서 풍기는 이국적 매력이 있었지만, 왠지 그 앞에서는 마음 편히 행동할 수 없을 것 같아 그만두기로 했다. 러시아 소설에서 빠져나온 여자들일 경우, 혹시 발작적인 웃음과 우울증이 번갈아 오는 히스테리 성격이어서 함께 있다간 내 목숨이 위태로울지 모른다는 두려움이 앞섰던 것이다. 영국 여자 친구들의 경우는 19세기의 몇몇 소설들에서 만난 적이 있다. 그녀들이 사는 거대한 저택, 웅장한 정원, 페티코트, 이 모든 것이 나로서는 너무 엄청났다. 게다가 고대의 황녀들이나 프랑스 여자들, 그녀들의 자랑스런 여자 후손들만으로도 아름다운 한 다스가 되고도 남는데 구태여 외국 여자들을 그리워해서 무엇하랴. 그녀들 중 몇몇 때문에 나는 지독히 쑥스러워서 어쩔 줄 몰라했다. 위엄 있고 까다로운 처녀의 목소리라고 하기에는 너무나 당당한 안티고네의 귀에 사랑의 밀어를 속삭이다니, 그건 도저히 어울리지 않는다! 베레니스의 슬픈 노래를 어찌 방해할 수가 있겠는가. 극장에서도 마찬가지이다. 아리안 나의 누이, 얼마나 가슴 찢어지는 사랑인가. 버림받은 그 자리에서 목숨을 내놓다니……

그러니 고리오 영감의 딸들 같은 적당히 돼먹지 못한 여자들과 관계를 맺는 것이 나로서는 더 나을 것 같다. 자기 아버지에게 고통을 주었으니, 이제는 내가 꾀어내서 똑같은 고통을 맛보게 하는 것은 어떨까. 따끔한 맛을 봐야 마땅한 속이 시커먼 영혼과 메마른 가슴은 이 세상에 넘쳐서 어디서든 찾아볼 수 있다. 아무리 그래도 라클로의 《위험한 관계》에 등장하는 비장한 커플은 되지 말아야 할 것이다. 뭐니뭐니해도 어머니인 동시에 연인이고, 순박한 마음과 범죄자의 영혼까지 두루 가지고 있는 레날 부인이 가장 마음에 든다. 게다가 남편을 속이는 것에 대해서는 손톱만 한 양심의 가책도 느껴지지 않을 것이 분명한데, 단 하나 불안한 것은 그녀의 마음이 이미 젊고 씩씩한 줄리앙 소렐에게 가버리지 않았나 하는 것이다.

그녀들이 사랑했던 것이 무엇이었는지, 싫어했던 것이 무엇이었는지 잘 알기 위해 나는 고전들을 다시 읽기 시작했다. 이렇게 우리의 문화 유산을 두루 섭렵하고 나서, 나는 수월하게 철학교수 자격시험에 합격했다. 그리고 여고에서 교편을 잡았다. 어떤 여학생들은 그저 장난할 심산으로 나의 주의를 끌려고 했다. 그 어여쁜 소녀들은 나의 마음이 이미 다른 곳에 가 있다는 것을 알지 못했다. 여학생 하나가 라신이나 제라르 드 네르발의 시를 암송하는 것(텍스트의 쉼표를 건너뛰는 실수)만으로 나는 환상에 의식을 양보하고, 저 잃어버린 세기의 넓은 품을 향해 날아가고 말았다.

"우리 관계에 확실한 선을 그으려고 해"
라고 말하겠다고 다짐한다.
그녀들은 내 말을 이해하지 못한 척한다.
이에 나는 모호한 말을 걷어치우고
좀더 강도 있게 말하기 시작한다.
그것이 여자들의 눈물샘을 자극한다.
다음날, 울게 한 것을 용서받으려
온갖 입에 발린 소리를 다 동원한다.
급기야 그녀 없는 인생은
아무런 의미가 없다는 말까지 끌어댄다.

## 남녀가 서로 끌리는 것, 그 이론과 실체

유혹하는 것과 유혹당하는 것, 사랑하는 것과 사랑받는 것, 주목하는 것과 주목받는 것이 왜 이리 혼동되는지 모르겠다. 나의 시선이 이글이글 타오르며 한 여인에게 가닿을 때(누군가가 우리에게 시선을 고정하고 있으면 우리는 곧 그의 시선을 의식하게 된다), 그녀의 육체는 그저 평범한 동요가 아닌 거의 현실을 벗어난 듯한 떨림과 혼란에 사로잡힌다. 사랑이 가득한, 자석처럼 끌어당기는 시선은 일단 목적을 달성하고 난 다음에는 같은 에너지로 되돌려지게 마련이다. 물론 왔던 에너지에 이중의 가속도가 붙어서 말이다. 이 왕복 운동은 중단될 기미를 보이지 않는다. 곧이어 두 사람은 욕망을 억제할 길이, 그러니까 서로 결합하지 않으면 안 될 숙명에 놓인다. 그러니 이런 상황에서 누가 유혹을 했고,

누가 유혹당하였느냐고 질문하는 것은 아무런 의미가 없다.

그렇다고 너무 자신만만해서는 큰코다친다. 어느 날, 친구들과의 모임에서 우연히 만난 앙리에뜨라는 여인에게서 눈을 뗄 수가 없었다. 그녀는 아무 말도 하지 않고 은밀하게 나를 빈방으로 끌어들였다. 격렬한 포옹이 끝난 후, 그녀는 또 한마디 말도 없이 등을 돌려 많은 사람들 사이로 몸을 숨겨 버렸다. 나는 이내 나의 욕망하는 에너지가 덧없는 사랑에 잠시 머물다가 잦아들고 만 것에 고소를 금치 못했다. (이런 사랑에 미래가 있을 수 없다는 것을 애당초 알았어야 했다. 신속하지만 멋있게 끝나는 사랑 말이다.) 한 화랑의 개막식 파티에서 알린과 나는 서로에게서 눈을 뗄 수가 없었다. 그 이끌림이 얼마나 강하고 저항할 수 없는 것이었는지, 나의 입술은 어느새 그녀의 입술로 돌진하고 있었다. 이런 돌발 상황 때문에 그녀의 손에 들려 있던 유리잔이 기울어 칵테일이 드레스에 쏟아지고 말았다. 그녀는 천천히 잔을 테이블에 내려놓고, 손이 자유로워지자 나의 따귀를 세차게 후려쳤다. 마침 연사가 환영 인사를 하는 도중이었다.

이제 나는 나의 이론을 포기하려는 것이 아니라 다듬어야 할 상황에 봉착했다. 관심을 가지고 쳐다본다 해서 그것이 항상 매혹과 절제할 수 없는 욕망을 의미한다고는 할 수 없다. 어떤 사람들은 감동받은 척하지만 사실은 다른 생각을 하고 있는지도 모른다. 아니면 이 에너지의 목표가 어긋났던지, 그것도 아니라면 도중에 다른 곳으로 새어 버렸던지, 한참 왕복 운동을 하는 동안 에너지가 충전되지 않았던지 하여 애초의 에너지가 눈부신 목표 지점에까지 가닿는 데 필연적인 기력이 없는 경우도 있을 수 있다. 그렇다면 어떻게 내가 가진 정보를 정확한 것으로 만들고, 또 보강할 수 있을까? 내가 알기로는 이 원리들을 설명한 선험적 물리학 저서들은 존재하지 않는다. 그러니 현재로서는 만사에 삼가고, 일시적이나마 초현실적인 흐름에 몸을 맡기는 편이 나을 것이다. 마술사가 되고 싶다고 해서 당장에 될 수 있는 것은 아니지 않는가.

의심할 줄 모르고 착하기만 한 그녀는
자신의 존재의 내밀한 문을 열어 주었다.
나는 열린 문을 통해 안으로 들어갔고,
그녀에게 설혹 가져다 주었을지도 모를
혼란 때문에 고민도 하지 않고 떠나갔다.

## 파리의 공원들

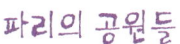

　나는 공원에서 시간 보내기를 좋아한다. 세상 돌아가는 소리로부터 자유로워지기 위한 것인데, 공원 안이라고 해서 세상의 잡음이 완전히 사라지는 것은 아니다. 그저 그 소란스러움이 조금 걸러질 뿐이다. 뤽상부르 공원의 몇몇 고독한 산책자들 근처에서 나는 독서와 명상에 적합한 오솔길 귀퉁이를 찾아내어 피난처로 삼았다. 그 안에서도 라틴 지구와 포르-루아얄 거리에서 나오는 소음이 들려왔지만, 좀더 귀를 기울여 보면 벨포르의 사자가 포효하는 소리와 소르본 강의실의 강의 소리가 들려오는 것 같았다. 뤽상부르 공원은 곧 문을 닫을 것이고, 공원 안의 수목들은 내게 조용한 목소리로 사부아 출신의 루이즈와 나바르 출신의 마르그리트를 포기하라고 속삭인다.

이런 장소에는 언제나 젊고 성숙한 여자들이 끊이지 않는 법이다. 뤽상부르 공원에는 미국, 아프리카, 그리고 세계 각지로부터 온 여학생들이 산책을 즐긴다. 튈르리 공원에서는 뤽상부르 공원에서처럼 여기저기서 작고 하얀 손들이 아른거리고, 그네들끼리 속삭이는 사랑의 밀어와 청량한 웃음소리를 들을 기회가 그리 많지 않다. 그곳을 찾는 여대생들의 숫자가 줄어들었기 때문이다. 샹-드-마르스 공원은 승용차로 넘쳐난다. 젊은 관광객들의 기분 좋은 탄성을 들노라면 그들의 소란스러움에 그다지 마음이 쓰이지 않게 된다.

그토록 풍성한 웃음과 춤추는 듯한 자태, 그 우아한 몸짓은 나를 유배지에서, 자발적인 은둔의 상태에서 끌어낸다! 당장 그녀들이 누구인지 알고 싶어지고, 그녀들이 과연 생-제르맹 거리를 아니면 포부르-생-토노레 거리를, 그보다 조금 덜 번화한 거리를 지나쳤는지 궁금해진다. 거리에 보행자들이 점점 많아지면, 나는 몽롱한 상태에 접어들어 내가 힘들여 고른 여자들의 마력은 어느새 사라지고 만다.

이렇게 하여 나는 쓸데없이 긴 여행을 하고 난 다음처럼 쓸쓸한 마음이 가득하여 집으로 돌아온다. 나뭇잎·분수대·동상 따위만 보아도 괜스레 화가 치민다. 나는 화내는 것 자체를 질색하므로 이제부터는 일상으로부터의 탈출을 포기해야지 하고 결심하고 만다.

유혹하는 것과 유혹당하는 것,
사랑하는 것과 사랑받는 것,
주목하는 것과 주목받는 것이
왜 이리 혼동되는지 모르겠다.

## 더 이상 꿈꾸지 않기

　더 이상 꿈꾸지 말고 네 삶의 조건, 네가 사는 시대로 돌아와야 한다. 지금 중세풍의 레이스 달린 셔츠와 비단 양말로 잔뜩 멋을 내고 있다고 착각하는 것 아니냐. 정부를 데려올 은밀한 오피스텔을 가지고 있는 것도 아니다. 훌륭한 저녁 식사를 마치고 사랑을 나누어도 좋을 장소를 준비하고 있는 것은 아니겠지? 나긋나긋한 꽃사슴을 너의 거처로 데려다 줄 몰이꾼이라도 쓰고 있는가, 아니면 지금껏 몰랐던 방탕 생활로 너를 인도할 성숙한 여자들을 알고라도 있는가? 요즘 같은 시대에 고아 소녀들이나 방과 후 교문을 나서는 소녀들을 따라나서다가는 당장 재판정과 사회적 매장이 입을 벌리고 너를 기다리고 있으리라.

몸이 늘어질 정도로 할 일이 없는 너에게 필요한 것이 바로 관능적이고 한가한 삶이었더냐. 일상 업무 외 시간을 쓸데없는 일에 낭비하지 않았느냐. 골프를 치거나, 보트를 타거나, 아니면 좀스러운 법에 저촉되지 않기 위해 이러저러한 서류들을 작성하느라 시간을 보내지는 않느냐. 늦잠을 자고, 침대 위에 앉아 아침을 먹으며 느긋하게 편지의 겉봉을 뜯는 기분이 어떤지 모를 것이다. 외설적이고 난잡한 책들이 쌓여 있는 네 서가, 누가 그 책들을 들추어 보느냐? 그걸 그냥 훑어보기라도 했느냐? 지극히 외설적인 포르노 잡지에 익숙해 있는 네 친구들이 그 책을 읽기 시작한다면 하품부터 할 것이다. 멧도요를 조심스럽게 잡아 그 수프를 맛보지 못한 그들이 무슨 다른 일들을 할 수 있겠는가?

이제 근본적으로 네 삶을 변혁하지 않으면 안 된다. 네 삶에 다른 비난받아 마땅할 행동들을 집어넣는 것이다. 파산할 때까지 도박하기, '재도전'을 위해 속임수도 마다하지 않기, 거짓 맹세하기, 신성모독하기, 부당한 특권을 아무런 가책도 없이 누리기(모든 특권 계층이 그렇듯이). 그런데 나는 네가 도박장의 숫자 외치는 소리 속에 섞여 있는 것을 본 적도 없고, 신을 모독하는 말을 하는 것을 들은 적도 없다. 그러기는커녕 사회와 삶이 경솔히 우리에게 부여한 이 특권들을 정말 받아도 되는 거냐고 바보처럼 쉴새없이 묻고만 있다.

## 잊을 수 없는 한 방

　아직도 얻어맞은 자리가 얼얼하다. 물론 내가 감히 경찰에 신고하지 못할 것이라는 사실을 알고서, 그 인간들은 아무런 거리낌 없이 나에게 린치를 가했다. 로라는 나의 제자였다. 그러니까 그녀의 운전 연습을 도와 주면서 우리는 친해졌다. 그리고 그녀의 실수 아닌 실수로 인해 우리는 제자와 스승의 선을 넘었다. 그녀는 다음 교습에도 등록을 했다. 물론 그녀의 운전 실력은 이미 상당하였지만 나와의 관계를 지속하기 위해서 등록한 것이었다. 아무래도 내가 안전에 충분히 신경을 쓰지 않았던 것 같다. 우리들이 매주 화요일과 금요일 오후 사랑을 나누는 알바르 호텔로 남편과 오빠가 방문을 억지로 밀며 안으로 들이닥쳤다. 그들이 나에게 린치를 가하는 동안 로라는 말릴 생각 따윈 꿈에도 하지 않고 있었다. 그러기는커녕 동정의 눈길 한번 주지 않고 그들을 따라가 버렸다. 이같은 배신을 당하고 나니 그들의 발길질이나 주먹질보다도 마음이 더 아팠다. 그녀도 우리의 사랑놀음을 심각하게 생각했던 것은 확실했는데, 운전 교습소에서 카사노바로 찍힌 나의 사생활을 벌써 눈치채고 나를 혼내 주는 것이 즐거웠던 모양이다.

아버지께서 정기 구독하던 《사립 탐정》이라는 잡지를 우연히 읽어보지 않았더라면 이런 식의 린치가 내게 교훈이 되지는 않았을 것이다. 그가 매우 소중히 여겨서 한 권도 빠짐없이 보관하던 이 잡지는 유혹자, 특히 운전 교습소의 플레이보이 강사들이 겪은 폭력 사건들을 자주 다루고 있었다. 마노스크에 살았던 장 Y는 결박당한데다가 얼굴이 불탄 채 숲 속에 버려졌다. 동 쥐앙(돈 후안)의 신체에서 가장 죄과가 큰 것으로 여기고 있는 생식기도 심한 손상을 입었다. 불행이라고 해야 할까 다행이라고 해야 할까, 황산은 이런 유의 징벌에서 벗어난 남녀들을 위해 엄연히 존재하고 있었다.

이것이 바로 내가 조신해지기로 한 동기이다. 금단의 과실을 따 먹는 재미가 생식기나 얼굴처럼 중요한 신체 기관의 손상에 버금갈 일은 아니기 때문이다. 운전 교습중에 나는 몸을 뻣뻣하게 경직시키고 교습생과 멀찍감치 거리를 유지했다. 비록 이렇게 함으로써 그녀가 액셀러레이터와 브레이크를 혼동했다고 지적하거나 방향이 잘못되었다고 지적할 때 불편하다고는 할지라도 말이다.

    곧이어 나는 이 직업을 때려치우고 말았다. 내게 주어지던 모든 특권들이 없어지자 마음을 빼앗으려는 나의 모든 시도는 처참한 실패로 돌아갔다. 그리고 결국 내가 진정한 플레이보이가 아니었음을 인정해야 했다.

그러다가 빙빙 돌리지 않고
사실을 말하기 위한 노력을 시작한다.
"꽃피는 봄날은 이제 다 지났다.
네 젊음을 남용할 권리가 내겐 없어."
그녀가 뭐라고 답하는지 아는가.
자기는 그다지 젊지도 않고, 나에게라면
자신의 꽃다운 청춘을 희생할 각오가
충분히 되었노라고 한다.
이렇게 하여 절교 장면은
감동적인 연애극으로 끝을 맺는다.

## 이렇게 상상력이 고갈되다니

나는 지금껏 여성들을 바라보거나 말을 건네거나 칭찬을 하거나 만나 달라고 매달릴 때 특정한 방법을 고수해 왔다. 그런데 내 수법은 너무 뻔한데다가 지금껏 중요한 부분을 생각지 못하고 있었다. 그러니까 일이 잘 풀릴 경우에 대비하여 그 다음에 진행될 레퍼토리를 미리 생각해 보지 않았던 것이다. 그 부분에 대해 좀 더 자세한 설명을 해야 할 것 같다. 통상 있을 수 있는 시나리오를 구상하는 능력까지 잃어버린 것은 아니지만, 그 시나리오에 내 존재의 한 부분을 투영하지 않았다. 나는 만남의 첫 단계를 완성시켜 줄 영혼의 흥분을 느끼지 않았었다. 이런 경우에 만남은 그곳을 산책하는 사람이면 훤히 알 수 있는 길은 될 수 있지만, 그의 육체를 일깨우지도 그를 끌어당기지도 않는다. 정복의 욕망은 사라지지 않았고, 관심도 항상 가지고 있었다. 그렇다고 해서 그 정도로 내 속에서 뭔가를 불러일으키고, 무엇인가 되어가는 상태의 것을 새로이 만들어 내기에는 역부족이었다. 무엇인가를 억지로 상상해 보려고 하면 비참할 정도로 빛바래고 밋밋하고 단조로운 것이 되어 버렸다.

 학회에 참여해서도 그와 비슷한 거북스러움을 느끼곤 하였다. 말과 문장이 맞아떨어지지 않는 것이었다. 머릿속에서 꼬리를 물고 지나가는 영상들이 내게는 마치 다른 사람의 문장인 양 겉도는 것이 느껴졌다. 그렇다고 해서 발표를 중단하지는 않았지만 이어지는 목소리에 자신감이 사라지고 없었다. 청중을 향해 말하는 사람은 내가 아니라고 마음속으로 쉴새없이 되뇌고 있었다. 그저 청중을 가지고 놀아 보자 생각했다면 그들을 존중하는 체하였으니 양심의 가책을 느끼지 않을 수 없다. 게다가 빌어먹을 정체성의 대체라는 명목으로 내 자리를 차지하고, 내 얼굴과 자태를 빌려 그녀에게 키스를 퍼붓는 또 다른 나를 용납할 수가 없다.

## 이블린보다 몽테뉴를 택하겠다

여자들을 유혹하면서 인간에 대한 나의 지식도 넓힐 수 있었으면 했다. 나처럼 호기심 많은 사람은 분자론을 전공하거나, 폐허가 된 옛 로마를 발굴하기 위해 먼지 가득한 역사의 잔해를 해독하거나 광물들을 연구하는 일에 지칠 줄 모른다. 나에게 타인은 수수께끼에 가득한 존재로 보였기 때문에 기상천외한 능력을 동원하여 이 괴물의 탈을 벗겼으면 했다. 보통 사람들과 만나는 것은 나의 연구에 아무런 진전도 가져오지 못했다. 유혹이 진전되면서 도피와 받아침, 그리고 가면들은 무방비 상태에 있는 상대방의 내면을 잘 투영한다.

그러나 불행하게도 내가 꼬인 여자는 알고 보니 말라깽이였다.

서로 엉겨붙고 뒹굴고 뒤척대며 미친 듯이 한바탕 웃고 울고 나면 거짓 연극과 피곤에 지친데다가 새벽의 노골적인 빛 속에서 또 무슨 일이 일어나기에는 에너지가 이미 고갈되었다. 그녀가 마음속 깊은 곳에 감추어 두었던 비밀 같은 것을 내게 보여 준다면 또 모를까. 또 둘이 함께 보낸 시간이 상대 여성이 모르는 동안에 미리 각본이 짜인 것이고, 프라이버시를 침범한 이 심리적인 폭행에 그녀가 화를 낸다면 모르겠지만 말이다.

아무래도 몽테뉴와 파스칼·프루스트에게로 돌아오는 것이 좋을 듯하다. 이들이 기억을 가지고 장난하였음에 틀림없지만, 적어도 어떤 것이 정말로 가치 있는 책인지 알고 있는 나에게 그들이 주는 기쁨은 무시할 수 없는 것이니까 말이다.

## 그래도 이 세상은 살 만한 곳이다

　이 세상은 너무나 사랑스럽다. 나는 천성적으로 끊임없이 주의를 기울이는 일에 서툴다. 마음을 끌려 하고, 유혹의 연극을 해야 할 필요가 없는 세상이 나는 한없이 감사할 지경이다. 전날에 내가 겪었던 일들을 생각해 보면 그 이유는 분명해진다. 시장을 보면서 무 한 단을 집으려다 놓쳤는데, 내 옆에 있던 부인이 재빨리 나서서 그것을 집어 주었다. 또 그날 시장의 진열대에는 고기와 생선·과일들이 풍성하게 넘쳐났다. 오른쪽에서 자동차가 오는 것을 눈치채지 못하고 태연히 건널목을 건너고 있었다. 갑작스런 나의 출현에 놀라 차를 정지시킨 운전자는 나무람이 섞인 미소를 던지며 "다음부터는 조심하세요, 아저씨"라고 말하였다. 슈퍼마켓의 계산대에서 땀을 뻘뻘 흘리며 지갑에서 동전을 찾았다. 그러는 동안 내 뒤쪽의 줄은 점점 길어졌지만 그 누구도 짜증을 내지 않았다. 며칠 동안 날이 흐리더니 드디어 태양이 얼굴을 내밀고, 사람들은 맑게 갠 하늘을 나와 함께 반겼다. 집 근처의 공터 한가운데서 조무래기 여자 아이들이 오래전 동요들을 부르며 고무줄놀이를 했다. 고양이 한 마리는 내가 쓰다듬어 주자 가만히 기분 좋은 척하고 있다가 어느새 도망쳐 버렸다.

이렇게 기분 좋은 일상의 축제를 겪다 보면 쉽게 끝장낼 수 없는 중세풍의 유혹놀음을 할 겨를이 없다. 나에게 행복을 가져다 주는 모든 이들에게 감사하기에도 시간이 모자라지 않은가 말이다.

## 고집스럽게 핀 푸른 꽃으로 남고 싶다

　어릴 적 내 벗들은 너무나 변해서 알아보기가 힘들 정도이다. 그런데 정작 놀라운 것은 바로 내가 전혀 변하지 않았다는 것이다. 사십대의 나이에도 나는 청년기의 순진함과 싱싱함을 간직하고 있는 것이다. 게다가 지금까지도 어린 시절 아버지의 가르침을 따르려 애쓰며, 열정적인 푸가와 판타지로 여성들의 마음을 사로잡은 제라르 필립의 열렬한 팬이기도 하다. 그런데 나의 옛 친구들은 대부분 스와핑 클럽에 드나들었고, 내가 왜 그들과 함께 가지 않는지 궁금해했다.

　나는 그들의 말을 이해하기 위해 일종의 이념적 개혁을 단행하여야 했다. 사회주의 색채가 짙은 기독교적 교육의 미덕에 비추

어 볼 때, 교환이라는 것은 빈번히 생색의 원인을 제공하나 그것은 다시 말해 미미한 식량과 재산·문화의 분배를 의미한다. 어릴 적 나의 부모님께서는 장난감을 다른 아이들과 함께 가지고 놀라고 하였다. 청년기에 접어들어서는 경제 발전의 소산을 평등하게 분배하라고 주장하며 시위를 했다. 걸칠 것이라고는 모포 한 장밖에 없던 성 마틴은 겨울의 혹독한 추위로 얼기 직전인 걸인을 위해 모포의 반을 나누어 주었다. 그런데 내 친구들은 자기 아내들은 타인과 공유하면서, 아니 그보다 남의 아내를 취하기 위해 갖은 노력을 다하지만 내가 말한 나눔은 나 몰라라 하고 자기 재산 챙기기에만 급급했다. 그저 스와핑 클럽을 나올 때는 성 마틴과는 정반대로 모피 코트 자락들을 추스르느라 바쁘다.

그들이 주절거릴수록 나로서는 또 다른 혁명을, 이번에는 의미론적인 혁명을 감행하지 않으면 안 되었다. '아부' 라는 단어는 그들의 대화 속에 자주 등장하던 말이었는데, 군대에서나 학교에서나 그렇게 좋게 인식되지 않았다. 우리는 선생님이나 상사에게 아부하는 치에게 손가락질하거나 영창에 잡아넣곤 하였다. 그리고 아부하기에 사용되는 뒷구멍은 진짜 뒷구멍이 아니었다. 그런데 이들은 우정어린 모임에서는 젖가슴이나 성기뿐 아니라 항문까지 핥을 줄 아는 기술을 뽐내곤 하였다.

그들의 음담패설과 허풍은 항시 자랑하는 자유분방함보다도 더욱 나를 슬프게 했다. 모두들 기다란 물건, 살집이 실팍한, 근육질의, 벌겋게 달아오른, 지칠 줄 모르는, 나선형의, 오래 가는, 쉴 새없이 성나 있는, 정액의 제공자, 뿌리는 자, 생산자, 슈퍼생산자인 것이 그토록 자랑스러운가 보다.

그 정도면 구미에 맞겠다 싶은 여자만 있으면 저마다 프랑스 릴레이 경주의 우승자라도 될 것처럼 악다구니들을 떨었다. 주어진 시간 내에 여섯 명이 한 여자의 배 위에 올라타는 것에 엄청난 기쁨을 느끼는 것 같다. 나는 처음에는 그들이 무슨 말을 하는지 영문을 모르고 있었다. 내가 아는 릴레이 경주는 4×100, 4×400미터뿐이니 말이다. 그것이 릴레이에 가장 적합한 경주 방식인데다가 그 경주 모습에 나는 단단히 반해 있기도 하다. 그 조화와 늠름한 발걸음은 번갈아 들썩이는 궁둥이들의 행렬보다 백배 천배 낫다고 생각한다.

그들은 내가 아주 질색을 하는 방법으로 자신의 파트너 자랑을 한다. 명기니 뭐니 하고 떠들어대며 노력이나 고생은 어디에도 없이 성적 향락만 찾아 헤맨다. 털이 무성한 둔덕, 방랑자의 초원, 신비의 숲, 이국적인 늪 등, 처녀를 보면 황홀해하고 매춘부를 보면 흥분한다. 또 시원찮을 때는 관대하고, 만족할 만할 때는 경탄하는 면모를 갖춘 여자들을 최고로 친다.

게다가 그들의 밤의 축제에 참여하지 않는 이들을 드러내 놓고 경멸한다. 프티부르주아라거나 저능아로 몰아 버리는 것은 물론이고, 자기들에게나 더 어울릴 듯한 징벌들을 싫증도 내지 않고 나열한다. 텔레비전 볼 때 간식 먹는 쟁반에 짓이겨 빵에 발라먹을 작자라거나, 거실 벽난로의 잦아지는 불에 익힐 놈이라거나, 주일 식탁 의자에 결박해야 마땅하다느니, 가진 증권저축 통장과 청약예금 통장으로 똥을 닦을 놈들이라고 하면서 말이다.

이러한 온갖 욕설에 내가 창백하게 질리는 것을 보고, 리샤르는 더 이상 바랄 것이 없다고 깨달았던 모양이다. "넌 어린 시절에 입은 상처를 절대로 치유할 수 없을 거야."

나는 그들과는 상반된 견해를 간직하련다. 내 나이가 허락하는 한 자전거 바구니에 아름다운 들꽃을 싣고 와서 아가씨들과 부인들에게 선사하며 다정하게 사랑을 속삭이는 고집스런 푸른 꽃으로 남고 싶다.

## 엽색가도 무뢰한도 아닌 호감 가는 남자이고 싶다

나는 참 좋은 시골 학교에 다녔다. 교실에 들어갈 때면 모두들 공손히 모자를 벗었고, 길에서 모르는 사람들을 만나더라도 인사를 빠뜨리지 않았다. 노파들(비록 뒤돌아서서 '심술쟁이 마귀할멈'이라고 쑥덕거릴지언정)이 무거운 짐을 들었을 때는 선뜻 도와 주었다. 늦게나마 국가를 위해 목숨을 바친 병사들의 추모비 앞에 경건히 모자를 벗어들고 조의를 표하기도 했다. 예절이 깍듯했던 내가 열일곱에 이르는 우리 마을 희생자 전부를 추모하기 위해 열일곱 번 모자를 벗는 데까지는 생각이 미치지 않은 것이 그나마 다행이었다. 아침이면 나의 방 창문을 열면서 화창한 날이나 초원이 온통 안개로 뒤덮인 궂은 날이나 가리지 않고 지나치는 목동 아저씨에게 미소를 지어 보이는 것은, 아무도 강요하지 않았지만 내게는 좋은 일로 여겨졌다.

여자 동급생들의 땋은 머리를 잡아당기는 장난을 치지는 않았지만, 그녀들이 일단 열세 살을 넘기면 장난스럽게 '마드무아젤'('마담'은 여선생님을 가리키는 말이었다)이라고 불렀다. 대개 나이가 지긋했던 학부모님들은 학교 앞을 지나치다 잠시 들르곤 하였다. 그러나 집안일로 항상 분주했던 우리 부모님은 담임 선생님과의 상담을 나에게 맡기는 일이 많았다. 저녁이면 벽난로에 불을 지피는 일을 나는 얼마나 사랑했던가. 불꽃이 이는 불을 다루는 것이 비록 힘든 일이기는 하였지만, 이 일은 전혀 부담이 되지 않았다. 그 일을 하느라 잡히지도 않는 고기잡이를 하러 시냇물을 따라 껑충껑충 뛰어다니고 싶은 충동도 꾹 눌러 참았다. 어떤 때는 연장자들이 나의 인내를 이용하려 들 때가 있어 난처한 일을 겪기도 했다. 부모님께서 오래전에 사이가 틀어진 이웃해 있는 먼 친척에게 인사하고 오라는 명령을 하였는데, 어쩔 수 없이 인사를 하면 그들도 마지못해 인사를 받곤 하였다.

아무리 그래도 나는 예절 바른 소년으로 남아 있었으며, 선생님이 최고라고 인정한 몰리에르와 라퐁텐 씨에게 명예훈장을 수여하였다. 그렇지만 너무 지루한 부알로는 제외했다. 비스마르크 경도 제외하기로 하였는데, 그것은 민족적인 복수심에서가 아니라 그의 이름의 언어학적 어감 때문이었다.

이야깃거리가 언제나 풍부하였고, 인류에 대한 거의 완벽에 가까운 환상을 심어 준 것으로 존경받아 마땅했던 사람은 단연 오렐리앙 삼촌이었다. 그는 독일 점령기 이야기를 해주었다. "매일같이 끔찍한 일들이 벌어지던 시기였지만, 많은 프랑스인들의 선심과 우애가 드러난 시기이기도 했지. 식료품상의 진열대 앞에는 엄청난 줄이 늘어서 있었어. 추위로 인해 기다림은 더욱 견딜 수 없는 것이 되고, 기약 없는 식량을 사기 위해 늘어선 사람들은 현재의 비참과 지난날의 풍요로움을 이야기하며 몸을 녹였더랬지. 그러다 불쌍한 노인을 보면 앞자리를 양보하기도 했단다. 아침 여덟 시경에 도착하여 정오쯤 해산하였는데, 대개는 바라던 감자나 계란을 손에 넣지 못한 채 돌아섰지. 희미하게 슬픈 미소를 지으며 이렇게 작별 인사를 하는 것이었어. '내일 기다리는 줄 설 때 봅시다' 하고 말이야."

"경보 사이렌이 울리면 촛불이 타고 있는 지하실로 피신하였지. 모두들 공포에 질려 있었지만, 밤이 깊어 가면서 차츰 잠에 빠져들었어. 어머니들은 무서워 떠는 아이들에게 옛 동요를 불러주면서 달래곤 하였단다. '내 친구 피에르에게 갈 테야' '왕이 그 일을 알았더라면' '깊은 산 속 옹달샘' 같은 노래였어. 이렇게 하여 전설 속의 프랑스, 사랑스런 연인들과 왕자들, 아름다운 성이 곳곳에 있는 루아르 지방, 가장 행복한 시절의 투명한 프랑스는 점령당하여 치욕과 수치에 부들부들 떠는 프랑스의 동반자가 되었던 거야. 다음날 아침 경보가 해제되면 각자 집으로, 아이들은 학교로, 남자들은 일터로 돌아가기 전에 서로를 정겹게 포옹하였지. 사실 배고픔과 싸우며 함께 식료품점 앞에서 줄을 섰던 것과 마찬가지로 지하실에서 죽음과의 대면을 함께한다는 것은 그렇게 사소한 일이 아니었기 때문이야."

"어떤 마을은 끔찍한 독일 전쟁 기계의 수레바퀴를 저지하는 데 최선을 기울였지. 그들을 독일 경찰의 권총 세례로부터 지키기 위해, 마을 사람들은 언제나 대문 한쪽을 비스듬히 열어두는 것을 잊지 않았단다. 또한 레지스탕스들 중 한 명이 체포되면 그 가족의 생계까지도 모두 함께 책임졌지. 나치에 점령된 마을 북쪽으로는 그들의 눈에 띄지 않는 지하도시가 있었고, 무장한 장정들이 많이 모여 있었는데, 그곳에는 비밀 편지함과 창고·곳간 등이 있었어. 당시의 위험은 상상을 초월하는 것이었고, 그들 모두는 가진 것을 서로 나누었지. 사회적 신분과 출신지 등을 막론하고, 일단 우리의 해방을 위해 자신의 생명을 거는 모든 이들에게 혜택을 주었던 거야."

나는 그 새를 못 참고 삼촌에게 이야기 방향을 틀어 달라고 졸랐다. "그런데 삼촌, 기관총이나 밀고·집단수용소 같은 것들은요……." "아서라, 녀석. 잠자코 기다려야지. 그런 것들은 제정신을 가진 사람들이 할 수 있는 일들이 아냐. 인간이란 것이 본디

심성은 착하거든. 그러니 인간을 존중하는 마음을 잃지 말아야지."

빌뇌브-쉬르-로에서 보낸 나의 중학교 기숙사 시절은 삼촌의 신념이 옳지 않았음을 확신하게 해주었다. 인류는 두 부류로 이루어져 있다는 결론을 내릴 수밖에 없었기 때문이다. 그 하나는 서툴게 타인의 관심을 끌려 안간힘을 쓰면서 모범생인 척하는 부류이고, 다른 하나는 자기 주장을 억지로 관철시키기 위해 폭력을 일삼는 부류들이다. 사실 그 당시 가장 중요한 관심사는 어떻게 해서라도 동급생들에게 얕보이지 않으면서 각자의 사물함에 보관하던 군것질거리를 탈취당하지 않는 것과, 기숙사에서 방해받지 않고 평화로이 잠을 자는 것이었다. 이렇게 얘기해도 좋을지 모르지만, 농부의 아들이었던 내 편에서 그들에게 예의범절을 가르쳐야 했기 때문이었음에도 내 몸에 배어 있던 예의범절은 신기하게도 도시 출신이면서 촌스럽기 그지없던 동급생들의 심기를 거슬렀던 것 같다. 불행 중 다행으로 나는 당시 럭비를 하였고, 나의 미드필드 포지션이 상당히 괜찮았던 모양이다. 아무도 내 번호인 10번을 공격할 엄두를 못 내었으니 말이다. 이때부터 나는 편안히 잠들 수 있었고, 내 사물함을 자물쇠로 잠그지 않아도 되었다.

한패의 모범생인 척하는 패거리들이 우리 중학교 전체를 오염시키고 있었다. 선생님을 도와 칠판을 지운다던가, 곁에서 선생님에게 수건을 건네 주는 경우는 그래도 봐줄 만했다. 잘난 척을 한다거나, 냄새가 고약한 오물 덩어리를 던지는 동급생들을 선생님께 고자질하는 경우는 역겨울 지경이었다. 그들 중 대부분은 이러한 장난, 그러니까 밀고하는 짓거리에서 단순한 모범생 장난을 넘어서는 크나큰 희열을 느끼는 것이었다. 이에 나는 그들의 앞날이 어떻게 전개될 것인지 한번 상상해 보았다. 이런 조무래기들은 군대에서도 중사 곁에서 아첨을 할 터이고, 사회에 나가서는 분명히 직장 상사 옆에 붙어 아첨을 떨 것이다. 때로 밀고의 희생자들이 그냥 넘어가지 않고 고자질한 아이들에게 된통 복수를 하는 경우도 있었다. 그러면 고자질쟁이는 어떤 형식으로든 잘못에 대해 처벌을 받았으므로 다시는 그같은 비겁한 일을 하지 않았어야 옳다. 그런데 아무런 소용이 없었다. 이러한 치들은 분명 처벌을 받으면서 일종의 피학자적 쾌락을 느꼈으리라.

 자칭 모범생들이 그렇다고 모두 특별 외출이나 좋은 점수를 얻기 위해 비열한 짓을 했던 것은 아니었다. 어떤 아이들은 실제로 무슨 이득을 얻을 생각 따윈 전혀 없이 이런 일을 저질렀다. 그야말로 노예근성이 철철 흘러넘치는 치들이었기 때문에 만일 선생님들이 몽둥이찜질을 하거나 엉덩이를 발로 힘껏 차더라도 큰 행복을 느꼈을 것이다. 선생님의 호감을 사려고 온갖 노력을 기울일 뿐 아니라, 특히 선생님에게 굽실거리는 것에서 기쁨을 느끼는 것이었다.

머리 회전이 빨랐던 한 모범생, 그러니까 모범생 흉내를 내는 아이들 중에서도 좀 색달랐던 피에르 가르생이라는 아이가 한번은 내게 다가와 이렇게 충고했다. "나한테 까다롭게 굴 필요 없어. 너한테 충고하겠는데, 넌 나만 따라 하면 돼. 사회 생활은 몇 가지 원칙만 잘 지켜 주면 술술 풀리게 되어 있거든. 남들에게 자신의 가장 바람직한 이미지, 그러니까 남들이 그럴 것이라 믿는 너의 가장 멋진 이미지를 보여 주는 거야. 아부할 때는 아부하고, 해달라는 대로 해주면서 사람들의 약점을 잘 포착하는 거야. 이렇게 되면 약점을 잡힌 사람은 내 손아귀에 들어오게 돼 있지. 결국은 내가 지배자가 되는 거야. 결코 그는 내 위에 설 수가 없게 돼. 내가 연출하는 연극이 어떻게 돌아가는지 정도는 잘 알고 있어. 나는 내가 좋아하는 척하는 조무래기들보다는 네가 훨씬 낫다고 믿고 있지. 게다가 선생님들 앞에서 아첨하지 않는 것도 높이 평가하고 있고……. 단지 너 때문에 일이 틀어지는 걸 원치 않을 뿐이야."

영리하고 철저한 상황 분석은 한순간 나를 어리둥절하게 만들었지만, 그래도 나를 변화시키기에는 역부족이었다.

이런 역겨움과 냉소주의 속에서 나를 구해 준 두 인물이 있었으니, 한 분은 문학 담당 선생님이었던 클로드 보드뱅이었다. 그의 열정적이고 풍부한 뉘앙스가 풍기는 강의 덕택에 나는 위대한 작가들에게 관심을 갖게 되었다. 그는 언제나 일정 거리를 유지하였으므로 인기를 끌지는 못하였지만, 학생들 앞에서 권위를 잃고 지나치게 친해지는 잘못을 저지르지는 않았다. 우리들 중 누구도 그에게 다가가 감히 '보충 설명'을 해달라고 부탁하지 못했다. 이 설명이라는 것이 사실은 '주의를 끌려는 수작'에 불과하였지만 말이다. 여하튼 일단 마법의 순간이 지나고 나면(해설, 중요한 문학 텍스트의 강독), 그는 우리가 이방인이나 되는 것처럼 매정하게 무시해 버렸다. 클로드 보드뱅을 배우로 보자면 관객의 커튼 콜에는 전혀 응하지 않는 배우였다. 그가 단지 당시 세태에 영합하지 않았다는 것과, 그의 방이 수도사의 그것처럼 지극히 소박했다는 것 때문에 우리는 그를 '엄격주의 얀센파교도' 취급했다. 나는 몇 과목에서 최고 점수를 받았는데, 그는 칭찬이 내게 그다지 득이 되지 않을 것이라 판단을 내린 듯했다. 반면 다른 선생님은 나의 성적을 축하하였는데 그것이 나를 혼란스럽게 하기는 했다. 아무리 그래도 주옥 같은 시구에 푹 빠져 있던 그가 몇 번인가 내게 시선을 보내는 것을 느꼈다.

요행히도 이 시절 또 한 분의 은사를 만날 기회가 있었다. 그녀는 마드무아젤 비늬리라는 당시 퇴직 유치원 교사였는데, 빌뇌브-쉬르-로에서의 나의 편지 친구였다. 사실 이 편지 친구라는 말은 지금은 사라진 아주 매력적인 말이다. 그녀는 내가 질문하면 주로 대답을 해주는 편이었고, 우리는 서로 규칙적으로 편지를 주고받았다. 사람 좋은 육십대 여인으로 말수는 매우 적었지만, 나의 변화무쌍한 유머 감각을 감지했다. 방학 동안 그녀의 집에 초대를 받은 덕에 나는 엄청난 양의 장서와, 어린 시골뜨기의 눈에는 그저 신기할 뿐인 기이한 물건들이 가득한 그 집에서 얼마간 머물 수 있었다. 나는 작은 책상 앞에 앉아 사색을 하거나, 작은 동상에 윤을 내기도 했다. 벌집무늬 장식이 된 안락의자에 조심스럽게 다가가 앉기도 하면서 말이다. 이 소박한 집은 엇비슷하게 소박한 다른 집들과 나란히 파푸 거리에 자리잡고 있었으며, 마당 안쪽으로 화장실과 작은 화단이 있었다. 날씨가 화창하게 개어 훈훈해지면 그녀는 손수 빚은 호두주나 오렌지주를 내 잔에 따라 주었다. 벌집무늬 장식이 있는 안락의자에 앉아 나는 정교하게 장식된 잔에 경건히 입술을 대곤 하였다.

이 소박하고 경건한 삶의 교훈을 내가 충분히 음미했는지는 모르겠다. 구태여 유혹하지 않는데도 마음을 끄는 것, 언제나 무대의 전면을 차지하려고 안달하지 않는 것, 온갖 종류의 예의와 세심한 배려와 같은 인간 관계들을 조화시키는 것 등을 말이다. 인간은 근본이 야만스럽지 않은 모양이다.

서로 엉겨붙고 뒹굴고 뒤척대며

미친 듯이 한바탕 웃고 울고 나면

거짓 연극과 피곤에 지친데다가

새벽의 노골적인 빛 속에서

또 무슨 일이 일어나기에는

에너지가 이미 고갈되었다.

## 이 모두가 라신의 잘못이다

이 모두가 라신의 잘못이다. 그가 아니었더라면 그 끔찍한 아탈리의 신, 《베레니스》를 읽으면서 다시 만난 그 신과 완고하고 중후한 삶을 이토록 신봉하지 않았을 것이다.

서로 사랑하는 연인들에게 영원한 이별이라는 말처럼 잔인한 말이 또 있을 것이라 생각해 본 적이 있으신지요?
한 달 후, 일 년 후, 그 장엄한 바다가 우리 둘 사이를 갈라 놓을 것을 생각하면 고통으로 가슴이 찢겨나가는 것 같답니다.
티투스가 베레니스를 만날 수 없고,
내가 티투스를 매일 만나지 못하는데,
어떻게 해가 뜨고 해가 질 수 있겠는지요?

이렇게 우리의 애간장을 저미는 슬픔의 무게와, 그 표현의 정숙함 앞에서 나는 나의 여자를 유혹하는 행동이 부끄러워졌다. 우리 모두 좀더 자주 고전 명작들을 들추어 보아야 하지 않을까? 때로는 지루함을 참을 수 없어서 책을 덮어 버리기도 하겠지만, 적어도 우리가 만족하며 받아들이는 충동적인 삶을 되돌아보는 계기가 될 수도 있을 것이다.

## 조건부 휴전 협정

그런 식으로 흐릿하게 행동한 내 잘못이 크다. 현재의 내 여자 친구는 우리의 사랑이 영원할 것이라 철석같이 믿고 있었고, 사실 그런 상황에서는 그 누구라도 기분 좋게 절교 선언을 받아들일 수 없었을 것이다. 그러니 이런 처지에서는 거북한 만남을 어떻게든 피하는 편이 좋겠다는 생각에 서로 협상을 하기로 했다. 중요한 일은 서로 부딪치지 않도록 각자가 다니는 공간을 정하자는 것이었다. 우리에게 친숙하던 레스토랑·영화관·광장들을 나누는 것이었는데, 우리 둘 다 이 도시 곳곳을 샅샅이 훑는 것을 좋아하였던 터라 얄타 회담에 버금가는 뒤탈 없는 분배란 거의 불가능한 것으로 판명이 났다. 그럼 어떻게 분배하느냐고? 너는 이탈리아 식당, 나는 일본 식당·타이 식당·러시아 식당으로.

하지만 우리 모두 너무나 맛있어 하던 음식에 있어서는 양보란 있을 수 없었다. 하늘이 무너져도 오븐에 구운 라자냐 요리를 포기할 순 없었다.

타협은 쉽지 않았다. 우리는 1호선이나 2호선처럼 가장 군침 도는 노선들은 구태여 나누지 않는 지혜를 발휘했다. 이에 장난 삼아 한 사람은 짝수 전동차에 다른 한 사람은 홀수 전동차에 타고, 샤틀레 역에서 한 사람은 왼쪽에서 다른 한 사람은 오른쪽에서 타는 것이 어떻겠느냐고 제안했다. 엉뚱한 제안에 한순간 함께 박장대소를 하였지만, 그렇다고 협상이 내 편에 유리해진 것은 아니었다. 이제 더 이상 몰리토르 수영장에는 들어갈 수가 없게 되었다. 그렇다고 크게 아쉬운 것은 아니다. 파리에 수영장이 거기밖에 없는 것은 아니니까. 교활한 속내가 훤히 들여다보이게 마르틴은 내게 세갱 섬을 양보했다. 넌 "언제나 노동자들을 존중했으니 말이야." 갑작스런 종교적 열기에 휩싸여 우리는 서로 노트르-담 성당을 빼앗길 수 없다고 고집을 피우기 시작했다. 사실 노트르-담 성당이 라틴 지구로 가는 길을 장악하고 있는 것을 부인할 수 없기는 하다. 뤽상부르 공원도 서로 포기하지 않기로 했다. 작은 숲도 많고 동상들이나 오솔길이 숱하게 있으니 서로 피해 가기 쉬울 터였다. 나는 틀림없이 작은 숲 뒤에 숨어 마르틴이 혹시나 이 공원을 포기하지 않을까 염탐하고 싶은 충동을 느끼게 될 것이다.

이 모든 일이 그다지 쉬운 것은 아니었지만, 새로이 맺은 관계가 단절될 때마다 점점 더 복잡해지는 것이 문제였다. 불행 중 다행으로 나는 기억력이 참 좋았다. 나의 두뇌는 옛날 여자 친구들을 아틀라스 지도책처럼 초록색·노란색·파란색으로 분류하느라 정신없이 회전했다. 이 공간과의 싸움을 그저 재미있는 놀이 정도로 생각해도 좋았겠지만, 나는 이내 이 놀음에 지쳐 버렸다. 급기야 내게 주어진 영토는 어처구니없을 정도로 줄어들고 말았다. 이에 나는 1940년 브르타뉴 지역으로 영토가 축소된 프랑스의 붕괴 당시를 떠올리지 않을 수 없었다. 내가 그토록 사랑하여 샅샅이 훑고 다니던 그 소중한 파리가 금지 구역이 된 셈이었다. 이젠 벨르빌·르 페르-라셰즈·라 포르트 드 릴라가 있는 파리 19구와 20구만이 내게 허용된 지역이 되었다. 그 정도면 그런대로 멋진 거리라고 할 수 있었지만 대체 나를 맞아 줄 까페도, 볼 만한 건물도, 광장도 없었다. 그러니 다시 한 번 연애가 끝나면 예전에는 막대하던 내 영토의 마지노선까지 무너질 지경이었다. 이제 수도를 버리고 마르세유나 리옹에 가서 개과천선하여 조신한, 아주 조신한 새 삶을 살 수밖에 없게 되었다.

훌륭한 저녁 식사를 마치고
사랑을 나누어도 좋을 장소를
준비하고 있는 것은 아니겠지?
나긋나긋한 꽃사슴을 너의 거처로 데려다 줄
몰이꾼이라도 쓰고 있는가, 아니면
지금껏 몰랐던 방탕 생활로 너를 인도할
성숙한 여자들을 알고라도 있는가?

## 지방 출신의 여자들

나는 천성적으로 여자들을 정복했다고 우쭐해서 잘난 체하는 동 쥐앙 같은 부류와는 거리가 멀었다. 사실 최초의 동 쥐앙으로 추정되는 작자도 내 눈에는 그저 우스꽝스러운 인물 이상으로는 보이지 않았다. 어떻게 자기 애인이 베일로 얼굴을 가렸다 해서 알아보지도 못하는가 말이다. 게다가 별 볼일 없는 시골 여자들 몇하고 놀아난 것을 가지고 그렇듯 잘난 체를 하는 이유는 무엇이며, 폭풍이다 뭐다 해서 대사를 그르치는 일도 허다했으니 토끼처럼 위험을 피해다니기나 한 주제에 그리 으쓱댈 하등의 이유가 없는 것이다. 이해할 수 없는 부분이 하나 있는데, 왜 유혹하는 것은 선도적이고 상상력이 풍부하다고 하면서 유혹당하는 것은 온순함·순진함·체념의 표상으로 보는 것일까? 다행스럽게 유혹

당하는 쪽이 유혹하는 이가 어리둥절해 있는 사이 보란 듯이 복수의 칼을 내리치는 경우도 있다. 유혹하기와 유혹당하기 사이의 명예가 걸린 결투에서, 유혹당할 능력이 있다는 것은 예민함과 도량의 깊이(아직은 알 수 없는 곳에서 함께 노래하고 몸을 떨 수 있는 능력)라는 특유의 본질을 발휘한다.

그러니까 내가 여자들을 꼬드긴 동기는 그보다는 좀더 고상하다고 볼 수 있다. 나는 한 인간으로서 그녀의 존재 전부, 그녀가 지금까지 살아온 내력, 그녀의 어린 시절에 관심이 있는 것이다. 대체 이 여인의 정체는 무엇일까? 그녀는 어디에서 살고, 그녀의 존재를 규정하는 일상은 무엇일까 하는 것 따위 말이다. 나는 호의적인 눈길을 보낸 여성의 집까지 동행하고 싶어했으며, 그러자니 설득이 필요했다. 그래서 때로 이러한 질문으로 유도하곤 했다. "그러니 너희 집에 가서는 안 된다는 말이지. 너랑 함께 산다는 여자 때문인가? 사람들의 입에 오르내릴까 봐 그러는 거야?" 이런 식으로 다 넘어온 여자를 놓치는 쓴맛을 보기도 했다.

가끔 집에 같이 가는 것에 동의해 준 여자들을 통해서 나의 불법적인 호기심이 충족되었다. 그리고 파리에 대한 나의 지식이 더 넓어졌다. 파리의 모든 구들은 조금만 관심을 가지고 보아도 감칠맛 나는 속살을 내보이곤 하였다. 그 중에서도 나한테 아주 친숙한 5구의 라틴 지구는 제쳐두고, 내게는 11구가 16구보다 더 친밀하다.

지방 출신으로서 파리에 잠깐 들른 여자일 때는 그야말로 대환영이었다. 그녀들에게 한번 집에 들르겠다고 약속하고서, 나는 어김없이 그 약속을 지켰다. 내가 소뮈르에서 공증인으로 있는 엘리안의 부친 댁을 방문하자 그녀는 당황하였지만 수줍게 나를 맞았다. 마침 대은행가의 연회가 열린 참이라 그 잔치에 초대를 받았는데 저마다 대단한 인본주의에 고상한 문학적 표현들로 한마디씩 했다. 엘리안과는 방을 따로 쓰고, 다음날 아침 식사를 하러 갔는데 공증인은 벌써 일 때문에 바빴다. 나는 주저치 않고 세베락 르 샤토(세베락 라 갸르가 아니라)까지 나의 탐사 영역을 넓혀 갔다. 긴 여행 끝이어서 기진맥진한데다가 달갑지 않은 기분으로 성터 근처에 이르자 버스에서 내렸다. 나는 순박한 사람들인데다가 벌써 심중으로는 우리의 결혼식을 준비하고 있는(그녀의 어머니는 내게 값비싼 혼수를 살짝 보여 주었다) 로렌스의 부모님을 이용하는 것은 아닌가 걱정이 되었다. 가짜 주소로 낭패를 보게 만드는 여자도 있었다. 타르브 거리를 샅샅이 뒤지면서 나는 그야말로 우스운 꼴이 되었다. 왜 이런 여자를 만났고, 왜 그 여자는 나를 웃음거리로 만들었을까. 내가 이런 일로 정말 낙심을 하긴 했는가? 그 여자는 내가 뭘 깨닫기를 바랐을까 생각하게 되었다.

프랑스와 그 수도는 방대하다. 또한 내가 그것으로부터 얻은 만큼 돌려 주는 것이 당연할진대, 이 기분 좋고 비용 안 드는 탐사를 중단할 아무런 그럴듯한 이유가 없지 않은가. 그런데 아무리

피곤해도 꿋꿋했던 탐사가 좋지 않은 방향으로 가고 있었다. 예컨대 내가 선택한 대상들 중 몇(이 여자들은 매춘부가 아닌 정직한 신여성들이었으니 독자들은 안심하기 바란다)은 너무 성급해서 자동차 시트 위나 아파트 현관에서 일이 성사되었으므로 여행은 시작도 하기 전에 끝나 버렸다. 또 어떤 여성들은 아예 문(그들의 마음의 문이 아니라 아파트 현관 문)도 열어 주지 않았다. 당시 언론에서 한창 연쇄 살인범에 대한 보도를 하고 있었기 때문이다. 그렇다면 내가 연쇄 살인범같이 보였단 말인가? 또 어떤 여자들은 절망적일 만큼 암울한 대규모 위성도시에 살고 있었다. 물론 C단지나 D단지의 11평 아파트나 15평 아파트의 방문자가 되는 일은 나하고는 전혀 걸맞지 않은 일 같았다. 나를 사로잡은 여자가 그토록 흔해빠진 환경에서 살면서도 참으로 독특한 인성을 간직할 수 있었다는 것에 놀라지 않을 수 없었다. 이것은 그만큼 그녀의 영혼의 위력이 강하다는 증거이니 이에 존경을 표시할 수밖에 없는 일이었다.

지방이 나에게 금지된 지역이 된 이유는 또 여럿이 있다. 지방에 사는 여자들은 이상하게도 우리의 만남이 하룻밤 이상으로 진전되는 것을 원치 않았다. 대도시에 사는 여자들과는 서로 시간 약속을 하고, 흔하디 흔한 회색 건물이 빼곡히 늘어서 있는 곳으로 달려가는 경우도 가끔 있었는데 말이다. 그런 곳은 블루아도, 베르주라크도, 그렇다고 낭트도 아닌 돈 냄새 풍기는 대도시의 변두리 지역이었다. 때로는 내 쪽에서 좀더 시간이 흐른 다음 재회할 것을 제안하는 경우도 있었다. 그녀에게 친밀하고 나에게 은근히 자랑하고 싶었던 장소를 내 마음의 여주인과 함께 돌아다니는 것도 괜찮은 일이었다. 페리고르나 루아르 지방, 알프스 사부아 지방 같은 장소들에 여자들은 이미 진력이 나 있었다. 아시아나 태평양, 미국, 아니 그보다 조금 소박하게는 지중해 정도는 되어야 한다고 생각했던 모양이다.

체류한다는 것이 그 집에 초대되어 잘 대접받는 것을 의미한다면, 이 체류는 내게 금지되었다. 이젠 내 감정 교육, 아니 보다 정확히 말하면 내 지리 교육도 끝장이 나고 말았다.

그들은 내가 아주 질색을 하는 방법으로
자신의 파트너 자랑을 한다.
명기니 뭐니 하고 떠들어대며
노력이나 고생은 어디에도 없이
성적 향락만 찾아 헤맨다.
털이 무성한 둔덕, 방랑자의 초원,
신비의 숲, 이국적인 늪 등,
처녀를 보면 황홀해하고 매춘부를 보면 흥분한다.
또 시원찮을 때는 관대하고,
만족할 만할 때는 경탄하는 면모를 갖춘
여자들을 최고로 친다.

### 나는 증오한다

나를 이빨 사이에 분노를 잔뜩 깨물고 있는 개에 비교해 본다. 일단 한번 물고 늘어지면 절대로 놓지 않는 몰로시안이 된 기분이다. 그렇지만 누군가를 증오한다는 것은 언제나 대단히 몹쓸 짓이었다. 시체 더미가 쌓여 가는 발칸 반도, 끝도 없이 이어지는 앙갚음으로 부녀자와 어린이마저 학살하는 사람들. 제국주의 전쟁, 동족상잔. 자기 자식들이 고통을 호소하는 소리에도 아랑곳하지 않고 끊임없이 학대하는 부모들. 또 어린 시절 엄격하지만 사랑으로 양육된 아들이 성장한 후에 반신불수가 된 아버지를 방문조차 하지 않다가 비참히 된 그의 머리맡에서 원망이나 늘어놓는 것. 반면 한 국가나 소수민족의 명예를 위해 복수하는 남자의 증오는 그의 얼굴을 승화시킨다고들 한다. 천번 죽어 마땅한 배신

자에게 벌을 내릴 때, 엘렉트라의 완고하고 반항적인 모습은 차라리 아름답다고 해야 할지도 모른다. 그러나 우아한 얼굴은 온통 증오로 일그러지고, 눈은 휘둥그레져서 옆주름이 잔뜩 가고, 입으로는 분노의 거품을 뿜어내는 그 얼굴을 나는 도저히 아름답다고 할 수 없을 것 같다.

 남편의 부정을 알게 된 한 여인은 그를 게슈타포에 밀고하였고, 체포된 남편은 집단수용소에서 죽고 만다. 자유로워진 여인은 나치 장교들과 마구 어울리고, 그녀의 잇단 연애 장면을 찍은 사진을 시어머니에게 보낸다. 증오한다는 것, 그것은 자신의 사고를 어떤 결정된 한 대상에 고정시키는 것이 아닐까? 그러니 이런 식의 강박관념은 우리를 흘러가는 세상의 무한한 아름다움으로부터 비켜 가도록 한다. 이 얼마나 커다란 손실인가!

 시골에서 두 가족이 뒤엉겨 싸운 뒤로 증오를 대물림한다. 임종의 자리에서 이렇게 귀엣말을 하면서 말이다. "아들아, 논밭 잘 건사하고, 집안살림 잘 꾸려 나가고, 절대 사물함은 팔지 말거라. 그리고 무엇보다도 옆집 사람들을 미워하거라. 옆에 지나가면 침을 뱉고, 그 집 앞으로 시냇물이 흐르거든 말려 버려라."

 내가 어떤 생각으로 논리를 전개시키는지, 또 내가 얼마나 증오 자체를 증오하고 있는지 이제 명확해졌을 것이다. 나라고 증오심을 품지 않는 것은 절대 아니다. 그런데 나의 증오는 어떤 사람이나 가족——이것이 그다지 심각하지 않은 까닭은, 일단 그 사람이 죽고 나면(비록 그 사람이 장수할 수도 있겠지만) 그 천박하고도 자명한 감정이 사라지고, 사랑하는 사람들의 걱정만 하고 살 수 있을 것이다——에 국한되지 않은 인류 전체를 향한 것이다. 우주 전체에 재앙이 일어나고 난 뒤에도 어떻게 인류의 증오는 끊임없이 대지를 가득 채워 나로 하여금 인류 전체를 증오하지 않을 수 없게 만드는지 모르겠다.

마치 그들의 나 보란 듯한 행복놀음이 견딜 수 없이 추잡스럽기나 한 것처럼 내 동시대인들이 행복해하는 광경이 원망스러울 따름이다. 자연과 초자연이 부여한 기쁨의 공동에 해당하는 몫을 그들이 전부 챙기는 것 같은 생각이 든다.

그렇지만 가난한 사람들, 불법 체류자들, 부랑자들, 거지들, 배우자에게 배신당한 남편들, 전신마비된 사람들(이들 중에서도 가끔 만족한 표정을 짓는 자들이 있기는 하지만)은 내 증오의 리스트에서 제외하기로 했다. 사실 이렇듯 불행하게 산다는 것이 쉬운 일이 아니라는 것을 잘 알고 있기 때문이다. 반대로 자신이 어떻게 부자가 되었는지, 그들이 착취하는 사람들의 위태로운 생계가 어떤지 도무지 관심이 없는 부자들을 보면 절망스럽다. 그들을 만날 때를 대비하여 전쟁 준비를 해두지 않은 것이 후회막급이다. 여자들과 보석들을 가로채고, 그 자식들을 유괴하여 부자들의 천상지복을 빼앗아 버리고 싶어진다. 그럴 계획도 있었지만 한번도 실행해 본 적이 없다. 이런 부류의 사람들에게 다가간다는 것이 쉽지 않기 때문이다. 이들은 통상 당신들을 한 방에 날려 버릴 수 있는 경호원들을 대동하고 다니는데, 이 경호원들이라는 것이 좀 없어 보이는 사람들을 한눈에 알아보고 가로막기 때문에 부자들의 궁전은 가히 삼엄한 요새나 다름없다.

그들과는 또 다른 부류들이 있는데, 아마 이들의 숫자가 가장 많을 것이다. 이들은 평온한 행복을 만끽하는데, 가죽 소파에 길게 몸을 누이고서 멀리로 공을 던져 개에게 물고 오도록 한다. 자식들의 고사리 같은 손을 붙잡고 밀려오는 파도에 크게 웃음을 터뜨린다. 또 금년 오월의 연휴가 긴 것에 흡족하여 기지개를 늘어지게 켜고, 잘 차린 아침상(이것이 그다지 쉬운 일만은 아니었는데, 직장에 지각해서는 안 되었기 때문이다)을 받을 수 있다는 사실이 마냥 행복하다. 게다가 머리 회전이 비상한 인사부장 덕에 직장일에 의기충천하며, 양로원으로 내몰아 버린 노부모로부터 자유로워진 것도 그들을 행복하게 하는 중대한 이유이다.

나하고는 다른 사람들을 생각하는 것만으로도 충분히 미움이 생긴다. 그런데 아무리 해도 정당한 이유를 찾아낼 수 없을 내 역정의 까닭은 무엇인가? 부모님은 내가 응당히 받아야 할 애정을 베풀었다. 게다가 나의 유치한 순진함을 이용하려 드는 어른은 한 사람도 없었다. 길을 걸을 때 학교 동급생이나 모르는 사람들은 조롱하느라 뒤돌아보지도 않았다. 테니스 경기도 문제없이 잘 치러내었다.

이렇듯 종합결산표를 보면 만족할 만한데도 나는 마음속 깊이 증오를 간직하고 있었다. 타인들이 애정을 가지면 가질수록 나는 증오를 키워 나갔던 것이다. 정확히 말해 남들의 고통으로부터 기쁨을 길어 오지는 않았지만, 무슨 수를 쓰던지 그들의 행복에 훼방을 놓아야만 했기 때문에 이 불순한 욕구를 채울 방법을 찾아 내고야 말았다. 사실 나는 사람을 끌 줄 알았으니, 이제 나의 희생양이 될 여자들을 유혹할 차례였다. 처음에 온갖 친절과 주의를 기울여 호감을 사고, 상대편에서 상상도 못할 정도로 빨리 우리는 서로 마음이 맞는다는 사인을 보내고 난 다음 결정적인 치명타와 불쾌할 만한 지적, 냉전의 순간을 만들었다. 귀여운 여인의 얼굴에 어두운 그늘이 지고 시선이 눈물로 흐려질 때 나는 쾌감을 느꼈다. 그렇다고 굳이 용서를 구할 필요도 없었는데, 그것은 희생자를 미리 정확한 계산에 의해 골랐기 때문이었다. 그러니 그 여자들이 나약할수록 내게는 훨씬 편했다. 만일 그녀가 잔뜩 화가 나서 나를 지옥불에 던지던가, 그저 잠깐 불쾌해하고는 다시 예전처럼 즐겁게 살아간다면 내 시나리오는 빛을 못 볼 것이기 때문이었다.

나의 퇴폐성을 확인시켜 줄 또 다른 두 종류의 기쁨을 나는 마음껏 누렸다. 또 나는 호의적이고 딸의 행복에 집착하는 부모를 가진 여자들을 선호하였는데, 사실 내가 망쳐 놓고 싶었던 것은 딸의 행복보다는 그 부모의 행복이었다. 또 다른 기쁨은 아주 능수능란하게 다음의 두 역할을 연기해 내는 데서 오는 만족감이었다. 하나는 모든 면에서 완벽한 유혹자의 역할로 가장 섬세한 여자들까지 마음대로 주무르는 것이고, 다른 하나는 야비한 사기꾼의 모습이다. 내가 매력이 없었다면 여자들이 입은 상처도 대단한 것이 아니었을 터이다. 나는 정말로 재능 있는 배우였다.

내 안의 증오도 그것이 생겼을 때처럼 별다른 이유 없이 사그라졌다. 거의 모든 사람들은 행복한데, 그들 모두를 원망한들 무슨 소용이 있겠는가! 나하고는 상관도 없는 일인데 말이다. 게다가 겉으로 보이는 것처럼 그들이 정말로 그렇게 행복하기나 했겠는가? 그때부터 나는 타인의 존재 속으로 들어가기 위해, 또는 그의 운명을 망쳐 놓기 위해 타인을 유혹하는 일을 그만두었다. 그것은 돈에 무덤덤해진 도둑이 가정집이나 은행을 찾는 일이 힘들어지는 것과 다를 바 없다. 그보다는 덜 명확하지만 아마도 내 편에서는 반전이라고 할 수 있는 또 다른 가정을 한번 세워 보려고 한다. 사실 증오는 사랑만큼이나 우리의 정력을 소진하는 에너지이다. 그리고 이제 나는 이 놀음에 지쳐 버렸다.

지금의 나는 끔찍한 과거 때문에 벌을 받지나 않을까 하는 공포에 휩싸여 있다. 나는 잠깐의 실수로 사고를 내고, 그 희생자가 된 전신마비 환자의 휠체어를 밀어 주는 사람들을 만난 적이 있다. 그러므로 어느 날 내가 요행히 그간 저지른 일에 양심의 가책을 느끼고 그 죄를 조금이라도 속죄할 심산으로 나의 희생자들의 휠체어를 밀 생각을 한다면, 그 휠체어의 숫자는 셀 수도 없을 것이다.

이해할 수 없는 부분이 하나 있는데,
왜 유혹하는 것은 선도적이고
상상력이 풍부하다고 하면서
유혹당하는 것은 온순함·순진함·체념의
표상으로 보는 것일까?

## 쌍소의 리스트

삶이 내게 대체 무엇을 바라는지 알다가도 모르겠다. 삶을 사방으로 휘젓고 혼내다가 달래기도 할 법하였지만, 끝내 고집스럽게도 내게 만족을 안겨 주지 않았다. 나는 언제나 가장 평화로운 환경 속에서 삶과 함께 유유히 산책하였고, 이국적인 칵테일을 실컷 맛보게 해주었다. 우리는 서로 멋진 동반자로 유랑했다. 때로는 헤어지자고 으름장을 놓기도 하였지만, 나는 한번도 삶과 떨어져 있지 못했다. 그러나 이 모든 것은 헛된 일이다. 그래서 급기야는 삶이란 내게 일어날 수 있는 모든 일들 중 가장 최악의 일이자 반항하는 어린아이보다도 더 다루기 힘들고 배은망덕한 것이라고 결론을 내렸다.

이제는 삶과 어느 정도 거리를 두려 한다. 그것이 값비싼 보물이라도 되는 것처럼 으스대며 자랑하지 않으련다. 삶을 유혹하려 하지도 않겠다. 이제부터 다른 일들에 신경을 쓰기로 했다. 그래서 내가 삶을 잊을 수 있도록 온갖 종류의 선행으로 이루어진 리스트를 하나 만들기로 했다. 이제 삶이 나를 쫓아오건말건 신경 쓰지 않겠다.

숙녀들 앞에서 빙빙 원을 그려 가며 춤추는 것보다 훨씬 고상하고 확실한 다른 종류의 일들을 열심히 해보기로 마음먹는다. 고독하고 절망에 잠긴 환자들을 방문하고, 나의 사랑하는 모국어의 부족한 부분을 수정하고, 보다 평등한 사회를 이루고자 애쓰는 사람들 편에 서서 투쟁하고, 의처증의 횡포가 미치지 못하도록 남편을 피해 도망쳐 나온 여자를 위해 우리 집 문을 열어 주고, 맹인들이 길을 건널 때 도와 주고, 우체국 창구에서 기다리는 나처럼 나이 든 노인들에게 자리를 양보하고, 세상 천지에 돌봐 줄 이 없는 고아처럼 슬픔에 잠겨 있는 아이들의 찌푸린 얼굴을 향해 밝게 웃어 주고, 불법 체류자들의 서류 준비를 도와 주고, 판잣집에 사는 이들에게 집을 알선해 주고, 학업이 부진하고 반항적인 아이들에게 역사와 삼각법의 매력을 보여 주고…… 중략, 신 혼자로는 감당하기 어려운 업무를 수행할 수 있도록 도와 주는 일들 말이다.

이 리스트가 이만큼으로 끝나는 것도 아니고, 또 여기서 이야기한 일들 모두를 내가 해야 되는 것도 아니다. 당장 수학의 삼각법을 시퍼런 고등학생에게 가르친다거나, 그렇다고 열기 가득한 우체국의 길게 늘어선 줄에서 타인에게 내 자리를 당장에 양보할 것이라고는 생각지 않는다. 그보다 만일 그래야 한다면 어릴 적 가재를 잡던 우리 마을의 저수지를 시에서 메우지 못하도록 적극 나서서 반대 운동을 펼칠 용의는 있다.

늘 그렇지만 리스트를 작성하는 일은 내게 도움이 되었다. 때로 슈퍼마켓에서 살 품목을 적은 리스트를 잊어버리고는 두서너 가지를 사지 못했던 기억이 난다. 내가 위에 기록한 리스트는 살 품목을 적은 리스트보다 훨씬 풍부하니, 아마도 내가 인생을 보다 기분 좋게 살아갈 수 있도록 도와 줄 것이다.

처음 만났을 때 나는 순간적으로

그녀가 밤을 닮았다고 느꼈다.

적어도 지난 몇 달간 이 여자는

운명적으로 슬픈 일을 겪었으리라고 확신했다.

그런데 며칠이 지나자 신기하게도

그녀는 슬픔을 훌훌 털어 버렸다.

그래서 사기 치고 헌신짝처럼 그녀를 버린

작자의 얘기를 꺼내 보았지만

아무 소용이 없었다.

## 신은 유혹자가 아니다

　어린 시절을 거쳐 청년기로 접어드는 동안, 나는 때로는 무시무시한 여호와의 말씀(구약성서)보다 복음서(신약성서)의 경건하고 온화한 이미지에 더 끌렸다. 그래서 나도 열두 명의 친구들(제자들) 그룹에 합류할 수 있었으면 좋았을 것이라고 생각했다. 모두가 배불리 먹을 수 있도록 빵을 분배하거나, 새로이 광명을 찾은 소경을 보고서 감탄한다거나, 개울녘에서 밤을 보내다 투덜거리며 잠에서 깨어나거나, 방탕한 생활을 맛본 후에 궁핍하게 살아본다던가, 예수를 부인하는 척하여 걱정을 시킨다거나, 목수와 어부 또는 세리 같은 각자의 전직에 대해 이야기한다거나, 그들이 버리고 떠난 이들에게 아주 가끔씩 시간을 내어 엽서를 보낸다던가, 때로는 일이 어떻게 돌아가게 될지 생각에 잠기기도 하면서 말이다. 사실 세상의 가장 아름다운 이야기들일지라도 모두 종말이라는 것이 있고, 아무런 위험도 없이 신의 아들과 함께 생활한다는 것이 그렇게 흔한 일은 아니기 때문이다.

내가 생각하기에 종교는 은총과 헌신, 그리고 유혹이라는 물에 젖어 있었다. 성체 의식으로 보자면 사제보다 주교가 낫고, 그보다는 추기경이 더 나으며, 이 모든 것이 사실은 신앙 없는 우리의 저항하는 가장 나약한 움직임을 부수어 버리고 우리를 유혹하고 설득시키는 방법이기는 하지만 말이다. 당시의 찬송가, 이를테면 성모 마리아 찬양이나 성체 찬미는 신성(神聖)의 엄격함을 누그러뜨리는 분위기를 띠고 있었으며, 영육의 무절제에도 악은 다른 곳에 있다는 확신을 주는 것이었다. 신은 그가 원하기만 했다면 사람들에게 그토록 은총을 베풀지 않아도 되었을 것이며, 얼마든지 권위적인 모습으로 우리에게 일방적인 명령을 내릴 수도 있었을 것이다. 사실 이렇게 생각하면서 모두들 신에 대한 믿음과 감동에 젖어드는 것이었다.

신은 나 같은 조무래기가 머리끝까지 올라가는 것을 허용했다. 약간은 망령기가 있고 초자연적인 선의지를 가진 신으로서는, 내가 그저 주일날 아침 잘 차려입은 복장을 더럽히지 않고 똑바로 걸어 성체 의식 행렬을 따라 꽃잎을 뿌려 주는 것으로 충분하였을 것이다. 만일 신이 태도를 바꾸어 공정함이나 율법적인 면모를 보이기 시작하면, 나는 말 안 듣는 아이와 함께 울어 줄 것 같은 나긋나긋한 성모 마리아에게 가버렸다. 그 순결한 시선에 나는 행복으로 몸이 녹아나는 것 같았다. 비탄과 위로의 장면에서 대체 누가 눈물을 흘리고, 누구 때문에 눈물을 흘리는가? 이렇게 하여 끝을 알 수 없는 엄청난 슬픔의 원인이 무엇인지도 분간을 할 수가 없어진다.

나의 영혼은 달밤의 성당만큼도 밝지 못하다고 느꼈다. 성화나 신비주의적인 글, 깨달음을 얻은 이들의 증언을 들을 때면 아득한 현기증까지 느끼며 황홀경 속으로 빠져들었다. 나로서는 목격하지 말아야 할 장면을 보아 버린 기분이 들었던 것이다.

종교적인 삶은 이른바 피정묵상(避靜默想)이라고 하는 시기에 접어들면서 잠시나마 휴식기로 들어갔다. 그렇다고 해서 우리가 뭐 사막이나 세상의 가장자리로 떠난 것은 아니었다. 학교를 떠나지는 않았지만 일상은 다른 리듬으로 흘러갔다. 사제들은 우리가 성경 말씀에 전적으로 집중하기를 원하였으므로 수업도 자습도 없었다. 설교는 대부분 먼, 식민지에서 선교 활동을 하던 신부들이 맡았으며, 그들은 한결같이 긴 수염에 카속을 입고 있었다. 그들의 불타는 눈동자는 굳건한 신념을 보여 주었으며, 틀림없이 원주민의 북소리와 내리쬐는 태양 아래의 타향에서 엄청난 일들을 목격했음을 증언하는 것 같았다. 그들은 결코 쉽지 않은 변증법을 사용하여 설명했으며, 그때까지 어렸던 우리가 그들의 설교에 주목할 것을 요구했다.

　식사는 평소보다 훨씬 잘 나왔고, 아름다운 계절이 다가오는 학교 주위를 늦게까지 거닐 자유도 있었다. 피정묵상 기간은 엄숙한 신앙고백으로 끝을 맺었다. 나는 책과 공부·숙제에 얽매이지 않아도 되었던 이 기간이 끝나는 것을 아쉬워했다. 이 기간 동안 우리는 기이한 사제와 함께 여행을 떠나기도 했다. 그는 열정적으로 우리 동급생들 몇몇과 대화를 나누었는데, 그들은 이후 결코 우리들 곁으로 완전히는 돌아오지 않았다. 어떤 아이들은 즉시 수도원에 들어갈 결심을 하고, 부모들에게 "앞으로 사제가 되겠어요"라고 선언하는 것이었다.

　나의 신과의 동거는 매주의 고백성사 시간만 없었다면 틀림없이 훨씬 기분 좋은 방식으로 흘러갔을 것이다. 이런 상황에서 신에게 빛바랜 사탕발림으로 칭찬을 늘어놓는 것만으로는 충분하지 않았다. 그에게 정당한 이미지를 보여 주고, 그것도 아니라면 적어도 그의 긍휼심을 자극하고 나서야 몸을 빼낼 수가 있었다. 나는 미사(성체 예식)를 생각할 때마다 고해실의 이미지가 동시에 떠올랐다. 공교롭게도 고해실은 언제나 성당에 행사가 있을 때 미사 의식에서 중요한 위치를 차지하는 웅장한 파이프 오르간·제단·성체단 같은 것들과 동떨어져 외진 곳에 자리잡고 있었다. 죄인은 언제나 사제의 왼편과 오른편에 두 명씩 자리잡았다. 이는 틀림없이 우리의 죄의 무게 중심을 잡기 위해서였으리라——그

렇지 않으면 평형 저울이 한쪽으로 기울고 말지 않겠는가. 우리는 항상 다른 편에 자리잡은 속죄자가 먼저 고백할 때까지 기다리고 있어야 했다. 고해실의 격자창이 메마른 소리를 내며 올라가면, 우리는 희미하게나마 저편 철망 사이로 다른 속죄자의 실루엣을 엿보는 것이었다.

내가 이토록 자세하게 이 광경을 설명하는 것은, 독자로 하여금 이 무시무시한 재판정에서 떨어지는 판결이 얼마나 중요한지 직접 느껴 보라는 의미에서다. 이것은 학위나 자동차, 보물, 지상의 사랑이 문제가 아니라 천국과 천상지복이 걸린 문제이다. 근본도 알 수 없는 심판관이 아닌 하나님이 내리는 판결인 것이다. 가끔 다른 속죄자들과 함께 줄을 서서 차례를 기다리는 동안 그간에 지은 죄를 마음속으로 수십 번 되뇌기도 하고, 그럴듯한 변명거리를 준비하기도 했다. 무거운 죄를 저질렀을 때 모든 것을 고백한다는 것은 힘겨운 일이었다. 그렇다고 가장 무거운 죄를 고백하지 않고 숨긴다면 복잡한 과정 자체가 아무 소용이 없었을 것이다. 또 어슴푸레한 그늘 속에 얼굴을 가릴 수는 있었겠지만, 그늘이 우리의 죄를 가리고 은총을 기약하는 것도 아니니 차라리 환한 빛을 받은 얼굴로 속죄하는 편이 훨씬 나았다.

가끔씩 사제가 한 계산 결과를 다시 확인해 보는 것은 어떨까 하고 생각한다. 사실 치명적인 죄목들과 사소한 죄목들을 서로 다른 종목으로 합산하여 인자한 성모 마리아와 전능하신 하나님으로 전환시킨다는 것이 쉬운 일은 아니기 때문이다. 나는 도박이나 다름없는 주식은 한번도 해보지 않았지만, 그 변동률이 심상치 않다는 것 정도는 잘 알고 있다. 게다가 그 와중에 계산의 실수도 몇 개 발견해 내곤 하였다. 일주일 후에는 다시 볼일도 없을 터라 당연히 계산서 같은 것을 챙기지 않을 학교 부속사제에게 내 속마음을 다 털어놓아서 무엇하랴.

  아무런 고백할 것이 없을 때 하는 고해라고 해서 더 쉬운 일은 아니었다. 대화를 이끌어 나갈 만한 뭔가가 있어야 하지 않겠는가? 그러니 어떻게든 내 진심과는 상관없이 비난받아 마땅할 잘못을 찾아내야 했다. 잠시 머뭇거리다가 나는 몇 가지 잘못을 지어내기로 결심했다. 이런 상황에서는 모두 고백한들 내가 저지르지 않았다고 해서 기뻐할 일도, 그렇다고 무서워할 일도 없었다. 하나님 아버지의 나에 대한 신뢰를 너무 남용한 것은 아닌지? 이 정도의 죄라면 연옥 몇 년 감은 충분히 될 것이다.

  마음을 사로잡는 일, 환심을 사려는 행위는 대부분 희롱이나 우아한 몸짓, 뇌쇄적인 미소 등과 연관이 있다. 경우에 따라 위의 전략들은 고백, 그러니까 때로는 비장하고 번뇌에 찬 생존의 산물과 연결되기도 했다.

  그런데 신은 유혹자도 아니며, 유혹자가 될 수도 없다. 이것을 확신하게 되기까지 몇 년의 세월이 걸렸다. 왜냐하면 나는 신과 종교를, 신과 신을 대신한다고 나서는 자들을 혼동하였던 것이다. 만일 신이 유혹자였다면 사탄은 할 일이 없어지고, 결국 자기 자리를 내놓아야 할 것이다. 그런데 잘 만들어져 균형잡힌 세상에 어둠의 왕자가 존재하지 않는다는 것은 상상조차 할 수 없다.

신은 전능하다. 그러므로 나약한 자들과 겁쟁이들을 위한 무기가 필요치 않다. 인간들을 올바른 길로 이끄는 데 그렇듯 고생을 하는 그가, 단 한번이라도 그 자신이 세운 한계를 위반하고 인간들을 퇴폐의 길로 접어들도록 할 생각을 한 적이 있을까?

신은 영원하므로 만일 그가 한낱 유혹자에 불과하였다면, 그의 영원성은 유혹을 기대하고 유혹의 채비를 하는 동안으로 축소될지도 모른다. 게다가 만에 하나 신이 유혹할 결심을 한다면, 그의 행위는 그의 결심과 일치할 것이므로 유혹이라는 곡절 많은 사건 속에서 헤매지 않아도 될 것이다.

만일 신이 매력적이었다면 그 매력 덕분에 분명히 사랑받을 수 있을 것이다. 그러나 신이 매력으로 유혹하려 한다면 왠지 그 유일무이한 완벽함은 빛바래지 않을까 하는 생각이 든다.

나는 그런 완벽함은 믿지 않았다. 그래서 무시무시하고 위압적이며 노기등등하고, 우리에게서 아득히 멀리 있는 신과의 정면 대결을 시도했다. 무슨 연유에선지 나는 그에게 위압당하지 않았던 것이다. 나는 그가 화가 나서 목청껏 천둥같이 소리를 내지르

도록 놓아두었다. 나의 이런 저항에 그는 나를 괜찮은 대화 상대자로 받아들인 것 같았다. 나는 감히 그에게 건방진 행동을 했다. "영원성을 지고 계시느라 너무 무겁지 않았나요?" 내가 보기에 그는 초조하게 나와의 만남을 기다린 것 같았고, 나는 그를 골탕먹이려고 약속 시간에 늦게서야 나타났다. (영원성에 비할 때 한 시간 정도 늦은 것이 그다지 중요한 일은 아닐 것이다.) 이처럼 전능한 존재와 용기 있게 맞섰으니, 그보다 더 가치가 낮은 것에는 더 이상 겁을 먹지 말아야 했다. 또 희롱하거나 유혹하여도 안 되고, 언제나 동등한 성인의 자격으로 대화해야 한다.

그런 가운데서도 나는 꽃잎이 수놓아지고, 예루살렘으로부터 불어오는 산들바람으로 신선하였던 길을 수녀들 사이로 섭렵하였던 시절에 대한 향수를 떨쳐 버릴 수가 없었다.

아뿔싸, 그런데 내가 있음에도 몽롱한 정신으로 다닌 것은 그녀들 쪽이었다. 그녀들의 관능적인 이미지가 아직까지 나를 따라다니는 것을 보면 말이다. 어느 오월의 오후, 아무도 없는 성당에 들어갈라치면 나는 아직도 향불 피우는 냄새와 탄원하는 성모 마리아들의 이미지를 호흡하고 있는 듯한 느낌이 들었다. 깊은 탄식을 하느라 많이 상하였지만, 동시에 관능적이기도 한 그 얼굴을 말이다. 얼마간을 몽롱한 상태에 있었을까, 성당의 문을 닫고 나와서야 나는 정신을 차리곤 하였다. 만일 어떤 사람이 우리 집

거실 소파에 길게 몸을 누이면, 나는 그 사람이 내가 뻔히 보고 있는 앞에서 당장이라도 무너져 내리지나 않을까 두려움에 휩싸인다. 우리 집에 놀러 온 아낙이나 젊은 어머니의 눈가에 드리운 푸르스름한 달무리에서 아직까지도 내 속에 남아 있는 끔찍할 정도로 강한 이미지에 몸을 떤다.

이제 나는 늙었다. 데카르트와 말브랑슈 사제, 스피노자, 칸트를 섭렵하고서 신의 그것과는 다른 수많은 사상들을 접했다. 이렇게 내가 어린 시절의 천진난만함을 잃어 가는 동안 신은 그의 수염과 넓은 이마, 그뿐 아니라 그의 육체적인 모든 형상까지도 잃어 가고 있다. 이렇게까지 자신의 형상을 잃어 가는 존재가 과연 누군가를 유혹할 수 있을까? 이 모든 것을 나는 하나하나 되짚어 보았고, 이런 일은 반드시 필요했다.

예컨대 내가 선택한 대상들 중 몇은

너무 성급해서 자동차 시트 위나

아파트 현관에서 일이 성사되었으므로

여행은 시작도 하기 전에 끝나 버렸다.

## 마레샬의 시가(詩歌)

　연대를 잘못 알고 있었던 모양이다. 이런 일은 중대한 실수이다. 길을 잃은 여행객이라면 어떻게든 자기 고향을 찾아낼 수 있겠지만, 만일 역사의 한 시기에 임의로 내던져진다면 무슨 수로 이 세기로부터 다른 세기로 넘어갈 수 있겠는가? 오렐리앙 삼촌은 권위에 복종하려 들지 않는 자들, 적어도 육욕에 휩쓸린 자들을 징벌하기에 눈이 벌건 거짓 청교도들이 조장해 낸 위선적인 사회 병폐에 대해 이야기해 주었다. "사람들은 이혼녀들에게 의심의 눈길을 보내기 시작했지. 왜냐하면 이 여자들은 이미 결혼을 하였지만 더 이상 기혼녀가 아니었으니까 말이야. 대체 이러한 여자들을 어느 부류에 끼워 넣어야 하겠어? 그리고 경험과 인생에 어떤 식으로든 복수를 하려는 그녀들의 욕망이 당연히 두려웠을 수밖에 없었지. 사람들은 '육욕에 빠진 여자'이며, 그녀의 관심사는 육체뿐이라고 어떤 여자를 손가락질하였지. 오늘날 그 흔하디 흔한 통속 소설에서도 감히 누가 '욕망에 흔들리는 여인'이라는 표현을 쓰기나 하느냐 말이야! 그렇지만 이런 여자들은 발을 헛디뎌 끓어오르는 욕망의 바다에 빠져서 자신의 육체가 만들어 내는 파장 속으로 잠겨 버릴지도 모른다는 생각은 추호도 하지 않았지."

"반-처녀도 있었어. (이런 종류의 이중적인 단어를 사용하는 것이 범속하고 천박하기 이를 데 없기는 하지만. "잠자리를 했으면 한 거고, 안했으면 안한 거지 말이야.") 이러한 여자들은 소중한 처녀성을 잃기 바로 직전까지 갔으면서도 아주 능숙하게 처녀성을 간직하고 있었지. 현기증 날 정도로 자제심이 대단한 바람둥이 처녀들이라고나 할까. 그렇다면 화류계의 꽃뱀들은? 발 벗고 나선 매춘부들은 아니었지만, 이런 여자들의 수입이 대체 어디에서 나왔을 거라고 생각해? 이런 여자들이 무슨 수를 써서 사교계에 들락거렸을 것 같아, 소위 최상류 사교계에 말이야? 재치로? 사교술로? 탁월한 외모로? 애무를 끝내 주게 잘해서?"

나는 삼촌네에 들락거리는 것이 습관이 되다시피 했다. 삼촌은 자기 이야기하는 것을 좋아했고, 또 내가 하도 열심히 귀를 기울였으므로 더욱 신이 나 자기의 재능을 펼쳐 보였다. 그의 이야기는 나의 몽상들을 자극했다. "옛날에는――그런데 그는 이 시대를 옛날이라고 지칭하기에는 너무나 잘 알고 있었다――소위 도덕적 질서라는 것이 우리를 지배하고 있을 때, 연애라는 것이 아무리 재능이 있고 제대로 잘할 줄 안다고 해도 언제나 그 미래가 불확실했지. 우리가 만난 사람들 중에는 철저한 도덕성과 강인한 성격을 지닌 이들도 있었어. 그렇다고 그런 상황에 절망할 우리가 아니었지. 검열의 굴레에도 불구하고, 아니 검열의 굴레 때문이라고 해야겠지. 위엄 있는 여성, 완고한 여성, 나무랄 데 없는 처녀들의 내부는 실은 아무에게도 고백하지 못할 엄청난 애욕의 에너지로 끓어넘치고 있었으니까 말이야."

"대단히 혼란스럽기는 했지만 나는 비시 정부, 그러니까 페탱 원수 시기를 꽃피는 봄날이라고 부르기를 주저하지 않아. 사실 이 시기는 모순이 지배하고 있었지. 원수는 우리에게 '희생 정신으로 쾌락의 정신을 이겨내라'고 요구하였지만, 사실 이 두 정신이 지옥의 군단을 함께 이끌어 나가고 있었던 거야. 우선 희생 정신은 온갖 종류의 파렴치함으로 넘어가기 위한 편리한 병풍 역할을 하였지. 고상함과 이타주의의 미덕을 솔솔 풍기는 사람도 그럴 생각만 있으면 전혀 의심받지 않고 범죄를 저질렀던 거야. 그의 죄책감이 사람들의 마음을 조금 움직인다면 순간의 실수려니 하면서 쉽게 그를 용서하였지. 얼마나 자신을 희생했으면 선과 악을 판단할 능력까지 잃어버리고 저 지경에 이르렀을까 하면서 말이야. 어린이들의 교육을 맡고 있는 사람들, 군목(軍牧), 명사들,

보이스카우트 책임자들, 군부대의 우두머리들도 형벌 면제의 특권을 마음껏 누렸지. 그런 작자들은 지금 같아서는 당장에 재판받고 징역을 살 만한 일이지."

"유혹자들은 이 시대에 괜찮은 조건을 누렸다고 할 수 있지. 그렇다고 해서 정말로 쉬운 일이었다고 생각하면 안 돼. 희생 정신에서 쾌락의 정신으로 넘나들려면 능수능란함이 필요해. 희생 정신이 쾌락의 정신과 교묘하고 은밀하게 섞여야 하는 거야. 그러니까 한 손으로는 은총을 내리면서, 다른 한 손으로는 서서히 엉덩이에서 젖가슴까지 더듬어 올라가는 거야. 이렇게 해서 은총은 어딘가로 사라지고, 밝은 하늘 아래 차츰차츰 드러나는 쾌락의 정신만이 돋보이는 것이었어."

내가 너무 집중하여 듣고 있어서 오렐리앙 삼촌은 피곤해했다. 그는 예기치 않은 지적을 하면서 우리의 대화를 끝내 버렸다. "요즘 여자들은 하이힐은 신지 않으면서 죽어도 스타킹은 신는단 말야." 이 말에 나는 침묵하였고, 오렐리앙 삼촌의 커다란 비애에 함께 공감했다.

그 다음주 목요일, 삼촌이 어떤 방식으로 사교계에 진출하였는지 알고 싶어졌다. "주식으로 생각지도 않게 재산을 모은 다음 사교계에 발을 들여놓았지. 이상하고, 모든 게 뒤죽박죽이었지. 이 작은 세상은 과거의 복싱 스타라던가 신문사 주간들, 인기 작가들, 사회의 영향력 있는 인사들이나 재계의 거물들, 항공계의 영웅들, 그리고 최고급 모피와 자동차들이 모여드는 곳이었어. 그들은 우아하게 빙글빙글 돌아다녔지만, 정작 내가 느낀 것은 어지럼증뿐이었어. 그래 당장 연을 끊은 덕에 내 재산의 상당 부분을 보존할 수 있었어. 귀여운 조카, 바로 그 덕택에 내가 죽고 난 후 너도 무언가를 바랄 수 있게 된 거야. 그런데 이런 종류의 서클은 오늘날 거의 자취를 감추고 말았어. 왜냐하면 연예계에 종사하는 사람들, 작가들, 자본가들, 의사들은 그들끼리의 작은 그룹을 이루고 생활하니까 말이야."

나는 끈덕지게 삼촌을 졸랐고, 삼촌은 이전보다 더 재미있게 이야기를 이어 나갔다. "모든 연애 사건의 앞날은 불투명하고, 바로 이런 불확실성 때문에 연애가 흥미로워지는 거지. 어떤 여자들의 육체는 유혹에 쉽게 넘어가지만 정신만은 단단히 무장하고 있지. 또 어떤 여자들은 육체는 융통성 없이 사방이 막혀 있지만 정신은——그녀들의 표현에 따르면——분방하다고 할 수 있지. 그렇다면 누가 정신을 믿을 것이며, 누가 육체를 믿겠어? 이런 망설임이 연애에 있어 양념이 되기도 하지. 다 된 밥에 재 뿌린다고 육체는 거의 준비를 끝내고 시작하려는데 갑자기 정신이 번쩍 들어 제어를 한다거나, 그와는 반대로 마음으로는 결정이 되었는데 너무 노골적인 혐오감이 앞서는 바람에 육체가 말을 안 듣는다거나 하는 경우도 있거든. 여자 꼬이는 데는 도가 튼 작자들도 실수를 하는 경우가 있지. 어느 무도장에서 춤을 추던 커플이 있었어. 여자는 갑자기 자신의 배 위를 상대 남자의 성기가 살며시 찌르는 것을 느꼈지. 그에 따른 은근한 몸의 율동도 함께 말이야. 하지만 그녀는 아무 말 없이 그의 행위를 받아들이며 격려하는 몸짓까지 보였어. 두 사람이 무도장을 떠날 때, 기사는 당연한 듯이 상대 여자의 어깨에 다정스레 손을 올려놓았지. 그런데 갑자기 여자가 그 손을 뿌리치며 벌컥 화를 내고 말았던 거야. '아니 이게 무슨 짓이에요? 대체 무슨 생각을 하는 거예요!' 불행하게도 이 가련한 남자에게 이 일은 언제나 강박관념으로 작용할 것이고, 생각할수록 욕구불만에 싸여 고통스러워질 거야."

"연애를 좋아하는 사람들——진정한 유혹의 책략이라도 있는 것인가?——은 작전에 유리한 몇몇 장소의 덕을 보는 경우도 있었어. 쿠폴(사르트르가 자주 가던 카페 이름)에서의 춤을 곁들인 티 파티라던가, 월요일 오후나 금요일 저녁의 엘도라도, 그것도 아니라면 미미 팽송의 아침나절 같은 때 말이야. 이 장소에 이혼녀들이나 바람둥이 여자들이 자주 들락거린다는 것을 알지 못하면 당시엔 파리 사람이 아니었지. 남자 댄서들은 탱고를 같이 출 신청을 하기 몇 시간 전부터 상상의 날개를 펼치고 있었단다. 이 남성들의 거의 대부분은 유혹자의 이미지에 걸맞게 최대한 멋을 부리고 있었어. 섬세하게 매만진 콧수염, 포마드를 발라 빗어올린 머리, 최고급 가죽으로 만든 모카신, 팔찌 등으로 말이야. 이렇게 쫙 빼입고는 어떤 여인이라도 넘어오지 않고는 못 배길 것이라고 기세들이 등등했던 거야. 또 그다지 눈에 띄지 않는 다른 부류의 남자들도 있었는데, 원래는 회사에 나가 일을 했어야 할 사람들이었으므로 다른 인물로 보이기 위해 안간힘들을 쓰고 있었어. 무도장의 어슴푸레한 조명 아래서 춤추는 여자들이 어디어디에서 일하는 누구라는 자신의 엉뚱할 만큼의 평범함을 알아보지나 않을까 조마조마하던 사람들 말이야. 그들이 이렇게 쫙 빼고서 보험 영업을 나가거나 가스 검침을 한다면, 때로 엘도라도에서는 꿈도 꾸지 못했을 재산 한몫을 얻을 수도 있었을 텐데 말이야."

이런 얘기를 하면서 삼촌은 아득한 옛일이 떠오르는 듯 눈을 빛냈다. 아마도 자기가 겪은 연애 사건을 생각하는 중이거나, 그렇게 재미있는 이야기를 만들어 낸 것이 자랑스러운 모양이었다.

나는 삼촌의 마법 같은 이야기에 너무나 빨리 넘어가 버리는 경향이 있었다. 이리하여 어느 십일월의 목요일에 요즘은 유혹하는 방식이 달라졌고, 좀더 공평한 방법으로 이루어진다는 사실을 삼촌에게 이해시키려 애썼다. 순진하고 아름다운 여자를 유혹하는 데 양심의 가책을 느끼지 않으려고 결혼을 약속할 필요까지는 없지 않은가. 유혹하는 사람과 유혹당하는 사람을 옛날처럼 확실하게 가를 수도 없어졌다. 각자가 대면할 때는 누가 사형수고 누가 집행인이라고 말할 것 없이 서로 주도권을 잡으려 애쓰고, 각자 같은 무기로 무장하고 나서는 것이다.

삼촌이 이 상황을 정리했다. "이토록 열성으로 자기 숙부의 과격한 언사를 바로잡으려는 조카를 둔 것이 흐뭇하구나. 우리 엘도라도와 쿠폴의 여자 댄서들은 순진하기만 한 멍청이들이 아니었어. 그런데 그녀들은 때로 호감 가고 정직한 젊은이들보다는 아무짝에도 쓸모없는 못된 인간을 선택하는 경우도 있었던 거지. 정말로 못된 인간들이 있기는 있었지. 그들은 어디를 가나 동침한 처녀의 숫자를 나열하며, 자기가 처녀 호리기의 왕자임을 자랑하고 다녔어. 결국은 정복할 또 다른 희생양을 찾아 떠나기 전 상처 입은 육신을 다른 남자들에게 떠넘겨 버리지. 나는 의식적(儀式的)인 사형 선고의 아름다움을 갖는 잔인함은 용서하지만, 이토록 추악한 백정 행위는 용서할 수가 없었지."

"언젠가는 그런 남자들이 사랑에 빠져서 고통당하는 날이 와야 도덕이 살아 있다고 할 수 있겠지. 그런데 공평함이 실현될 수도 없는 것이, 이런 작자들은 젊을 적에는 능숙한 처녀 호리기 선수로 날리다가 적당한 시기에 결혼하여 훌륭한 가장이자 아이들의 아버지가 되는 경우가 많단 말이야."

오렐리앙 삼촌은 잠시 아무 말 않고 사색에 잠긴다. 아마도 우리 친척 가운데 한 명을 생각하고 있는 중일 것이다. 나는 베르나르 숙부를 별로 좋아하지 않는다. 젊을 적 허다한 연애 사건을 겪은 주제에 자기 아들의 세례식에 나를 배제하려 했다. 이유는 내가 사랑하던 한 여인과 결혼하지 않고 살고 있다는 것이었다. 나는 이런 종류의 바람둥이를 싫어한다. 불량스러운 손으로 온 가족을 축복하며 선과 악을 함께 즐길 수 있는 모습은 나를 질리게 한다.

여하튼 내게는 더 이상 존재하지 않는 여자들에게 접근하려는 약삭빠른 방법을 이제 포기했다. 게다가 나는 절대 하이힐은 신지 않으면서도 스타킹은 신는 여자하고는 사귀지 않을 생각이다.

마치 그들의 나 보란 듯한 행복놀음이
견딜 수 없이 추잡스럽기나 한 것처럼
내 동시대인들이 행복해하는 광경이
원망스러울 따름이다.
자연과 초자연이 부여한 기쁨의
공동에 해당하는 몫을 그들이
전부 챙기는 것 같은 생각이 든다.

## 요즈음 무척 피곤하다

　나는 아직 젊은 편인데도 몇 개월 전부터 피곤이 밀려오는 듯한 느낌이 든다. 무슨 일을 하다가 도중에 흥미를 잃어버리는 것도 아닌데, 곧 모든 에너지를 소진하여 버리고 그 일을 포기해야 할 지경에 이른다. 가끔은 아주 쉬워 보이는 일로 낭패를 보기도 한다. 슈퍼마켓에서 사고 싶은 물건들을 찾아냈다. 그런데 내가 얼마나 지쳐 있었던지 이 물건들을 계산대로 옮길 기력이 없었다. 그래서 같은 물건을 사러 같은 장소에 다시 가야 했다. 또 푸짐한 식사를 하는데, 전채 요리를 너무 먹어 버린 탓에 주된 요리가 나왔을 때는 눈으로만 감상해야 했다. 내 손이 요리를 입으로 가져가길 거부했다. 나를 초대한 부부에게 걱정을 끼치지 않으려고 요즈음 식욕을 잃었다고 둘러대어야 했다. 테니스 게임 때는 문제가 더욱 심각해진다. 경기가 한참 흥미로워지려는 순간 지쳐 떨어지는 바람에 두 번씩이나 중도에서 그만두어야 했다. 다음날 저녁 나는 전날의 부진을 극복하려 전력을 다하였다가 엄청나게 고생을 해야 했다.

이웃들이 영혼의 상처를 치료하는 전문의인 리셰트 박사를 만나 보라고 조언해 주었다. 그는 매우 명쾌한 처방을 내려주었다. "당신은 지금 힘든 일을 감당할 수 있는 상태가 절대로 아닙니다. 그러니 일에 우선 순위를 정하고, 중요하지 않은 일들은 하지 마세요. 잘 먹고 잘 자고 근육을 단련해야 해요. 이제 더 이상 테니스 코트나 젊은 여자들 때문에 쓸데없이 에너지를 낭비해서는 안 돼요." 나는 감히 그의 말을 거역할 수 없었다. 테니스나 연애가 그의 말처럼 하찮은 것이라고 생각지는 않았지만 말이다. 이렇게 그의 말대로 했더니 회복이 눈에 띄게 빨랐다. 식욕이 많이 좋아졌고, 조금 먼 곳으로 하이킹도 할 수 있었다.

그런데 식사를 뚝딱 해치우고, 소화시키기 위해서 걷고, 걷기로 비워진 위장을 이내 다시 채우려 식탁 앞에 앉는 것에는 회의가 들었다. 산다는 것이 고작 이런 것인가? 언젠가 내 건강을 해칠지도 모르지만, 그렇더라도 테니스 코트로 되돌아갈 생각이다. 그리고 한 여자를, 가능하면 매력적인 여자를 유혹해야겠다.

## 더 이상 유혹하지 않는다는 것은 불가능한 일이다

나의 포기보다 훨씬 더 위대하고 놀라운 그런 포기들이 있다는 것은 잘 알고 있다. 어떤 처녀가 수도원으로 떠나며 세상의 속삭임과 가까운 이들의 애정에 영원한 안녕을 고한다. 그녀에게는 신만으로 충분하니까 말이다.(파스칼) 오랫동안 몸담았던 정당(아버지와 할아버지로부터 내려온 이념을 따라)을 떠나 친밀했던 당원들과 멀어지는 이들도 있다. 인생의 유일한 목표로 물질만을 추구하던 한 사나이가 엄청난 재산을 멀리하고, 더 이상 자신과 재물을 연결시키려 들지 않는다. 그보다 조금 더 사소한 경우를 예로 들자면 어떤 럭비광이 멋진 경기 모습에 더 이상 몸을 떨지 않고, 프랑스-영국 경기의 정확한 날짜조차 알지 못하게 되었다.

우리가 직면하는 포기의 대부분은 그 이유를 정확히 알 수 없

고, 포기하고 나서야 그것을 정당화시킬 이유를 찾는 경우가 많다. 내가 유혹을 포기하고 나서도 이와 마찬가지였다. 내가 갑자기 늙어 버린 것일까? 유혹하는 일이 너무 어려워져서, 아니면 반대로 너무 맥없이 일이 성사되기 때문인가? 아니면 속된 다른 유혹자들이 하는 꼴을 보자니 내 모습이 우습게 느껴졌나? 그렇다고 피에르 가르생이 은근히 내비친 것처럼 유혹의 기회가 줄어들어서도 아니다. "사냥감이 갑작스럽게 줄었다고 불평하지 말지어다. 요부와 정상으로 돌아온 과거의 레즈비언, 네가 친구라는 것을 잊고 있는 충실한 여자 친구, 인척 관계는 어찌되었건 정숙하지 않음을 급기야 증명하려는 지방에 사는 먼 친척 조카, 젊을 때 인생을 만끽하려는 색을 밝히는 여자와 정숙한 체하는 부잣집 여인네에 이르기까지, 너는 이 많은 여자들 중에서 누구를 선택해야 할지를 고민해야 할 판국이야." 그런데 이렇듯 풍부한 자료들도 모자라서 양념으로 몇 부류의 여자를 더 첨가시키고서야 나는 직성이 풀렸다. 어린아이에 가까운 풋내기 아가씨, 노파에 가까운 여인, 이미 약혼을 했거나 곧 새색시가 될 여자, 특히 내 온 마음을 다하여 존중해야 할 현재의 유부녀나 가까운 장래에 아기를 낳게 될 여인 등을 잊어서는 안 되지 않겠는가.

하지만 보험회사에서 중책을 맡고 있는 나의 직업은 이런 식의 유혹과는 거리가 먼 것이었다. 회사의 여자 동료들은 대부분 정숙한데다 외모로 보자면 자연의 혜택을 받지 못한 축에 들었다.

그나마 조금 예쁘다 싶은 여자들은 책상 위에 무슨 수호천사나 되는 것처럼 보란 듯이 남편과 아이들의 사진을 놓아두었다. 때로 보험 혜택을 받는 생명보험 계약자들의 눈길에서 순간적인 섬광을 느끼지 못한 것은 아니었다. 그러나 나 때문에 눈이 멀었다기보다는 과부가 된 연후에 그녀가 누리게 될 안락한 삶에 대한 생각이 앞섰기 때문일 것이다.

기대로 두근거리는 가슴과 나른하게 누워 헐떡거리는 육체를 연상시키는 아름다운 봄밤을 시내에서 보내지 않는 것으로 신중한 사나이임을 보여 주기에 충분했다. 이렇게 해서 봄날의 내음을 맡을 수 있는 오월의 산책 몇 번을 놓쳤다. 또 갖추고 있는 옷가지들, 신발들, 외투들을 신중히 골라입지 않고 아무렇게나 입었다. 막가지는 않으면서 기분 좋은 긴장 풀기로 인식될 수 있기까지 조정하면서 말이다. 상대방과 대화를 하면서도 통상 여자들이 좋아하지 않는 축구라던가, 경제 위기 같은 분야 쪽으로만 방향을 돌렸다. 면도를 자주 하지는 않았지만, 현재 유행중인 3일 만에 하는 면도는 피했다. 장크트 모리츠를 즐겨 찾는 이들의 그 유명한 황금빛으로 그을린 얼굴을 스위스의 햇볕에 탄 피부빛이라 일컫는데, 대부분의 사람들은 프랑스령 알프스에서인지 코트다쥐르에서 그을린 것인지 잘 구분하지 못한다. 어쨌든 나와 친숙하였던 그 그을린 얼굴마저도 잃었다.

이렇듯 나의 모범적인 행동은 그럼에도 불구하고 효과가 없었나

보다. 예전보다 더 심하게 유혹을 거듭한 것을 보니 말이다. 보험 사무소의 소장은 남편과 아들의 사진을 뒤로 돌려 놓고, 내가 예의로라도 그들의 안부를 물을라치면 당장 불쾌한 얼굴이 되어 이렇게 내 말을 가로채는 것이었다. "그건 그렇다 치고 당신은 어때요, 피에르." 칵테일 파티 때도 젊은 아가씨들이 빈의 열정에 휩싸여 내 주위를 맴돌며 샴페인 잔을 갖다 바쳤다. 그들 중 몇은 자기의 차로 집까지 바래다 달라고 자청을 하거나, 내가 버스로 왔다고 하면 자기네들 차로 함께 돌아가자고 청하는 것이었다. 전동차에서도 한 젊은 여인이 자기 옆자리가 비었다고 내게 손짓을 했다. 한 노파를 차에 태워 주었더니——나로서는 처음부터 무시해 버린 교태 있는 웃음을 보내왔다……. 어쨌든 내가 한 약속에 충실하기 위해서라도 계속하여 칵테일 파티에 나가고, 버스도 자주 이용하겠다.

나는 도대체 영문도 알 수 없고, 나하고는 도통 어울리지 않는 이러한 성공을 어떻게 설명하여야 할지 모르겠다. 내 의지와는 반대로 나의 시선은 사랑스럽고 섹시한 여자들 쪽으로 향한다. 그것은 눈을 내리깔고 있을 때에도 마찬가지이다. 그 태도와 아름다운 얼굴, 자태에 경의를 표한다. 그러면 그녀들 편에서도 그것을 느끼고 감사의 표시로 나와의 동행이 기분 좋으리라는 것을 무언중에 알린다. 이런 실정에서 내가 결심한 바대로 행동하지 않았다고 해서 그 행동에 책임을 져야 하는가? 충만한 자기 의지로 이루어진 자발적인 유혹과, 내 의지와는 무관하게 이루어지는 유혹을 구별해야 하지 않을까? 비록 나의 무의식 속에서 접근하여 정복하려는 전략이 나도 모르는 사이에 한몫을 하고 있었을는지는 몰라도 말이다.

우리의 초자아는 리비도와 자아의 목소리를 들어 주기에 힘이 드는 모양이다.

'아니 이게 무슨 짓이에요?
대체 무슨 생각을 하는 거예요!' 불행하게도
이 가련한 남자에게 이 일은 언제나
강박관념으로 작용할 것이고, 생각할수록
욕구불만에 싸여 고통스러워질 거야.

## 내가 그녀들에게 하나의 에피소드에 지나지 않았다니

아니 그런데 내가 진정으로 포기하였는가? 포기라기보다는 누군가를 유혹할 능력을 잃어버린 것이 아니었던가? 그런데 내가 꼬인 거의 모든 여자들은 충분히 연기해 버리거나 빠져나갈 수 있는 나의 초대에 응했다. 내가 나타나면 여자들의 얼굴이 환히 빛나면서 자극받았거나 감동받았던 이야기들을 늘어놓는다. 때로는 훨씬 더 사랑할 수 있을 장소로의 여행 계획을 세우기도 했다. 그러다가 나를 버릴 시기가 오면, 거짓인지 진실인지 몰라도 지금껏 나처럼 애정이 가는 남자를 만나 본 적이 없노라고 고백한다. 그리고는 그다지 신경 쓰지 않으며, 내가 사슬로 얽어매기라도 했던 것처럼 자유를 되찾고 싶다고 한다. 이처럼 신속한 절교 선언에 대비할 그 어떤 종류의 신호(언쟁, 권태)도 없이 말이다.

그러다가 우연히 그녀들을 길에서 마주치기라도 하면, 최근에 나와 헤어졌음에도 여전히 세련되고 행복한 얼굴을 하고 있다. 그녀들더러 우울증에 빠지라는 것은 아니다. 그렇지만 적어도 며칠간은, 아니 몇 주간은 겉으로나마 그녀에게는 절대적이었던 무엇인가로부터 멀어지는 데서 오는 슬픔 같은 것을 간직(상복까지 입는다면 금상첨화이리라)하고 있기를 바랐던 것이다.

그러니 나는 그녀들에게 하나의 에피소드에 지나지 않았던 것이다. 그녀들은 권태로운 삶을 못 견뎌 했다. 그리곤 그 권태에 대한 치료약을 나에게서 발견하고자 했던 것이다. 결국 나의 존재가 그녀가 바라던 처방이 아님을 발견함과 동시에 더욱 호감이 가고 매력적인 구애자들이 줄을 서 있음도 발견하게 된다. 캐스팅에 문제가 있었으니, 나는 무대 뒤로 사라져 주어야 했다.

한 가닥의 자존심을 건지기 위해서라도 나는 이러한 현상은 나에게만 국한된 것이 아니라는 결론을 내렸다. 현대에는 어른이건 아이이건 할 것 없이 덧없는 것만을 추구한다. 서로에게 아낌없이 주다가도 언제 그랬느냐 싶게 원위치로 되돌아선다. 이런 식으로 경험을 쌓아 가는 것이다. 그들은 사랑은 영원하다는 호언장담을 거부한다.

그러니 나 역시 이런 식으로 만나고 헤어지는 방식에 참여해야 하지 않겠는가. 만일 그녀들 중 하나가 너무 심하게 달라붙으면,

나를 증식시키면서 인생을 마음껏 즐기지 못하도록 방해하는 그녀를 찰거머리라고 생각할 것이다.

"소위 도덕적 질서라는 것이
우리를 지배하고 있을 때라,
연애라는 것이 아무리 재능이 있고
제대로 잘할 줄 안다고 해도
언제나 그 미래가 불확실했지."

## 고작 일주일 가는 풋사랑의 주인공이 되기는 싫다

올해 들어 기이하게도 예전에는 아랑곳하지 않던 완벽주의적인 강박관념에 사로잡혀 과거에는 즉흥적으로, 또 무심하게 시도하였던 행동에 지나치게 정성을 쏟게 된다. 이를테면 내 행동이라든가 말투가 주어진 상황에 적합하였으면 하고 바라는 것이다. 여자 꼬이기 분야에서 이렇게 되기 위해서는 천재성과 능숙함·존재감, 그 중에서도 특히 엄정함을 갖추어야 한다. 나는 더 이상 이런 노력을 기울일 생각이 없다. 고도의 실력을 갖춘 최고의 운동 선수는 최상위 그룹에 남기 위해 엄청난 노력을 기울인다는 것을 나도 잘 알고 있다. 그런데 그 대가가 너무나 크다? 수영 선수들의 어긋난 어깨뼈, 럭비 경기 전위 선수들의 척추, 스키 선수들의 관절, 게다가 신체 기관의 사소한 고장이라도 나지 않은 것을 행복으로 여겨야 한다. 그러다가 사고를 당해 연습을 중단하게 되면, 예전의 실력을 회복하기 위해 힘겹고 고통스런 연습을 배가해야 한다. 그렇다고 모두가 성공하는 것도 아니다.

내가 최고의 실력을 갖춘 유혹자라고 자랑하려는 것은 아니다. 그렇다고 해서 고작 일주일 가는 풋사랑의 주인공이 되기는 싫다. 나는 자기 자리도 아닌데 링에 고집스레 남으려는 복서는 죽어도 되지 못할 것이다.

지고의 경지에 이른, 진정한 예술에 평생을 천착하여 왔다고 자부하는 한 예술가가 경력의 막바지에 이르러 저속한 시구를 짓든지 예전에 창작한 것을 베끼려 들지는 않을 것이다. 차라리 창작을 중단하여 필력을 잃든지 무명으로 떨어지는 위험과 슬픔을 감수하리라. 여전히 자신을 과시하고 유혹하고 유혹당하며 눈부신 삶을 살아가는 사람들을 부러운 눈으로 바라보더라도 나도 그 예술가처럼 끝까지 긍지를 지키련다.

## 나는 안락한 삶을 택했다

극단적인 나태의 결과가 아니라면 요즈음 새로이 나타난 물질적·정신적·지성적인 안락함에 대한 나의 취미를 달리 설명할 도리가 없다. 폭력배들이 어느 날 폭력 생활을 청산하고 몽텔리마르나 마르세유에 술집을 연다. 그리고 그곳에서 과거에는 알지 못했던 새로운 형식의 모험을 발견한다. 한 고독한 항해가는 더 이상 불확실한 횡단을 하려 들지 않는다. 그리고 항구에 머물지 않을 때는 해안선에서 고작 몇백 미터 떨어진 곳을 항해할 뿐이다.

나도 내 유혹의 무기들을 한쪽으로 치워두었다. 그리곤 기분 좋고 정숙한 한 여인의 집에 정착했다. 나는 그녀와 잉꼬처럼 정답게 속삭이는 따위의 일은 하지 않는다. 다만 공통으로 좋아하는 일들을 즐길 뿐이다. 그녀는 독서를 싫어한다. 그래서 나는 그녀와 함께 어떨 때는 가죽 가공에 대한 기술 어떡 때느 대양을 끼고 형성된 부락의 풍습 같은 텔레비전의 다큐멘터리 프로그램을 시청한다. 또한 그녀는 요리에 아주 섬세한 감각을 지니고 있기에 음식 만드는 것을 거들거나, 그 음식을 식탁에 차리기도 한다. 한편 바캉스 때는 언제나 낯익은 단골손님들로만 붐비는 인심이 후한 호텔을 발견하기도 했다. 어느 날 당장이라도 비가 쏟아질 듯 날씨가 우중충하면 그녀는 내게 억지로라도 머플러를 들려보낸다. 먼발치의 그녀가 보이지 않을라치면 이내 주머니에 쑤셔넣고 말지만 말이다.

이렇게 안락한 삶은 내게 잘 맞는 듯하고, 이제 다시는 숨차게 헛애를 쓸 생각이 없다. 결국에 가서는 너무 무거워질지도 모르는 이런 삶에 오락삼아 이야기를 지어내기 시작하였고, 만에 하나 누가 엿볼지 모르므로 글로 남기지 않아야 했다. 그날 밤도 내게 친숙한 술집들 중 한 곳에서 여자들을 꼬이고 있는 꿈을 꾸었고, 아침이 되자 숙취에 시달리고 있지 않은 내가 놀라웠다. 전날 마신 녹차 때문에라도 숙취에 시달릴 이유가 없지 않은가.

우연히——완전한 우연은 아니지만——그녀의 뒤를 은밀히 밟을 기회가 있었다. 그리고 매주 월요일 오후 나의 그녀가 쿠폴의 춤을 곁들인 티 파티에 참석한다는 것을 알게 되었다. 그녀는 때로 댄스 파트너 중 한 명과 카페에서 나와 옆의 작은 호텔로 들어가곤 했다. 나는 그녀에게 내가 본 것에 대해서는 한마디도 하지 않았다. 그녀의 연애놀음이 우리 커플의 조화를 전혀 깨뜨리지 않고 있으니 말이다. 그와는 반대로 그것은 우리 커플을 엮어 주는 한 요소가 되었다. 우리 커플이 완벽히 돌아가려면 그러니까 주일의 만찬과 값비싼 의복, 신중히 결정된 여행, 그리고 월요일의 그녀의 외출이 필요하였던 것이다. 그것 없이는 구색이 맞지 않게 되었다.

그보다 두려운 이유는 전혀 다른 곳에 있었는데, 그것은 우리 커플 공통의 친구들이었다. 이들 모두는 부유한 축들로 그 성공이 당연한 것임을 입증이라도 하는 듯 짙은 미소를 띠고 있었다. 시선의 민첩함과 아이러니 가득한 몇 마디도 내가 그들의 축에는 끼일 수 없다는 사실을 증명하지 못하였나 보다. 그러니 이것을 더욱 잘 증명하기 위해서라도 다시 은밀하게 불빛도 없는 밤거리를 고독한 늑대처럼 헤매어야 하려나?

순진하고 아름다운 여자를 유혹하는 데
양심의 가책을 느끼지 않으려고
결혼을 약속할 필요까지는 없지 않은가.
유혹하는 사람과 유혹당하는 사람을
옛날처럼 확실하게 가를 수도 없어졌다.

## 한 달 후, 아니 일 년 후에 보자구

상처입히는 말 한마디가 인생을 바꾸어 놓을 수 있다. 예전에 나는 비록 서투른 솜씨였지만 테니스를 좋아했다. 그런데 테니스 코치가 "멍청이 같으니라고, 너 같은 바보는 평생 해봐야 스트로크 한 번 성공시키지 못할 테니 두고 봐!"라며 내게 악담을 퍼부었다. 그런 일이 있은 후, 일생 동안 테니스 라켓에 손을 대지 않았다. 어느 면에서는 그 자질 없는 테니스 코치의 예언이 맞아떨어진 것이다. 이웃에 사는 부부는 지능이 모자란데다가 가족의 안전을 해칠 정도로(하마터면 불을 낼 뻔했다) 멍청한 딸에게 되풀이하여 저주를 퍼부었다. "이 아이는 미쳤어요, 우리 딸아이 말예요. 정신병원에 감금시켜야 해요." 그 어떤 성인의 자애로운 행동도 이러한 판정의 독을 반감시킬 수는 없었다. 그녀는 말을 잃었다.

그리고 식욕마저 잃었으므로 어쩔 수 없이 병원에 입원시켜야 했고, 이후로 그녀는 평생을 병원에서 보내게 되었다.

나는 자유를 만끽하고 있으니, 내 인생이 그렇듯 비극적이라는 말을 하고 싶은 것이 아니다. 돈은 쓰고 싶을 때 쓰고, 이웃은 나의 아침인사에 답인사한다. 극도로 조심하면서 차까지 운전하니 뭐가 부족하겠는가. 그런데 이달에 처음엔 나를 어리둥절하게 만들다가, 이내 괴롭힐 지경에까지 이른 비난을 사고 말았다. 사실 지금보다 더 젊었을 적에도 사람들은 나이가 찼으니 이제 인생의 동반자나, 아니면 마음에 맞는 여자 친구를 찾을 권리가 있었음에도 나를 '바람둥이' 취급하기는 했다. 이 비난하는 투로 내뱉는 '바람둥이'란 말은 유혹자군에서도 최하급에 속한다. 능력이 닿는 대로 저녁나절의 할당량을 완수해야 할 출장대리 판매원, 목욕탕 심부름꾼, 계단 청소하는 청년, 이발소 조수, 그저 단순한 떠꺼머리총각, 운전학원 모니터, 배관공 등 사회적으로 인정받지 못하는 부류의 유혹자들이다. 그보다 상위 그룹의 유혹자들에 속하는 다른 용어(그런데 그런 용어가 있기는 한가?)가 내게 적용되었으면 좋겠다. 골프 코치, 현대문학 교수, 피아노 교사(피아노 교사와는 아무 상관이 없지만 수학 교사도), 테니스 코치, 정신과 의사, 사교계를 주름잡는 사람, 의과대학장(이건 너무 빵빵했나) 정도가 어떨까.

최근에 받은 두 차례의 비난이 나의 자존심에 상처를 내어 그것이 꽤 오래갔다. 어떤 여인에게 내가 조금 아첨하는 태도를 취했던 모양이다. 그러자 나를 '오페레타의 동 쥐앙'이라 몰아붙이는 것이었다. 물론 오페라 동 쥐앙의 경쟁 상대가 될 수 없을 만큼 이 불경한 성주는 나의 조건을 한참 초월한 좋은 조건을 지니고 있었고, 게다가 잘 살펴보면 그깟 일 때문에 그다지 기분 나빠할 필요도 없는 것이 오페레타는 내가 지금껏 한번도 경멸해 본 적이 없는 당당한 음악 장르의 하나이지 않은가. 빈과 안도라풍의 색채와 태양, 테너의 뜨거운 목소리가 돋보이는 그러면서도 소박한 장르 말이다. 그럼에도 이런 종류의 일이 벌어질 때는 조심해야 할 필요성이 있었으니, 너무 가까이 다가서는 바람에 이 여자로부터 뺨을 한 차례 얻어맞고 말았다.

내 기억이 맞는다면 오페레타에서 따귀를 후려치는 장면은 극히 드물었던 것 같고, 엘리자는 취미가 고상한 축에 끼이지 못하였던 것 같다. 그후 자기 행동을 뉘우치고 내게 용서해 달라고 말했으니 말이다. 그렇지만 나는 그녀의 용서를 받아들이지 않았다. 사실 이토록 프랑스 냄새가 짙은 오페레타 같은 음악 장르를 무시하는 발언을 한 여자를 용서하고 싶은 마음이 추호도 없었기 때문이다.

또 다른 사건은 앞서의 것보다는 좀더 가벼운 것이었다. 어느 날 나는 에니크의 어깨에 우아하게 손을 올리면서 그녀의 왼쪽 뺨을 가볍게 스쳤다. 그러자 그녀가 급작스레 나를 뿌리치면서 모욕을 견딜 수 없다는 듯 굳은 얼굴로 말했다. "건들지 말아요!" 그녀가 이런 식으로 "건들지 말아요!" 하며 사람들이 보는 앞에서 정숙한-성녀인 양하였지만, 사실은 그깟 일쯤은 대수롭지 않게 생각하는 쉬운 여자라는 사실에 나는 특히 분개했다. 혹시 그녀의 왼쪽 뺨이 인체의 다른 부분보다 예민해서였을까? 이런 여자는 어떤 부류의 사내들에게는 모든 것을 다 허락할 수 있지만, 또 다른 부류에게는 그저 친근한 태도조차 거부한다는 것을 만천하에 공개하려는 것인가? 나는 테이블 앞에 앉아 있는 몇 사람들의 야유를 받으며 카페를 나와야 했다. 내가 좀더 용감하고 힘이 세었더라면, 그들 중 한 명의 목을 조른 후 앞에 놓인 볼로냐 스파게티 접시에 얼굴을 처박아 버렸을 텐데 그렇게 못한 것이 아쉽기 한이 없다.

며칠이나 지나야, 아니 몇 달이나 지나야 이 기분 나쁜 기억을 떨쳐 버릴 수 있을까. 일단 벗어나면 또다시 여자의 마음을 사로잡으려는 유혹에 몸을 맡기게 될까?

## 추녀든 미녀든 그저 여자라면 모두 환영이다

남성이나 여성에게 미모가 그렇듯 중요한 것일까?

나는 막무가내로도, 아니 숙명적(이 얼마나 괴상하고도 엉뚱한 숙명인가)으로도 추녀들에게 끌리는 타입이 아니다. 아름다움에 더욱 감동하는 편이고, 어떤 문제들의 기원이 되었다거나 요란한 소용돌이를 불러일으켰을 경우에는 그 감동이 더하는 것 같다. 숨막힐 듯한 미모를 한 여인이 칵테일 파티장이나 레스토랑에 불쑥 나타난다. 그러면 술렁대면서 한 차례 동요가 일고 놀라움과 찬탄 섞인 시선이 그녀에게로 모아지다가, 그녀가 떠나고 나서야 비로소 이전의 잔잔함을 되찾는다. 나는 아름다운 여자들 중에서도 자신의 아름다움을 근거로 교양을 쌓는다거나 남을 돕는다거나 하

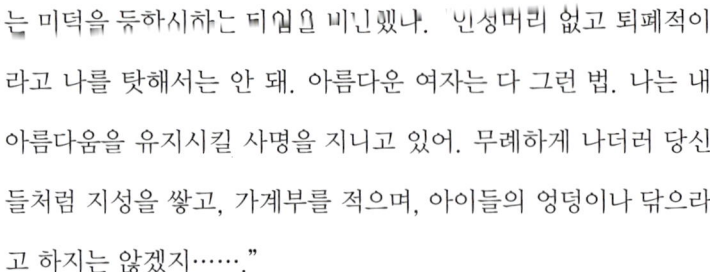

는 미덕을 둔하시하는 뒤있음 비난했나. 인성머리 없고 퇴폐적이라고 나를 탓해서는 안 돼. 아름다운 여자는 다 그런 법. 나는 내 아름다움을 유지시킬 사명을 지니고 있어. 무례하게 나더러 당신들처럼 지성을 쌓고, 가계부를 적으며, 아이들의 엉덩이나 닦으라고 하지는 않겠지……."

"나는 미인이고, 이같은 번잡스러움은 내 미모에 있어 적이야. 그런 일 때문에 나의 몸맵시가 흐트러지고, 전신의 조화가 망가진다는 것은 견딜 수 없는 일……."

"먼지를 뒤집어쓴 채 창고에 쌓여 있는 재고 도서, 인문학 서적들, 탁아소와 어린이집, 공장과 사무실은 어마어마하고 숫자 또한 많아. 그렇지만 미모란 얼마나 희귀한 것인지 알기나 해. 먹을거리들과 노동, 땀과 자동차만 득실대는 이 비천한 세상에서 미모의 여자는 놀라운 신의 축복이라고 할 수 있지."

중용의 미덕을 갖춘 몇몇 여자들이 그나마 예외적인 축에 든다. 이 여자들에게 미모는 거북살스럽기만 한 것처럼 보인다. 그래서 할 수만 있다면 서랍에 잘 간직해 두었다가 필요할 때만 꺼내어 썼으면 한다. 어떻게 이것으로부터 벗어날까를 궁리하면서 말이다. 겉모습을 꾸미지 않고 아무런 치장도 없이 바깥에 나서지만 결국은 그 미모를 들켜 버리고, 다시 한 번 사람들의 눈길을 모으게 된다. 이 여자들의 심리가 어떤지를 짐작하지 못하는 어수룩한 사나이들은 마치 그리스 여신상 같은 코와 우아한 두상, 고상한 자세, 숨 막히도록 고혹적인 눈길이 그녀들에게서 따뜻한 인간성과 재치를 빼앗아 버린 듯 집중적으로 그 외모만을 칭찬한다. 그러나 구애자들 중에서도 그나마 머리 회전이 조금 되는 이들은 상황을 미리 짐작하여 그녀의 다른 장점들에 중점을 두어 칭찬한다.

마지막으로 미인들 중에서도 양심까지 있는 여성들은 자신의 선천적인 조건 때문에 이렇게 근심하기까지 한다. "대체 전생에 무슨 일을 했기에 내가 이렇듯 아름답게 태어난 거지! 부당하게 이런 특권을 누리고, 나중에 무슨 벌이라도 받는 것은 아닐까!"

나는 아름다운 여인들을 찬미하였지만, 그렇다고 해서 잘 보이려고 그 주위를 맴도는 행동 따윈 하지 않았다. 만일 그녀들 가운데 한 명이 관심을 보였다면 나의 반응은 어떠하였을까. 처음에는 느긋하다가 곧 어리둥절해질까? 만사를 불구하고 일단 그녀가 나를 선택했다고 상상해 보자. 대체 무슨 까닭으로 그녀가 나를 선택했을까? 대체 무슨 변덕인 걸까? 야릇한 상황을 맛보고 싶어서일까? 그녀는 아름답고, 나는 평범하다. 아니 차라리 못생겼다고 하는 편이 더 옳은 표현일진대, 이렇게 우스꽝스런 커플은 마치 뚱뚱이와 홀쭉이의 결합을 연상시킨다. 일단 선택을 하고 사랑을 한 다음에도 나태하게 관능적으로 정열 속에 안주할 수는 없게 되었다. 그 미모를 충족시킬 보상금·명성·인간 관계 등, 모든 면에 있어 그녀에게 걸맞은 남자임을 만천하에 보여 주어야 하는 것이다. 힘의 역학 관계에서 역사(力士)가 되어야 한다. 나는 게으른 남자라고는 할 수 없지만 지나친 노력은 혐오한다. 벌써부터 질투하고 있지는 않았지만, 나의 하루살이 운명을 이해하고 잠시도 경계를 늦추지 않아야 했다. 수많은 남자들이 미모의 여인에게 끌리고, 무의식중이라도 그녀를 취한 사나이에게 벌을 주고 싶어하니까 말이다.

나도 다른 이들처럼 역사에 길이 남을 미녀들을 상상하며 어린 시절을 보냈다. 이런 몽상을 하는 것만으로도 충분하였으므로 굳이 그녀들과 맞대면을 하지 않아도 좋았다. 이를테면 별처럼 반짝이는 미녀, 광채가 나는 미녀, 우아한 미녀, 황홀한 미녀, 백설처럼 흰 피부의 미녀, 한겨울에도 온 천지에 봄기운을 몰고 오는 미녀, 천체의 별자리를 알려 주는 듯한 성운 같은 미녀들——그렇다면 시도때도 없이 아무 말이나 지껄이는 주책맞은 여자들은, 약간의 평범함에 스캔들의 양념을 첨가하는 여자들은, 얼큰하게 취한 주정뱅이 여자들은, 매력을 잃었다가 죽기 직전에야 회복한 여자들은, 마음을 사로잡는 행복을 거부하고 모든 남성들의 시선을 피해 수도원으로 은닉하는 여자들은 어떨까.

곰곰이 생각한 끝에 이미 내 인생에서 몇 번인가 있었던 전격적인 작전 뒤집기를 실시해 보기로 했다. 미인들과는 잘 돌아가지 않았으니, 이번에는 추녀들에게로 방향을 틀어 보기로 하였던 것이다. 물론 선택의 여지는 많았다. 젖가슴과 엉덩이를 옮기는 것조차도 어려움을 느끼는 뚱뚱한 여자들, 절벽들(가짜 말라깽이들과는 구별할 것), 까다로운 노처녀 스타일, 털난 여자들, 아니 아예 복슬복슬한 여자들, 세상에 태어나서 빛이라고는 한번도 받아 보지 못한 듯 음침한 분위기의 여자들, 영혼의 검댕이 얼굴에까지 묻어나 인정머리라고는 없어 보이는 여자들——아니면 그저 코가 조금 납작해서 이상해 보일 뿐인 여자들(그런데 이 코는 1년 동안 차츰차츰 길어질 것이었다), 이마가 너무 내려앉았거나 머리가 눈썹 바로 위까지 난 여자들, 아니면 럭비를 한 것도 아닌데 귀가 너무나 제멋대로 생긴 경우의 여자들도 있다.

  단순히 모델의 종류가 풍성하다고 해서 내가 선택을 달리한 것을 설명하기에는 부족한 감이 없지 않다. 그래서 그보다는 훨씬 명예로울 몇 가지 예를 들어 보려 한다. 나는 어린 시절부터 특정 타입의 여인에게 몹시 애착을 느껴 왔다. 맡은 일에 철저하고 활기차며 근육질에 에너지와 용기가 넘쳐나고 관대한 이 여자들에 대한 나의 동경심은 필경 털이 복슬복슬하고 다리가 짧아도 아무런 상관이 없었다. 이런 여자들은 잠자리에서도 내숭을 떨거나 주저함 없이 화끈할 것이 틀림없다. 내게는 그녀들이 인간 족속들 중에서 최상급이고, 그 장점에서도 남성들을 능가할 것이라는 믿음이 있었다. 솔직히 말해서 미인들로부터는 나약함이나 지상의 쾌락을 포기한 듯한 인상을 받는 경우가 더러 있었다. 그 자체로 합당할 수 있는 이런 이유들을 차치하고라도 나는 사랑의 대상을 그다지 예쁘다고만 할 수 없는 여자들 편에서 발견할 때가 많았다. 한 정치 회합에 참석하여 불같은 열정으로 연설하던 어느 여성 당원에게 깊은 인상을 받았다. 자본주의의 병폐를 부르짖으며 폐지를 주장하던 그녀의 용모는 투박하였지만 단점이 되기는커녕 외모 자체가 그 규탄에 일종의 힘을 부여하는 것 같았다. 그녀의 용모가 우아했다면 아마 그 주장은 효력을 잃고 말았을 것이다. 그녀는 걸어다니는 혁명이었고, 바야흐로 도래할 새로운 세상의 아름다움을 지니고 있었다. 회합이 끝나자 우리는 함께 귀가했다. 이후로 시를 위한 작업에 참여하여 함께 선거 운동을 치르기까지 하였고, 우리가 지지한 후보가 당선되었다. 우리는 그의 (…) 아니 우리의 승리를 축하하였지만, 어느 날 그녀는 보다 적극적인 다른 동지와 함께하기 위해 나를 버렸다. 그렇다고 해서 그녀를 원망하지는 않았다. 사실 그녀와 함께했다가는 내게는 너무도 부담스러울 명분을 위해 나 자신의 일정 부분을 희생시켜야 했을 것임이 분명하였다. 그녀는 한 인간이 가질 수 있는 유일무이한 에너지를 나에게 보여 주었다. 나는 헛되이 다른 종류의 회합에도 참여하였지만 지금보다 덜 야만적인 세상에 대한 희망을 온몸으로 풍기는, 그녀만큼 강인한 기질을 가진 여성은 한 명도 만나 볼 수 없었다.

그래도 열심히 뛰어다닌 결과 나의 촌부와도 열정녀와도 전혀 닮지 않은 두 여인의 호감을 얻는 데 성공했다. 이 여자들은 철저한 못난이들이었다. 이름을 잘못 지은 것이 분명한 이자벨(예쁜이)은, 언제나 내가 단순한 이해 관계로 그녀를 선택하지 않았을까 하는 걱정을 떨쳐내지 못하였다. 그녀는 금방석에 올라앉은 부동산업자의 딸이었던 것이다. 위기의 순간이 오고, 어리석은 내기 끝에 그 열등감에서 오는 강박관념을 없애 주려고 무진 애를 썼음에도 그녀를 내 친구들에게 소개시키기로 약속함으로써 그들의 조롱거리가 되게 하고 말았다. 나는 멋진 집과 친구들과의 만남을 좋아하였는데, 그녀 아버지 소유의 호화 빌라에 사는 것도 거절하고 내 친구들과의 모임에도 나가지 않으면서 나름대로는 큰 희생을 감수하였지만 결국 이렇게 된 것이 영 마음이 편찮았다.

이러저러한 역정 끝에 나는 롤랑드를 위해 이자벨을 버렸다. 롤랑드는 이자벨보다 무딘 편이었고, 오히려 열렬한 성격의 소유자였다. 그녀는 자기의 못생긴 용모를 다른 사람의 탓으로 돌리려 했다. 그러니 나는 그녀에게 있어 아주 안성맞춤의 희생양이었다. 나는 감히 그녀에게 다른 방향에서 원인을 찾아보라고 충고할 염을 내지 못하였다. 유전적 요인? 그렇지만 과학자들은 아직도 추함의 원인이 되는 유전자를 발견해 내지 못했다. 신의 장난일까? 신은 그런 일 말고도 돌보아 주어야 할 백성들과 고쳐야 할 불공정이 산처럼 쌓여 있지 않은가. 성당의 탓? 사제는 그녀에게 우리 스스로가 제거해야 할 추함은 육체적인 것이 아니라 도덕적인 추함이라고 너무도 명료히 답변할 것이 틀림없다. 성형외과 기술의 불충분함? 그녀는 아직까지 성형 수술을 받지 않았다. 그 부모? 그녀의 효심은 그 부모를 탓하기에는 너무 극진하다. 원형 격투장의 한가운데에서 사형집행인(그녀)과 마주 선 채 얼마를 더 버텼는지 모르겠다. 더 이상의 고통은 당하지 않으리라 결심하기까지 한참 동안 그 고문을 고행주의의 미덕으로 참아내었다. 이제 롤랑드와의 미래는 더 이상 기대할 수 없게 되었다. 반면 나에게는 아직도 도움을 청할 수 있는 이자벨이 있었다. 그녀의 독특한 추함은 뭔가 매료시키는 면이 있었고, 나의 찬미를 불러일으키기에 충분했다. 나로서는 점잖지 못한 것 같아 시선을 돌리곤 하였지만, 그 육체의 괴이함 앞에서 숭배의 시선으로 좀더 자세히 들여다볼 생각을 하였어야 했다. 천번이고 계속되는 나의 찬탄 앞에서 자신이 멍청하고 골이 빈 여자들보다 천배나 더 낫다는 사실을 알아차릴 텐데 말이다. 나는 이 의무를 완수하지 못하였고, 이 일을 해낸 사람에게는 커다란 존경을 표시해야 한다는 데는 무조건 찬성이다.

나의 실패는 너무도 자명하여 뭐라 반론할 여지가 없다. 당시에 평생 한 명이나 만날까말까 할 이상적인 추녀를 꿈꾸고 있었다.

그 추녀를 순백의 청순한 여인으로 생각하는 것은 나로서는 매우 쉬운 일일 터였으므로 그녀는 무엇보다도 먼저 추녀이고 보아야 했다. 추함이란 그렇듯 아무렇게나 만들어지지 않는다. 마치 초등학교 일학년 때부터 일류대학 입시를 준비하는 영재들처럼 추함도 일생을 좌우하는 것이기 때문이다. 추녀. "불쌍한 것 같으니라고, 어린 나이에 저리도 못생기다니." 그녀의 얼굴 위로 부모의 거북한 시선과 선생님들의 측은해하는 눈길, 학교 친구들의 놀림이 쏟아진다. 그런데 쏟아지는 악의를 받아 그녀도 악녀가 되어 버리면 그 추함에 제동이 걸린다. 한편 나는 나의 몽상과 모색의 가능성으로부터 적당히 못생긴 여자들, 추하다 말아 버린 여자들은 제외시켰다. 때로 어떤 여자들은 나를 속이기 위해 억지 주름을 만들어 보이거나, 추한 얼굴을 지어 보이곤 하였다. 그렇지만 이러한 속임수에 넘어갈 내가 아니다. 이 여자들은 때로 자기의 것이 아닌 그녀들이 사랑했던 어떤 어머니나 할머니로부터 추함을 빌리기도 하였는데, 그들에 대한 추억이 사라지면서 그녀들이 둘러썼던 추함도 함께 사라지고 마는 것이었다.

미녀도 추녀도 나에게는 어울리지 않으므로 나머지 모든 여자들 쪽으로 방향을 돌리기로 하였다. 그녀들은 어느 면에서도 지나치지 않으므로 내게 오랜만에 휴식을 가져다 줄 것이라 생각했다. 그럼에도 불구하고 나는 거의 모든 것을 체념하고 살아가는 롤랑드의 희생양이던 시절을 그리워할 때가 있었다. 새로운 여자 친구로 나의 연애 인생에 발을 내디딘 모는 당시의 미적 기준——사실 그런 것은 공상에 불과한 것으로 모델의 기준은 절대 정확히 구체화될 수 있는 것이 아니다——에 맞추려고 했다. 결국에 그녀는 나까지 《건강한 삶》이나 《더욱 아름다워지는 법》, 《엘르》나 젊은 여성들에게 유익하고 비용이 들지 않는 충고를 싣고 있는 《선구자》 같은 잡지의 독서에 끌어들였다. 그녀가 맵시 있게 잘 차려입도록 옷을 사는 데도 함께 다니고, 옷을 입어 보는 데도 동행했다. 그녀의 몸무게가 적당한지 함께 저울의 눈금을 주시하기도 했다. 그리고 그녀의 몸이 최적의 상태를 유지하도록 온천욕을 할 수 있는 도시들을 찾아다니기도 하였으나, 온천욕법의 비용을 댈 수 있도록 카지노 같은 데서 돈을 낭비하는 것은 금지되었다.

이제는 에니크의 아름다운 부분도 추한 부분도 다 체념했다. 이런 체념을 포기와 가깝다고 해야 할까.

## 유혹은 그저 그럴듯한 허세에 불과한가

지금 내가 이야기하려는 것의 주제는, 유혹이라는 것의 직접적인 의미만이 아니라 타인들의 호의를 얻으려는 온갖 종류의 허례허식에 관한 것이다. 고등학교를 졸업하고 성인이 되어가면서, 나는 몸에 꼭 끼이는 중세풍 저고리와 긴 칼을 차지 않은 귀족을 상상할 수 없었던 것처럼 담비 모피의 법복을 입지 않은 판사와 항상 필수적인 여러 의료 기구들을 지니지 않은 의사를 상상해 볼 수 없었다……. 아니, 이 모든 상징들은 허례허식 및 신분 제도와 더불어 이미 사라진 것이 아니었던가? 청바지 차림의 의사나 주임신부, 변호사와 기업의 대표는 직무를 수행하는 데 필수적인 특권을 잃어버렸는가? 그러나 다른 형식으로 표출될 뿐이지 허례허식은 여전히 남아 있었다. 구름같이 모여드는 마이크 없는

정치가나 텔레비전의 조명과 그를 둘러싼 무용수들이 없는 가수, 또 경호원이 수행하지 않은 기업의 대표가 과연 제대로 빛이 날까?

이처럼 가련한 희극은 인간 행위의 거의 모든 분야에 적용되지만, 특히 유혹의 분야에서 두드러진다. "세상의 허무를 보지 못하는 자는 허무 그 자체이다. 그런데 온통 소음과 오락, 미래에 대한 상념 속에 젖어 사는 젊은이들만이 그 세상의 허무를 느낀다. (…) 그렇다면 젊은이들에게서 오락을 빼앗아 보라. 즉시 지루함으로 말라 가는 것을 느낄 터이다. (…) 그들은 알지도 못한 채 자신 속의 허무를 느낀다. 왜냐하면 틀어박혀 즐기지도 못하고, 초라한 자신을 들여다보면서 생기는 견딜 수 없는 슬픔 속에서 사는 것보다는 차라리 불행한 편이 낫다고 생각하니 말이다."

삶의 작은 자극제들에 나는 전적으로 동의하지는 않지만, 그것들로부터 가끔씩 감동을 받을 때가 있다. 그것은 어떤 때는 소음일 수도 있고, 어떤 때는 돌아가는 상황, 사물들이 내는 음악인 기분 좋은 이 세상의 동요일 수도 있다. 단 우리의 기운을 떨어뜨리는 세상의 왁자지껄함과, 우주가 우리에게 들려 주는 소리는 명확히 구분해야 할 것이다. 물론 기분 좋은 삶의 자극제들과 겉만 요란한 치장, 사회적 신분의 표식과 너무도 부드러운 피부, 온통 관능적인 주변, 그리고 그 얼굴들과도 혼동해서는 안 된다.

우리의 철학에 문제를 제기하고 있는 바 미래를 보는 관점은 또 어떤가. 그 관점 때문에 어리둥절해지지도 않지만, 그렇다고 해서 그 관점 덕분에 힘든 조건으로부터 벗어날 수 있으리라 생각하지도 않는다. 그것은 다가올 미래, 존재하지만 속을 알 수 없는 그런 미래일 뿐이다. 유혹이 내게 와닿는 부분이 바로 그것이다. 상대가 나와 일치할까 그렇지 않을까를 예감하는 것, 모르지만 희망의 빛깔을 부여하고 싶은 그런 것 말이다.

어쨌든 나의 고집대로 세상과 타협하지 않고 남에게 이용당하지도 않으려 한다면, 세상의 중심부로부터 벗어나는 것으로 족하다. "일반적으로 사람들을 존경이라는 형식으로 묶어 놓는 고리는 필연성이라는 고리이며, 이 고리에는 서로 다른 여러 단계가 필요하다. 모든 사람들이 타인을 지배하려 들지만 그 모두가 지배자가 될 순 없는 것, 단지 그들 중 극소수만이 지배할 수가 있다. (…) 그런데 특정 개인과 개인을 연결하는 이 고리는 결국은 상상력의 고리이다." 원칙상은 평등함이 통용되었다. 그런데 이 평등함이란 그것을 획득하려는, 또 경쟁 상대들을 물리치기 위한 불붙는 싸움을 동반한다. 이러한 싸움은 사실상 자기들만의 독특한 울림을 가진 작품 세계에 온 힘을 다해야 하는——아니 그래 보이는 것뿐인가——예술가들의 사회에서도 통용된다. 유혹 그 자체는 빈번히 힘의 증거로 나타나고, 힘의 싸움에서는 가장 약한 축에 드는 편이 더 이롭다.

지금껏 모든 철학 사상들은 유혹에 대해 가능한 한 험담을 던져 왔다. '탐욕'——이것이야말로 우리의 감각을 간지르고, 육체의 행복을 담당하는 것 아니었던가. '호기심'——재갈 풀린 욕망, 다 보고 다 겪지 않으면 몸이 근질거려 못 견디는 것. '교만함' ——스스로를 부당하게 중요하다고 치부하려는 욕망. 나는 내 영혼의 안내책자를 내동댕이쳤다. 그것은 유혹 속으로 다시 투신하기 위해서도 아니고, 방구석에 혼자 틀어박혀 은둔하려는 것도 아니며, 사랑(자기를 멸시하는 데까지 이르는 신의 사랑)의 가르침대로 살려는 것은 더더욱 아니다. 그보다는 구태여 여자들에게 추파를 던지려 하지 않으면서 세상 속에 날개를 활짝 펼치려 함이며, 데카르트의 격언을 좇아 교만하지 않으면서 나 자신을 소중히 여기고, 가능하다면 얼토당토않은 정복을 꿈꾸지 않고 유혹하려는 것이다.

## 정처 없이 떠돌아다니기

　당시 나는 출판사에서 일하였기에 직업상의 이유로 칵테일 파티라든가 다소간 비공식적인 모임에 자주 드나든 편이었다. 물론 마음에 드는 여자들을 유혹할 기회도 많았다. 처음에는 그저 이처럼 유혹이 수월스러운 데 황홀해할 뿐이었으나 이내 기세가 누그러들고 말았다. 사실 당시의 만남들은 직업적인 이해 관계로부터 절대 자유로울 수 없었던 것으로 내 눈에는 순결하지 못한 관계로 비쳤기 때문이다. 때로는 영향력 있는 여자 비평가에게 잘 보이려는 노력도 했었고, 예쁘고 젊은 여자에게는 업무를 핑계로 접근하기도 했다. 그것이 그렇게 나쁜 일이었다고 말하려는 것은 아니다. 어쨌든 우리 모두 같은 환경에서 일하고 같은 문화와 취미를 가지고 있었으니, 우리 직업에 적합한 육체적인 조건들까지 비슷하였던 것이다.

　차츰 연애 사건들은 근친상간을 방불케 할 정도가 되었고, 어느덧 낭만적인 바람이 불어와 내가 몸담고 있는 곳이 아닌 다른 부류의 여자들을 갈망하게 되었다. 다른 부류라, 그것은 이 세상의 무한함이 있는 곳이지 입에서 술 냄새 풍기는 부류들이 집단으로 썩어가고 있는 닫힌 공간이 아니었다. 그곳에는 자유 속에서 꽃피우는 식물들이 자라고 있을 것이었다.

　나는 우선 눈높이부터 낮추기로 하였다. 대양으로도(그러려면 초능력부터 갖추어야 했으니까), 사막으로도(원칙적으로 인구 밀도가 아주 낮기에) 나의 여신을 찾으러 가지는 않을 것이다. 이름 모를 여인이 타인을 두려워할 두메산골이 아닌 도시로 찾아나서리라. 한 인간의 사회적 지위라는 것이 설 자리를 잃고, 사람들은 자기에게 주어진 역할들을 잊게 되는 그런 도시 말이다. 군중은 끊임없이 맴돌고 움직이고 역할 카드 또한 쉴새없이 재분배되는 곳, 다행히 직업 덕분에 나는 한시도 한자리에 머물지 않고 아침 일찍부터 저녁 늦게까지 여행하였다. 그런데 결과는 그다지 고무적인 것이 아니었다. 허비하는 시간이 너무 많았던 것이다. 기다림은 잔인할 정도로 길어졌다. 나는 이렇게 장담하는 시인을 부러워했다. "일단 외출했다 하면 한 시간도 무슨 일이 일어나지 않을 때가 없었다."

디너의 전채 요리가 대체로 보실깃없고, 감탄하기에는 너무 실망스러운 작품들을 걸어 놓은 화랑에서의 만남에 기대를 걸어 보았어야 했을까?

나는 좀더 인내심을 가지고 기다려 보기로 했다. 사실 욕망하는 나의 에너지를 잘만 이용하면 되었던 것이다. 자동차 불빛은 만남을 쉬이 하였지만, 이런 식으로 도시의 번잡함을 나의 시도에 이용하는 것에는 혐오감이 먼저 들었다. 나는 처음부터 내가 연루되지 않은 고상한 만남을 갈망하였던 것이다. 그래서 연애에 있어서도 쉴새없이 움직이면서 적합한 거리를 유지하기로 결심했다. 모름지기 역동성은 정지보다 훨씬 많은 장점을 지니고 있다. 하나의 이야기로부터 사연이 만들어져 육체 속에 새겨지는 법, 나는 나의 여신의 가냘픈 허리와 가녀린 어깨선이 가볍게 떨리는 것만으로도 그녀가 나의 존재를 반기고 있음을, 또 신경질적으로 가볍게 차는 발꿈치의 동작만으로도 그녀가 나의 존재를 거부하고 있음을 느꼈다. 함께 탱고를 추는 댄서 커플처럼 발을 맞추는 것. 사냥감과의 거리를 넓혔다 좁혔다 하면서 쫓는 사냥꾼처럼 단조로운 박자를 피하는 동시에, 우리의 조화로 리듬의 변화에 저항하는 것을 보여 주기라도 하듯 다가왔다가 멀어지는 그런 동작으로 말이다. 한순간 서로의 어깨와 머리카락이 스칠 정도로 호흡을 가까이하다가, 그의 내밀한 존재가 나에게 다가와 소스라치게 놀

라는 것. 나는 괴이한 행동으로 상대를 놀라게 하거나, 인공적인 상황이 만든 만남을 모색하지는 않았다. 그리고 단 한마디도 하지 않았지만, 발동작과 육체만으로도 우리는 서로에게 운명 같은 존재라는 것을 증명할 수 있었다. 말과 몸짓이 그 이상을 가져다준 적이 있을까? 나의 여신이 살고 있는 것으로 추정되는 건물로 들어가면, 그녀를 그렇듯 혼자 떠나도록 방치하기보다 그 내면으로 미끄러져 들어가는 것이 옳은 일이라고 생각했다. 때문에 그녀가 사는 건물의 현관과 그녀를 맞아들이는 계단, 우편집배원이 그녀의 편지를 넣어두는 우편함과 그녀가 매일같이 다가가는 문들을 찬찬히 살펴본다.

나의 사랑이 실현될 수 있는 기반은 이러한 호기심과 동떨어질 수 없는 것이다. 그런데 나의 임무가 인터폰과 승강기의 도입으로 더욱 어려워졌다. 하지만 아무리 그래도 이것을 계기로 나의 선택이 행복한 선택이었음이 다시 입증되었다. 추적의 대부분은 건물에 승강기가 있음에도 계단에서 이루어졌으며, 그러니까 그녀들은 승강기를 탐으로써 나의 추적을 망치지 않으려 계단으로 오르내렸던 것이다. 나는 그녀들이 내는 발자국 소리에 귀 기울이고 있다가 내 아파트로 돌아와 머릿속에서 그 소리들을 다시 복원시키려 애썼다. 그런데 나의 이런 행복은 관리인들과 이웃들의 멸시하는 눈초리와, 감히 내가 무엇을 원하고 무엇을 찾고 있는

지를 묻는 질문들로 심히 교란당하기 시작했다. 대체 나를 뭘로 보는 것인지, 그들은 마치 방문판매원이나 맹인들이 만든 비누를 팔러다니는 상인, 배우자의 부정의 증거를 캐기 위해 고용된 사립 탐정이나 되는 것처럼 취급했던 것이다. 이 건물을 방문한 데에는 아무런 목적도 없고, 아니 그보다 훨씬 고상한 야망과 부조리한 희망에 사로잡힌 때문이었노라고 그들에게 고백한들 무슨 소용이 있으랴? 이처럼 질문에 시달리면서 처음의 기대와 관심은 사그라지고 말았으며, 여신이 삼층으로 올라갔는지 사층으로 올라갔는지 도통 알 수 없게 되어 버렸다. 신비한 동굴로 안내하는 열쇠 같은 존재인 마술의 하이힐 소리가 거의 들리지 않는데 무슨 수로 알아낸다는 말인가? 그런 까닭에 나는 역할을 역전시켜 심문자가 되기로 했다. 이 건물에는 누가 사는가? 그들은 언제부터 이곳에 살기 시작했는가? 햇빛은 잘 드는가? 독일군 점령 시기에 이 건물에 살던 사람들은 어떻게 생존하였는가? 질문에 답하는 이들이 나의 질문의 홍수에 기분 나빠하는 것을 즐겼다. 그러나 이 장난도 이내 그만둘 수밖에 없었던 것이 너무 심하게 질문하다가는 그것을 이상히 여긴 이웃이 주책없이 입을 놀려 갓 싹이 트던 내 사랑을 혹여 짓밟아 버릴까 두려웠던 것이다.

상류 계층에 대해 특별히 동경심을 가졌다거나, 여자들이 그곳에서 관능적인 포즈로 휴식을 취하기 때문에 내가 호화 주택을 선호했던 것은 아니다. 나의 사랑스런 여신들의 발자국 소리는 조용한 저택에서 더 잘 울리기 때문이다.

그 이후로도 나는 욕망과는 직접적으로 상관이 없는 행동을 계속했다. 서로 다른 근원을 지닌 까닭에 변화한 시가지에서 운명적으로 어긋난 길을 걷는 수많은 사람들을 만난다. 그 춤추듯 걸어가는 리듬에 미끄러져 들어가며, 그들의 양심 속으로 꿰뚫고 들어갈 기회를 잡고자 했다. 이 방법으로 한 청년과 노인, 한 멋쟁이 신사, 그리고 나와 비슷한 느낌의 한 사나이와 친해졌으며, 또한 내게 주어진 이 기상천외한 기회를 무척이나 소중히 여겼다. 이렇듯 탐색을 통해 나를 떠나 내가 아닌 다른 존재의 삶을 사는 방법을 찾아내었기 때문에 이제 나만의 여신을 찾아 헤매는 숭고한 탐색을 포기했다. 물론 고독과 실패에 대한 두려움, 타인으로부터 인정받는 기쁨을 앞에 놓고 누군가와 일대일로 경쟁할 기회를 충분히 갖지 못한 것은 사실이다. 그러나 지금껏 계단을 오르며 수없이 관찰한 여자들의 등짝과 활처럼 휜 장딴지, 외투자락, 다리 근육의 수축과 이완 작용만으로도 나의 경험은 충분하고 그것에 한 점 후회도 없다.

나의 탐색 작업은 그 목적을 바꾸었다. 그렇다고 해서 가만히 눈을 감으면 또각또각 들리기 시작하는 그 발자국 소리들을 모두 잊고자 하는 것은 아니다. 다른 수많은 작가들이 그들의 온갖 시심과 재능을 다하여 경험담을 그리고 있는 것처럼 이 모든 방황을 그리는 책을 한 권 쓰리라. 그것은 나의 여신에게 바치는 비밀스런 사랑 고백이 될 테니 출판이 안 되어도 물론 상관이 없다.

회사의 여자 동료들은 대부분 정숙한데다
외모로 보자면 자연의 혜택을 받지 못한 축에 들었다.
그나마 조금 예쁘다 싶은 여자들은 책상 위에
무슨 수호천사나 되는 것처럼 보란 듯이
남편과 아이들의 사진을 놓아두었다.

## 그저 괜찮은 인간으로 남을 수 있었으면 좋겠다

　도덕 따위를 논하자는 것이 아니었다. 최고의 관대함과 지성을 갖춘 인간이 되고자 한 것도 아니었다. 문제는 그보다 훨씬 신체에 가까운 매우 알쏭달쏭한 어떤 것이었다. 그렇다고 이 어려운 임무를 부모님(그들이라면 아주 잘 해냈을 테지만)이나 이상적인 모델(생생한 눈길과 살아 숨쉬는 손으로 다듬어져야 했다)에게 완수하라고 독촉할 생각은 없었다. 신은 어떨까 생각해 보았지만 그토록 하찮은 일로 신의 업무를 방해해서는 안 된다는 결론이 나왔고, 그 때문인지 신은 그 중재자의 하나인 성당으로 나를 보냈다. 그런데 나와 성당의 관계가 냉각기에 접어들어서인지 성당은 나의 탐색에 아무런 반응도 보이지 않았다. 그래서 이 일을 여자들에게 맡기기로 했다. 여자라고 아무나 다 되는 것이 아니라 예외

적인 능력을 가진, 그녀 혼자서 여성성 전체를 상징하는 그런 여자라야 했다.

그녀는 내게 아무것도 강요하지 않아야 한다. 그녀가 내게 관심을 기울여 주는 것만으로도 나는 최상의 컨디션을 유지할 수 있으리라. 나를 나약하고, 자신감 없으며, 어리숙한 모습으로부터 끌어낼 수 있으리라. 내가 이렇게 진보한다고 해서 기성의 유일한 남성상에 고정된다고 생각하면 오산이다. 그보다 나는 또 다른 피에르로서 변화의 길을 쉴새없이 모색할 것이다. 다른 사람과 비슷한 남자는 자신만의 풍미가 모자라는 법이니 말이다.

그러한 여자는 골목 모퉁이나 지하철역·숲 속 같은 곳에서 쉬이 마주칠 수 있는 이들이 아니다. 여태껏 그러한 여자를 만나는 행운을 얻지 못하였고, 때문에 그러한 희망을 품고 있는 나 자신을 조롱하는 것이다. 이럴 때는 내 자신 속에서 단테의 《신곡》에나 나올 법한 낭만적 몽상을 본다. 그렇다고 내가 저지르지도 않은 죄를 속죄할 양으로 면죄부를 사는 그런 기독교인들 같다고는 생각지 않는다. 그보다 나의 기대는 과학에 바탕을 두고 있다고 하는 편이 더 정확한 표현이다. 인간이라는 존재는 미숙한 상태로 태어났으므로 점차 자신을 완성시켜 가야 한다. 그러니 이 마무리 작업을 완수하도록 도와 주는 한 존재가 있다면, 그 어찌 행복한 일이 아니겠느가? 나는 찰흙과 불을 훌륭하게 다루고 조절할 줄 아는 예술가로서가 아닌, 초벌구이에 적당히 숨결을 불어넣어 그것에 그 이상의 의미를 부여할 여자들의 호의를 자극하는 사람에 불과할 테니 자존심을 얼마간 깎아내려야 했다. 유혹을 미끼로 하는 것도 나쁘지 않았지만, 그녀들의 마무리 손길로 완벽해지기를 진정으로 나는 바랐다.

당시의 나는 나만의 세계 속에서 몸을 웅크리고 있던 참이었는데, 그녀들 중 하나가 나의 세계를 확장시켜 마음을 후련케 해주었다. 또 다른 여자는 내 자세를 바로잡아 주어 그 바람에 굽은 등이 많이 펴졌다. 어떤 여자는 다리의 유연성을 키워 주었고, 때문에 오자형이었던 다리를 펴는 데 도움이 되었다. (이것은 순전히 그녀의 승리로 스포츠 클럽의 스트레칭 운동도, 심리치료적인 참선 운동도 내 오자 다리에 아무런 효과가 없었다.) 어떤 여자는 결단성 없어 보이는 턱과 흐릿한 인상을 교정해 주었다. 독자들은 이런 경험을 어떻게 해석하였을까. 설마 이 여자들이 나와 함께 있을 때 옷을 수선하는 재봉사처럼 행동하였으리라 생각지는 않았기를 바란다. 다만 여자들이 가지고 있던 무어라 이름 붙일 수 없는 어떤 것이 나를 변화시켰고, 때로 나도 모르게 왔던 그 변화의 격심함에 두려워지기까지 하였다. 그렇다면 나는 왜 바람둥이로 낙인찍힐지도 모를 위험을 무릅쓰고 이렇듯 여러 여자들을 섭렵하였을까? 그것은 한 여자는 그 나름의 고유하지만 한정된 능력만을 지니고 있었기 때문이다. 예를 들어 내 사지를 펴 자세잡기를 도와 주었던 여자는, 가볍고 리드미컬한 걸음걸이가 되도록 도와 줄 능력이 없었다.

남의 속도 모르는 이들은 나를 구제할 길 없는 꼬이기 대장 정도로 취급할는지도 모른다. 그런 이들은 나의 선구자적인 여정을 이해할 수 없었을 것이다. 그러니까 난폭하거나 파렴치한 행위를 암시하는 '꼬이다' 라는 단어가, 나 자신 온순하게 길들여지던 천천한 젖어듦과는 하등 상관이 없는 말이라는 사실을 간과하고 있었다.

나 아닌 타인이 된다는 것은, 어떤 특권을 지닌 존재와 닮고 싶어하는 것과는 다른 일이다. 이 세계와 역사, 역사 가운데서도 가장 소박한 역사는 쉴새없이 넘실대는 파도를 내 편으로 보내어 나를 뒤덮는다. 동시대 사람들과 같이 내 삶의 방식도 타인 곁으로 다가가고 나를 내어주며 버리기보다는 타인과 거리를 두고, 그들로부터 오히려 벗어나고, 무관심을 연기하며 나 자신이 무감각해지도록 마취시키는 데 있었다. 그런데 이런 나와는 아랑곳하지 않고 역사라는 바다의 물결은 내 귓속에서 넘실대는 파도처럼 공명하고 있었다. 이내 나는 조개며 조가비가 되어 그 움직임을 온몸으로 받아들인다. 절벽, 험준한 산등성이가 나를 마주 보고 서 있고, 그런 동안 나는 더 이상 무력감도 느끼지 않았고, 나의 영혼은 정상을 향해 훨훨 날며 지극한 숭고함(만족감보다 더 가치 있는 어떤 것이었기를 바라고 있지만)을 얻었다. 얼마였던가, 셀 수 없는 여름과 겨울과 초원들과 사막들이 내 눈앞을 프로젝트의 이미지처럼 스치고 지나면서 분명히 후유증을 남겼으리라. 아니, 적어도 나는 그 꿈인지 현실인지를 분간 못하는 상황 속에 얼마간 놓여 있었던 것 같다. 내 머릿속의 거대한 시뮬레이터가 그려내고 상상해 낸 산과 하천과 바다, 이 얼마나 거짓말 같은 허구인가!

인간이 풍길 수 있는 온갖 냄새를 풍기며 하루살이처럼 내 곁을 스쳐 지나간 사람들 중에는 지독한 고집쟁이들과 남을 성가시게 하는 이들, 때로는 불쾌한 이들도 있었다. 어느 여름날 저녁 단골 카페의 옆자리에 앉았던 사람이나, 나와 가장 가까운 호텔 방에 묵은 이들의 삶을 훔쳐 수치심을 넘어 자부심을 느낄 정도로 그 속으로 들어가 본 적이 있었다.

여신 같은 여자와 만나는 기적을 꿈꾸다니 나는 참으로 순진했었다. 왜냐하면 멋진 능력, 다시 말해 수많은 인생의 곡절을 받아들여 군중 속으로 분산되지 않으면서 자신의 것으로 만들 수 있는 능력을 가진다는 것은 나를 포함한 모든 인간의 바람이기 때문이다.

나는 자신을 타고난 천성보다 높게 고양시키려는 노력을 포기했다. 달리기 선수나 유명 인사들, 사제들, 인본주의자들, 고위 은행가들처럼 남들보다 높은 위치에서 선두의 자리를 지키려 하진 않겠다. '그저 괜찮은 인간으로' 남을 수 있었으면 좋겠다.

## 유혹자 클럽 회장

그들이 실버 유혹자 클럽의 회장직을 그토록 강권했던 정확한 이유를 나는 아직도 잘 모르겠다. 그들로서는 그 소임을 맡길 만한 인물이 한둘에 그치지 않았을 텐데 말이다. 어느 누구보다도 인간 영혼의 비법을 잘 알고 있을 노련한 동 쥐앙이라든가, 가족이나 부부간의 불화를 중재하고 복잡하게 얽힌 문제들을 회복시킬 능력을 지닌 전(前)가족계획위원 같은 경우가 이 일에 훨씬 적합할 것이 분명하지 않은가. 그러던 중에——지칠 줄 모르는 리더요, 이론의 여지없는 간판격 인물이었던 한 베스트셀러 소설가는 이 일을 맡겠다고 자청하고 나서기까지 했다. 그로서는 이 임무를 수행하면서 슬픈 이야기로부터 야한 이야기에 이르기까지 보다 많은 산 이야기들을 수집할 수 있으리라 생각했을 것이다.

끈질긴, 사실을 말하자면 기분 나쁜 소문에도 불구하고 나는 이런 작가들과는 근본부터가 달랐는데 말이다. 게다가 그들에게는 온갖 역경을 헤치고 돌아온 탐험가 같은 사람이 필요했는데, 그것 또한 터무니없는 소문인 것이 나는 어디고 가본 적이 없는 것이다.

  사람들 사이에 떠돌던 의문과 나의 주저에도 불구하고 종국에 가서는 이 제의를 받아들이고 말았다. 그래서 나는 일단 규칙부터 활발히 정비하고자 했다. 지금껏 법제처 근처에는 가보지도 않았고, 또 법 없이도 살 수 있노라 자부해 왔건만 꽤 명백한 몇몇 강령까지 직접 세웠다. 나는 이 과거의 유혹자들이 진정으로 자신의 존재를 규정짓던 예전의 삶을 포기할 의향이 있는지 반신반의했다. 만일 그들 중 몇몇이 끝까지 사랑놀음을 하겠다고 고집을 피운다면, 나는 당장에 현행범 취급하여 경고 처분을 내릴 터였다! 게다가 연속하여 세 번의 경고를 받는 회원은 자격을 박탈하기로 했다. 클럽은 예전처럼 회원가입비를 받고 있었고, 이렇게 하여 금고는 살찌워져 갔다. 클럽에 이러한 규정이 없다면 결혼 주선 에이전시와 다를 것이 무엇이겠는가. 이 얼마간 거두어들인 금액이 만만찮기 때문이라도 위장된 미팅 주선 클럽과는 차별을 두어야 했다.

  누가 볼라치면, 내가 갑자기 형사의 모습과 행동을 빌리고 있다 할 정도로 아주 세세한 것에까지 신경을 썼다. 놀랍게도 나는 지금껏 무시해 왔던 내 안의 다른 면을 발견하면서 이 역할을 즐기고 있었던 것이다. 몸을 숨겨 염탐하고, 그들의 작태와 구린 행동들을 관찰하다 갑작스레 나타나 놀래 주는 일들 말이다. 사실 이런 작자들이란, 오랫동안 착실히 참아낸 터라 달아오를 대로 달아올라 있었기 때문에 더 이상 참고 견디기가 어려웠을 것이다. 이런 때 그들의 금지된 불장난에 참견하는 일이 어찌 흥미롭지 않을 수 있으랴.

이제 우리 클럽의 행동반경을 더욱 좁힐 것인지, 아니면 넓힐 것인지를 결정할 시기가 왔다. 다시 말해서 원하는 이라면 누구든지 받아들여 춤을 곁들인 티 파티 주변에서 수다나 떨어대는 클럽들 중의 하나로 전락하거나, 회원 가입(우리가 정말 과거의 유혹자들과 볼일이 있기나 한 것인가?)에 엄격한 제한을 두고 정화 운동을 실시하여 나중에는 열성분자들만의 단단한 핵모임으로 축소되는 한이 있더라도 탈선하는 자들은 가차없이 잘라 버리면서 말이다.

몇몇 후보들은 자격이 없었음에도 그것을 가진 척하였다. 대부분의 다른 사람들처럼 타인의 중재로만 유혹했으면서 가지지 않은 영광스런 운명의 수혜자인 양했다. 그런데 우리가 꽃뱀 또는 제비족이라 부르는, 지루함을 피하기 위해 값싼 공연에 드나들던 그 괴상한 인간들은 대체 어떤 사람들인가. 이런 사람들을 몽펠리에(소람프 씨댁)나 보르도(몰라 씨댁)에 잠시 들른 작가의 강연회에 초대해 본다면 어떤 얼굴들을 할지 궁금하다.

나는 이들이 문자 자체에는 관심이 없을 거라고 여겼는데, 협회의 이름을 고르는 끝이 없는 토론에 열성적으로 참여하는 것을 보고서 조금 놀랐다. 이 토론에서 유일하게 공통되는 사항이 있다면, 협회의 이름이 '과거의 유혹자들'이라는 타이틀에 기반해야 한다는 것이었다. 한 무리의 미꾸라지들이 평판이 괜찮은 익명의 알코올 중독자 모임을 본떠 '익명의 유혹자 클럽'이라 이름하자고 주위를 선동하기 시작했다. 나는 끝까지 반대하였고, 만일 그들이 끝끝내 고집한다면 회장직을 내놓겠다고 엄포를 놓았다. "우리가 언제부터 익명성 속에서 살았나. 우리는 장롱 안쪽에 술을 몰래 숨기는 그런 알코올 중독자들과는 다르다고. 게다가 나는 우리의 조건에 창피함을 느낀 적이 단 한번도 없어. 나는 우리가 한 점 부끄러움 없이 대중 앞에 노출되기를 바라네."

사람들은 우리를 탁자 밑으로 상대에게 발장난을 걸며 희롱하거나, 한몫 잡기 위해 한밤중의 공원을 어슬렁거리는 치들과 혼동했다.

한편 나는 이중 삼중적인 면을 강조하였는데, 이런 나의 태도에 여럿이 적이 놀란 모양이었다. 그 가운데서도 나의 입안에 반대하는 이들은 마치 급진적 교조주의자들처럼 행동했다. "누군가가 이미 유혹자라면, 그는 다른 종류의 인간이 될 수 없지. 자네들이 만일 럭비에 미쳐 있다면 축구는 싱거울 수(찜찜하지만 이 점에는 나도 약간 동의한다)밖에 없잖은가. 자네가 프랑스인이면 다른 민속들은 중요치 않아." 나는 그와는 정반대로 신비주의에 빠져 있는가 하면 자동차 경주에 미쳐 있고, 아니면 굉장히 신중하게 운전을 하고, 도박에 빠져 재산을 탕진하거나 또는 축재하는 그런 유혹자를 좋아한다. 이 얼마나 기막힌 잡탕인가. 그가 원한다면 동에서 관할하는 우표수집가협회에 가입하는 것은 또 어떨까! 그럼에도 불구하고 나는 후회막급한 취미 활동은 사절한다는 표시를 하였다. 적어도 우리 회원들은 전적인 끈기로 협회의 활동에 참여해야 한다는 사실을 분명히 전했다. 예전에 한 회원은 우표수집에 대한 열정이 과한 나머지 남녀에 대한 열정을 버린 적이 있었다. 이렇게 우리의 곁을 떠난 그는 애초부터 전혀 진정한 유혹자가 아니었다.

　우리는 대학의 실습 시간처럼 그룹을 세분화하였는데, 그것은 대학을 본뜨기 위해서가 아니라 각 회원들의 성격과 특징을 잘 분석하기 위해서였다. 그에 따르면 간혹 있을지 모를 유혹과 퇴폐의 관계를 설정할 때, 사람들의 유형에 따라 항상 같은 방법으로 단정지어서는 안 됨이 드러났다. 그러니까 그런 것을 이야기할 때도 유대-기독교의 전통에서 성장한 사람들과는 보다 은밀한 태도를 유지해야 한다. 사실 이들은 끊임없는 정복 작전을 실시하는 중이라도 언제나 순수함을 간직하는데다가, 결코 진정한 방탕아로는 전락하지 않기 때문이다. 반대로 유혹과 퇴폐의 관계에서 짜릿한 흥분을 느끼고, 자신이 모든 법칙에 우선한다고 굳게 믿는

탈선아들의 메커니즘을 파헤쳐 보는 것은 또 얼마나 재미있는지? 결국 나는 이런 유의 개입을 포기하여야 했는데, 열이 머리끝까지 오른 회원 둘이 나더러 그들의 정신적 지주인 사드 후작의 명예를 손상시켰다고 공격을 해대었기 때문이다. 이후 그들은 연극협회 쪽으로 발길을 돌렸고, 나는 온갖 종류의 방탕 생활을 무대 위에서 실현시키는 일도 그리 나쁘지 않을 것이라 생각했다.

대장장이는 칼을 만들면서 대장장이가 되어가고, 선생은 가르치면서 선생이 되어간다고 했던가. 몇 주가 지나면서 교수법이 서서히 다듬어지기 시작했다. 또 루돌프 발렌티노의 무성 영화를 자주 상영하였는데, 사랑에 들떠 벌이는 유희와 콧수염, 포마드를 바른 머리 스타일이 관객들의 웃음을 자아내곤 하였다. 이 영화에서 끌어낼 교훈은 자명했다. "당신들도 언젠가 사랑스런 유혹자인 양 잘난 척할 때에는 이처럼 우스꽝스러울 것이다." 갑자기 나의 불성실이 부끄러워졌다. 왜냐하면 이같은 격차는 우리가 몸담고 있고, 그 속에서 우리의 운명을 엮어 가는 모든 종류의 참여에 해당하는 것이기 때문이다. 사랑을 표현하는 몸짓과 분노, 우리가 취한 정치적 입장, 하다못해 정치적인 방랑까지도 말이다. 그러니까 여기서의 문제는 유혹 자체가 아니라, 그것이 흘러가고 탈색되고 전이되어 해체되는 시간이었던 것이다.

토론해 볼 가치가 있는 또 다른 영화는, 그러니까 좀더 '배울 점이 있다'고 생각된 영화는 《미모사의 집》(자크 페테르 감독)이었다. 한 잘생긴 노신사(빅토르 프랑신)가 자신의 능력을 입증해 보이려 여자 사냥에 나섰다가, 그가 홀린 여자들을 자살까지 몰고 가는 과정을 그린 영화이다. 내가 이 영화를 자주 상영한 이유는, 솔직히 말해서 도덕적인 목적 때문이 아니라 오늘날 우리의 기억 속에서 지워진 왕년의 스타들을 만날 수 있기 때문이다. 루이 주베, 미레이유 발렝, 루이 주르당, 빅토르 프랑신, 그리고 빅토린과 주앵빌-르-퐁의 스튜디오들도 덤으로 말이다.

몇몇 여학생들 때문에 수업이 불편해졌다. 특히 나의 심기를 불편케 한 것은, 그녀들의 얼굴에 '나는 육식성이오'라고 쓰여 있었기 때문이다. 그녀들의 코와 입술, 그리고 양손은 지나치리만큼 싱싱한 고기를 찾아 헤매는 모습을 투영하고 있었다. 이런 유의 인간들을 보고 있자니, 나는 저 유명한 플라톤의 이야기(신화)가 생각났다. 이 노철학자는 현세에서는 흐릿하기만 했던 영혼의 가치가 저세상에서는 우리 얼굴에 명백히 드러날 것이라고 경고했다. 하이에나·여우·돼지 등이 우리의 얼굴에 새겨질 것을 상상이나 해보았는가. 반면 현세에서 덕 있게 산 이들은 꽃사슴의 우아함과 종달새의 자태를 빌린 은총의 변신이 일어난다는 것이다.

이같은 인상은 꿈속에서 나를 괴롭힐 정도로 강렬한 것이었건만, 정작 나는 그 꿈속에서 이 육식 동물 암컷에게 잡아먹힐 궁리를 하고 있었다.

때로 이들을 재교육시키는 데 내가 지나친 노력을 기울이는 건 아닌지 자문해 보곤 하였다. 나는 한편은 빛이 깃들고, 다른 한편은 어둠이 스민 그들의 얼굴에서 위험스러울 정도로 강한 매력을 읽을 수 있었으면 하고 바랐다. 그런데 그들이 그렇게나 여인의 마음을 사로잡는 도사였을까? 예전에는 어디서 주로 만났을까? 그들의 얼굴이 저토록 바랜 것은, 아마 더 이상 상대를 사로잡을 마음이 생기지 않기 때문일 것이다. 그들을 이렇게 망쳐 놓은 것이 혹시 나의 잘못은 아닐까? 반대로 내가 비밀스럽게 '돈 키호테'라 이름 붙인 회원 앞에서는 존경을 표하였다. 우리의 회합과 허망한 치료 요법에는 무감각하였지만, 그는 아직까지도 일단 뱉은 말은 무슨 일이 있어도 지키며, 귀부인에게 온갖 경의로 희생을 각오하는 명예로운 기사도 정신의 살아 있는 화신이었다. 그는 시대를 잘못 타고난 것 같았다. 그가 충성을 맹세하는 귀부인들의 미소를 자아내는 그런 시대에 태어났어야 했던 것이다. 굽은 등에 말라비틀어진 몸, 몇 오라기 안 되는 머리카락과 간신히 한마디씩 내뱉는 말투로도 그는 여전히 우리의 관심을 받을 가치가 있었으므로 버스 여행을 할 때면 언제나 그에게 앞좌석을 양보했다.

회원들이 모여 크리스마스와 카니발을 함께하고 싶어하였기에 흔쾌히 찬성했다. 어떤 모임일지라도 예외적인 상황에서 서로 합류하기를 게을리 하면 해산되기 마련이다. 게다가 내 머릿속에는 이 축제에 대한 계산이 이미 들어 있었다. 안락하고 사치스런 삶을 영위하는 대부분의 회원들에게 가난이 무엇인가를 가르치는 것이다. 요리사는 맛있지만 소박한 요리를 준비하였고, 음식을 먹으면서는 요한 제바스티안 바흐의 음악 몇 곡을 들었다. 내심 그들이 얼굴을 찡그리지나 않을까 생각하였는데, 그러기는커녕 모두들 나의 프로그램에 대만족해하는 것 같았다. 뿐만 아니라 그들의 얼굴에서 영적인 움직임까지 발견한 것 같아서 매우 놀라웠다. 사실 근본을 들여다보면 유혹자는 남자나 여자나 방탕아가 아닌 나태함 때문에, 아니면 그 시도에서 가벼움을 엿보아 버린 까닭에 그들이 가장 좋아하는 도박을 포기한 도박꾼에 가깝다. 나는 새해에는 쌓이고 쌓인 욕구불만을 해소하기를 바랐다. 그런데 카니발은 크리스마스 파티 같은 성공을 거두지 못했다. 가면 속에 얼굴을 숨긴 그들은, 그토록 아름답게 장식된 가면의 효과 때문이었는지는 몰라도 해방된 듯한 웃음과 교태로운 몸짓으로 각기 흩어져 버렸다. 나는 자신도 정확히 모르는 도덕을 운운하기 위해서가 아니라, 우리가 지금껏 함께한 노력이 수포로 돌아가지 않도록 그들 중 가장 대담한 몇몇만을 위협했다. 그들 모두 이전만큼이나 현란하고 창의적이지만 보다 현명한 새로운 삶을 개척하기 위해 일종의 마약으로부터 벗어날 강한 의지를 나타내지 않았던가? 나는 성공하였는가? 그렇다면 어떻게 이러한 분야에서 성취된 진보를 평가할 수 있을까? 전 알코올 중독자라면 인내한 기간과 그동안 마신 술잔수를 헤아려 보면 될 테지만 이성 꼬이기와 쾌락의 그늘, 그리고 감각의 현란함 같은 것이 어디 그리 쉽게 평가되랴.

 바야흐로 지난 2년간에 걸친 나의 시도의 합법성에 대해 자문해 볼 시기가 되었다. 사실 그들은 예전보다 덜 고통받게 되었고, 그만큼 남에게도 고통을 덜 주게 되었다. 그런데 이상하게도 그들의 삶을 향한 의지는 보다 생생한 다른 종류의 고통과 여운 때문에 감소되지 않았던가? 또 이 고통이 그편에서 머리를 들어 이들을 위협하지는 않았는가? 어쨌든 나 자신은 확신할 수 없지만, 그들은 내가 협회를 이끄는 데 있어서 많은 장점과 노하우를 가지고 있다고 했다. 나 없이는 자신의 결단을 끝까지 밀고 갈 능력이 없는 사람들과 함께할 능력이 있었던 까닭에 여기저기서 수많은 제의가 들어왔다. X신학교에서 나는 신에 대한 소명이 확실치 않은 젊은이들에게는 수도자의 길을 포기할 것을, 반대로 성당이 제 할 일을 다하지 못하여 방황하고 있는 한 신학 연구생에게는 그 믿음을 더욱 돈독히 해주어야 했다. 이같은 과업을 잘 수행하기 위해서는 남의 영혼에 동참하여 심중을 살필 줄 알아야 했다. 그런데 신조차 그가 미래에 완수할 과업을 밝힐 선의지가 없는 마당에 어찌 한낱 하루살이 인간이 그 일을 해낼 수 있으랴!

 모든 다른 유의 청탁도 내게는 그만큼이나 허튼 공상으로 비쳤다. 이 직할시에서 가장 큰 공장의 사내위원회는 직장 내 성희롱 사건의 조정을 간청해 왔다. 회사 내 개인 차원의 신고가 너무 많이 들어와서 사건이 미궁으로 빠질 위험도 없지 않았으며, 상당수의 간부들이 연루되어 있던 까닭에 회사의 기능이 마비될지도 모를 정도였다. 나는 권력을 남용한 사람들이 불명예스러운 일을 저질렀다는 사실을 설득시켜야 하였기 때문에 그들을 위해 내가 주관하는 과거의 유혹자 클럽 내에 한 부서를 새로이 만들었다. 이 발상은 구미가 당기는 것이었지만 불행하게도 혼동을 불러일으켰다. 내가 주관하는 유혹자 클럽은 자유와 유희에 기반을 두고 있었고, 우리 회원들은 때로 외설적이고 파렴치하기는 했을지언정 적어도 여자 사원들의 몸을 떡 주무르듯 하는 간부들처럼 시커먼 영혼의 소유자들은 아니었기 때문이다.

 내가 이렇듯 몸을 돌보지 않고 온 열정을 다하여 클럽 일에 헌신하는 것을 보고서 측근들은 적이 놀란 모양이었다. 그토록 나의 혈관 속에 이타주의의 피가 흘렀다면 왜 좀더 비장하고 시급한 대의명분을 위해 발벗고 나서지 않았는가? 얻어맞는 것도 모자라 때로는 성적인 학대까지 받는 아동들과 집 없는 사람들, 그리고 마약 중독자들을 위한 단체 같은 것을 위해서 말이다. 나도 그러한 상황이 훨씬 현실적인 비탄의 상황이라는 것은 인정한다. 그렇지만 내가 학생들이라고 부르기를 즐기는 남녀들, 얼굴에 비참과 수치스런 삶의 흔적이 새겨져 있지 않은 가정 교육을 잘 받은 사람들 앞에 나서는 것이 나는 더 좋다. 그들의 흥미진진한 과거의 연애 사건들로 미끄러져 들어가는 나에게 사람들이 당신의 희생 정신에 감동했다고 말할 때면 나는 수치심을 느낀다. '이같은 대의명분' 도 없는 나의 목적은 무엇이 될까. 연장전까지 간 체스 게임이나 테니스와 다를 것이 무에 있나.

 회원이 그리 많지 않았으므로 나는 일과를 채우는 작은 작업들로부터 벗어났다. 저녁이면 아무도 없는 사무실 문을 닫고, 서류들을 정리하고, 의자와 탁자를 정돈한다. 그리고 아주 늦게서야 후회에 가득 차 이 일을 중단한다.

 내 학생들 중 몇이 청소를 돕겠다고 자청했다. 그들이 깨끗한 편인 사무실을 청소하고, 물건들을 정돈하는 것에 기쁨을 느낀다면 나쁠 것도 없지 않겠는가. 그것은 그들의 일상적인 삶에 더욱 무게를 두겠다는, 그러니까 향수 냄새 나는 파우더보다 먼지를 더욱 중요시하는 그런 삶으로 돌아왔다는 증거였다.

 이제 클럽을 해산할 때가 된 것 같다. 우리 회원들은 진정한 삶을 외면하였던가? 내가 그들이 길을 잃고 헤매도록 잘못 인도한 것은 아닌가? 우리 협회를 이렇게 청산한다는 계획에 그들이 찬성할 것인가? 그들이 정말로 바랐던 것은 현기증 나는 자유를 마시며, 아무 간섭 없이 연애와 재회를 거듭하는 것이 아니었던가? 아니, 해산할 필요도 없이 그들끼리 다른 회장을 선출하여 계속해 나갈 수도 있을 것이다. 만일 그들이 이 선택을 밀고 간다면, 그들의 행복을 위해 그토록 노력하였던 나의 애간장이 녹아 버릴 것이다.

## 둘도 없는 우정

　우리는 우연스레 짝꿍이 되었다. (그것을 내가 우연이라 일컬을 수 있는 까닭은, 당시 우리 학급의 정원이 60명을 웃돌았기 때문이다. 우리는 이내 떼놓을 수 없는 관계가 되었고, 가끔은 선생님들도 우리 둘을 혼동하곤 하였다.) 선생님들이 그렇게 혼동하면 할수록 우린 서로를 더욱 가까이 느낄 수 있었다. 그리하여 프랑스 문학의 신비로운 협곡들을 함께 탐험하였고, 그리스어에 대한 지식을 넓혀 갔으며, 논술과 개념을 전개하는 기술 또한 함께 익혔다. 하지만 그러는 와중에서도 가끔 경탄 섞인 낭패를 맛보아야 했다. 사실 우리의 경쟁자는 많았고, 그들의 실력 역시 출중하였던 것이다. 지난 학력경시대회에서 수석과 상위를 독식한 상류 사회의 자제들로, 두뇌가 출중하였을 뿐 아니라 쉽고 빠르게 교과를 익혔으므로 선생님들도 그들의 템포에 맞추어 수업을 진행하였다. 라틴어 독해 시험에서는 마이너스 1점부터 마이너스 26점까지의 마이너스 점수를 받게 되어 있었다. 이 시험에서 알랭과 나는 나란히 선두를 차지하여 서로의 사기를 북돋웠고, 파리가 배출한 가장 지성적이고 세련된 공기 속을 헤매는 새로운 방랑자로 함께 데뷔했다. 나는 알랭처럼 우수한 아이가 나를 친구로 받아들인 것에 사뭇 의아해했다. 내가 가진 신선한 느낌, 다시 말해서 순진함 때문이었을까? 게다가 이렇게 향학열이 높은 아이들 사이에서는 드문 경우로서, 우리는 여자라는 족속에 전혀 무관심하지 않은 공통점을 지니고 있었다.

　주중에는 구태여 만날 약속을 하지 않아도 되었다. 매일 아침 여덟 시경이면 학교 앞에서 만날 수 있었기 때문이다. 수업이 끝나고 늦은 오후가 되어 서로 헤어질 때면, 다음날 아침 의심할 여지없이 같은 시간 같은 장소에서 만날 묵약이 되어 있었다. 알랭이 대학 기숙사(포르트 도를레앙)에서 지냈고, 나는 프티-뮈스크 거리(아르스날 도서관 근처의)에서 살았기 때문에 토요일과 일요일·목요일 오후에는 상황이 조금 달랐다. 당시에는 전화 같은 것이 없었기에 우리의 만남은 순전히 우연에 맡겨졌고, 대부분의 경우 우연은 우리를 실망시키지 않았다. 만일 둘 중 하나가 증발되거나 하면, 다른 하나는 파리의 한 부분을 샅샅이 뒤질 각오를 하여야 했다. 어떤 날은 몇 시간 동안 속절없이 그를 기다리다가 다행스럽게 기숙사에서 찾아낸 적도 있다.

그러면 이같은 우리의 우정에서 여자는 어떤 자리를 차지하였던가? 사실 우리는 연애를 직접 행동에 옮기기보다 연애담을 많이 나누는 편이었다. 그럼에도 불구하고 이 커다란 기회의 도시에서 일단 절호의 찬스가 오면 절대 놓치지 않았다. 게다가 지하철역이라든가 번화가에서, 그리고 영화관의 입구나 출구 같은 곳에서 우리 둘이 함께 미지의 여인에게 다가가면 위험은 그만큼 줄어드는 것이었다. 그러나 사냥감이 가장 쏠쏠한 우리의 영토는 달리 있었다. 꿈이나 엘도라도·발라조와 특히 올랭피아 같은 카페들이 그것이었는데, 때로 내게 씁쓸한 추억을 안겨 준 팔라디움은 피했다.

카페 꿈의 계단을 내려가면서 아몬드빛이 나는 초록색과 짚가리를 연상시키는 황금빛, 체리빛의 붉은색이 눈앞에서 펼쳐지는 광경을 보았다. 온갖 색상의 물결들이 그 끓어오르는 열정으로 나를 정화시키는 것 같았다. 춤의 열기가 시작되는 밤이면 나는 차례로 나의 공주들, 나의 고혹적인 여자들에게 다가가 춤을 청했다. 반면 알랭은 단 한 여자만을 붙들고, 그녀와만 춤을 추었다. 나는 가끔 계단을 올라 일요일의 설렘이 있는 번화가의 습기 찬

공기를 마신 다음 음악 소리가 요란한 동굴로 다시 찾아들었다. 그리고 오후 내내 내가 반한 여자들의 몸에서 풍기는 향수에 붙들려 있었다. 블루스를 출 차례가 되면 우리는 그 향기의 물결에 몸을 맡기고서 볼과 볼을 맞대고 춤을 추며, 그 향기와 분위기가 우리의 옷 속 구석구석에 스며들 때까지 비틀거렸다.

알랭은 반듯하고 날렵한 몸매에 춤을 출 때는 몸짓과 손짓을 멋지게 연출하여 상대에게 거절당하는 일이 거의 없었다. 나는 파소 도블레로 가까스로 체면을 유지하기는 하였지만, 이 춤은 이미 유행에 뒤진 것이어서 무도회가 끝날 무렵이나 급하게 상대의 마음을 사로잡기 위해서나 추는 춤이었다. 언제나 그렇듯 그가 여자 하나를 끼고 무도장을 빠져나가면, 나는 풀이 죽은 고독한 모습으로 기숙사를 향해 발길을 돌렸다. 그래도 다음날 아침 보프레 선생의 철학 수업 시간에 그를 다시 만나리라는 것을 알았다. 또 나보다 여자들 사이에서 인기가 높다는 것 때문에 그를 시기하거나 원망하지는 않았다. 그보다는 무도장의 여자들이 젠체하는 못난이나 이발소 견습생을 나보다 좋아하는 것을 견디기가 더욱 힘들었다.

나에게는 무척이나 소중했던 이 해 연말, 우리는 대학입학자격시험의 심사위원들이 진을 치고 있는 고등학교에 드나들었다. 여자 수험생들의 나이와 엇비슷했으므로 들킬 위험이 거의 없었다. 사실 우리가 시험을 치르는 것도 아니었고, 그것에 우리의 미래가 달려 있지도 않았기 때문에 아무런 사심 없이 그녀들과 섞여 기분 좋게 즐겼다. 그러는 사이 우리는 역사 과목 시험 시간을 이용해 여러 차례 시험 감독 흉내를 내보았다. 발등에 떨어진 불을 끄느라 정신이 없던 학생들은 우리의 자질과 직위에 추호의 의심도 품지 않았다. 사실 그토록 중요한 날에 그런 장난을 친다는 것이 조금 잔인한 감이 없지 않았지만서도 말이다. 그들 중 두 여학생이 우리가 장난을 한 것을 알아차렸는데, 사실은 그쪽에서 먼저 우리에게 장난을 친 것이 밝혀졌다. 그 두 여학생은 이미 시험에 합격하였는데, 우리를 놀리러 일부러 여기까지 온 것이었다. 이에 알랭과 나는 어쩔 수 없이 그녀들이 우리보다 한 수 위임을 인정하지 않을 수 없었다. 이 두 여학생은 사범학교에 다니고 있었고, 7월 13일에 우리와 쿠폴에서 만나지 않겠느냐고 제안해 왔다. 그런데 그녀들은 약속 장소에 나타나지 않았다. 아마도 우리를 골탕 먹이고 싶은 마음에서 아직 벗어나지 않은 것이 분명했다. 그럼에도 우리는 그 여학생들을 꼭 만나 보고 싶었으므로 다음날인 7월 14일 저녁 설마하는 심정으로 쿠폴로 발길을 향했다. 마침 그녀들이 와 있었고, 어제는 무슨 사정이 있어서 못 왔노라고 사과를 해왔다. 우리는 서로 파트너를 바꿔 가며 파리 시내의 이 오케스트라에서 저 오케스트라로, 이 동네에서 저 동네로 돌아다녔다. 이

오색찬란했던 날에 운명의 여신은 내 편이 되었는데, 왜냐하면 파소 도블레를 출 기회가 압도적으로 많았기 때문이다.

연애 대상을 찾아 활보하는 것도 그 나름대로의 중요성을 가지고 있었지만, 특히 누군가와 열정을 공유한다는 것이 우리 두 존재의 결합을 더욱 공고히 해주었다. 우리의 우정은 무르익어 갔고, 대입자격고사의 논술 시험과 구술 시험 사이의 남은 기간 동안 알랭의 부모님께서 노르망디의 집으로 나를 초대했다. 우리는 지극히 행복한 시간을 보냈고, 그 때문에라도 잠자는 숲 속의 미녀와 활기 넘치는 여자를 찾아나서는 일을 잠시 연기하기로 했다. 각자 자전거를 타고 달리다가 몽상에 적합한 숲이 나타나면 하이킹을 중단하고 밀밭가(이 지방에서는 극히 드문)에서 쉬어 갔다. 때로는 대지의 아름다움을 노래한 베르길리우스의 시구(전원시)를 명상하며 실수를 반성하고, 올바른 인생의 길을 찾자고 서로 다짐도 하면서 진정으로 행복감에 젖기도 하였다. 알랭은 자전거 하이킹을 계속하다가 어린 시절부터 알고 지내는 소박한 마을 사람들에게 나를 소개시켜 주었고, 저녁이면 알랭의 어머니는 농장에서 갓 짜온 우유를 곁들여 맛있는 버섯 오믈렛을 만들어 주었다. 내가 너무나 맛있게 먹는 것에 기쁜 나머지 군침이 도는 디저트로 체리 케이크까지 만들어 주었던 적도 있다. 그녀는 또한 나의 남부 지방이거나 가스코뉴(둘 중 어디에 가까울까?)풍의 억양을 아주 좋아했기에 내 억양을 최대한 살려 라 퐁텐의 우화를 낭독해 달라고도 하였다.

여기서 우리가 얼마나 하루살이 연애에 집착하였는지를 보여주는 일화 하나를 소개하겠다. 나의 부모님께서 니스의 아파트를 잠시 내준 적이 있다. 이 장소는 우리가 쳐놓은 덫에 제 발로 걸려든 여자들을 데려오기에 안성맞춤의 동굴이자 피난처였다. 그런데 우리는 노획물을 쌓아두고 희롱하는 것보다는 사냥 자체를 즐기기에 이 장소를 그다지 자주 이용하지는 않았다. 한편 다양한 외국어를 구사하지 못했기에 외국인 여성들에게 접근할 기회가 많지는 않았지만, 우리 동족의 여인만 해도 그리 무시할 숫자는 아니었다. 우리는 그녀들에게 직접 다가가 가까이 지내기보다는 브르타뉴 출신이며 알자스 출신, 그리고 파리 출신의 여자들이 어떻게 아양을 떨고 어떻게 키스를 하는지 비교하고, 또 코트 다쥐르에서 보내는 바캉스를 어떻게 생각하는지에 대한 연구에 재미를 붙였다. 이 여자들의 대부분은 서민 출신이었고 1년 동안의 힘겨운 노동과 비, 때로는 추위를 견뎌낸 끝에 얻은 유급 휴가를 손꼽아 기다려 왔음이 틀림없었다. 우리는 이러한 그녀들에게 진정한 연민을 품고 있었으므로 애초에 정해 놓은 전략을 잊어버리기도 했다. 내리쬐는 태양과 지중해 사람들은 무사태평하다는 평판에 얼이 빠져 있던 이 여성 노동자들에게 우리는 최고의 존중을 나타내었다. 그러나 잠시의 쾌락을 위해 훗날의 골칫덩이를 키우게 되는 경우는 조금 생각을 달리해야 할 필요가 있었다. 다시 말해서 문제는 어떻게 뒤탈 없이 우리의 그물에 걸린 여자들을 소비한 후에 헌신짝 버리듯 하느냐는 것이다! 그런데 그 작업은 언제나 그렇듯 크고 작은 오해의 소지를 불러왔다. 몹시 흥분(우리 때문은 아니었다)한 북부 출신의 두 처녀가 우리 집까지 동반하기를 원했다. 그녀들은 술이 잔뜩 취해 우리에게 찰거머리처럼 달라붙어서는, 감히 입에 올리기도 싫은 저속한 노래의 후렴을 목청껏 부르고 또 불렀다. 이러한 법석에 지레 질린 우리가 그녀들을 밀쳐내자 이렇게 악을 써댔다. "이런 호모 자식들! 호모 주제에 무슨 잘난 척이야!" 그리고 이 험담의 효과를 배가시키기 위해, 우리의 망연자실을 뒤로 하고서 "쌍둥이 호모 자식들!"이라는 욕설을 줄줄이 퍼부었다. 여태 동네 사람들의 구설수에 한번도 오르내린 적 없는데다가 그들의 평판에 무척 예민한 우리 부모님들이 이런 추문을 듣는다면 아마 기절할 것이었다.

다음날은 오페라 해변이었던가 루울 해변이었던가로 하룻밤 사냥을 떠났다. 야외 무도회가 열리는 지중해 궁전으로의 접근은 어렵지 않았는데, 테이블을 차지하지만 않는다면 구태여 음료를 사지도 입장료를 내지 않아도 되었다. 그러니까 한바탕 춤을 추고 난 후에는 무도장을 둘러싼 울타리를 통해 바깥으로 빠져나왔다.

알랭과 나는 이 안(조명이 비치는 무대, 붉은색 복장을 한 베네치아인들이 연주하는 탱고)과 바깥(별이 총총히 박힌 하늘)의 왕복 운동을 좋아했다. 물론 룸바의 폴리네시아 리듬에 몸을 실을까, 파도의 불규칙한 움직임에 몸을 맡길까 주저하면서 말이다.

알랭의 스쿠터에 몸을 싣고서 꽃의 거리, 음악가의 거리, 이를테면 베르디와 로시니 거리를 정처 없이 헤맸다. 그러다 우리는 특별히 오베르 거리를 샅샅이 탐색하였는데, 지금에 와서야 이같은 조금은 이상해 보일 수 있는 이 거리에 대한 지나친 집착을 이해하게 되었다. 이유는 단순했으며, 단지 이 거리가 다른 니스의 거리들과 마찬가지로 마음에 들었기 때문이다. 그렇다고 해서 우리가 먼 곳까지 유랑을 떠났던 것은 아니었다. 브랑콜라, 카르노 거리, 페르베르, 고작해야 지네스티에르의 생-탕투안까지에 국한되는 우리의 심리적이자 지리적인 한계를 절대 넘지 않았다. 내 자신 유혹을 심각하거나 그런 체하는 태도와는 상관없는, 이유 없이 앞으로 나아가려는, 또 정처 없는 시간 속에서 기분 좋은 것을 찾아 모험을 떠나고자 하는 욕망이라 간주하고 있었기에 단순히 한 여인의 마음을 사로잡는 것만을 모색하지는 않았다. 다만 모든 것이 깃털처럼 가볍게 느껴졌던 우리의 삶의 방식 자체 때문에 커다란 승리감에 도취되어 있었던 것 같다. 사심 없는 행복이라고 해야 할까. 들어가기 바로 직전에야 제비뽑기로 식당을 정하였건만, 어떤 식당엘 가더라도 가벼운 산들바람이 그 내부에서 소용돌이치고 있었다. 우리는 요리가 소박하면서도 섬세하였던 식당 아기사슴의 탁자 위에 분홍빛 냅킨이 놓여 있어도 전혀 불쾌하게 여기지 않았다. 스쿠터의 느린 속도로 주파한 거리들은 바닷가 도시 특유의 부드러움을 간직하고 있었다. 나는 우리가 함께 보내었던 그 바캉스가 마지막이 될 거라는 예감을 갖고 있었고, 이 생각은 마음속에서 공명하며 내내 머릿속을 떠나지 않았다. 과거에 보낸 모든 바캉스를 그 하나 속에 요약하고, 다른 바캉스에는 절대 접근할 수 없는, 그래서 그 가치를 헤아릴 수 없는 그런 바캉스로 말이다.

인생은 우리를 갈라 놓아 알랭은 행정대학 쪽으로 방향을 틀었고, 그곳에서 같은 과 친구들과 새로운 우정을 쌓았다. 대학 졸업 후 그는 직업소개소를 차렸는데, 일에 치여 매일 녹초를 부르는 지경이 되고 말았다. 그리하여 지난 추억을 찾아 나 혼자서 왕년에 우리가 다녔던 무도장에 가보았다. 발라조의 몇몇 죽순이들이 내게 '댄서'(찬사의 타이틀로 알랭을 이렇게 호칭함으로써 그녀들로서는 그에게 최대한의 호의를 나타내는 것이다)의 소식을 묻곤 하였다. 나는 거리에서 벌어지는 일들에는 무관심한 채 고요한 보행자로 걸어다녔다. 몇 번인가 연애를 하기도 했지만 마음을 그곳에다 묻을 수는 없었다. 나는 마치 파산 선고를 받고 모든 상업 행위를 정지한 회사처럼 모든 활동과 우정을 멀리했다. 아무도 파산자에게 억지웃음이라도 좀 짓고 떠들썩하게 지내라고 요구하지는 않을 것이다. 나는 이렇게 내 생각으로는 너무나 빨리 잃어버린 우정의, 잃어버린 사춘기의 향수라는 옷을 입게 되었다.

그것은 다가올 미래,
존재하지만 속을 알 수 없는
그런 미래일 뿐이다.
유혹이 내게 와닿는 부분이
바로 그것이다.
상대가 나와 일치할까
그렇지 않을까를 예감하는 것,
모르지만 희망의 빛깔을
부여하고 싶은 그런 것 말이다.

## 사계(四季)

　세상에서 가장 아름답고 부유한 여자, 가장 순수하고 상냥한 영혼을 지닌 이의 마음을 빼앗을 수 있었으면 하는 소원이 이루어지기를 바라고 또 바랐다. 그런데 정작 마음속으로는 나라는 인간에게 끌렸던 여자들은 그만하면 상당히 아름답고 상냥하였노라 자족하고 있었다. 만일 이 여자들이 그보다 아름답고 상냥하였더라면 내게는 과분하여 거북해했을지도 모른다. 사실 내가 진정으로 원한 여자는 외모는 볼품없이 투박하여도 마음만은 아름다운 그런 여자였다. 이를테면 변화하는 사계를 나와 함께하고, 함께 만끽할 수 있는 그런 여자 말이다. 나의 이런 요구가 지나친 것인가? 그럴지도 모른다. 일 년 열두 달을 통틀어 삶이 그 고상함과 관심으로 사계와 더한층 조화를 이룬다면 그것이 바로 성공한 삶일 테니까. 누군가에게 도움을 구하고 싶은 생각을 가진다 해서 내 일을 혼자서 처리하지 못한다는 것은 아닐진대 횡단보도에서 나를 부축하여 건네줄 사람, 속옷을 사거나 세금 계산서를 대신 작성해 줄 그런 사람이 있었으면 좋겠다고 생각한 적이 있지 않았던가! 그렇다면 이런 일들은 차라리 내가 하련다. 내가 정말 도움을 필요로 했던 부분은 일반적으로 아무도 관심을 가지려 들지 않는 스치는 영혼과 정서 분야였고, 그것을 도와 줄 여성들이었다.

이제야 나의 소원이 공상에 불과했다는 것을 깨달았다. 만일 이러한 미덕을 온전히 갖춘 사람을 알아보는 데 필요한 감성을 지니고 있다면, 그 섬세함으로 타인의 도움을 받지 않고 사계를 만끽할 수 있었을 터이니 말이다.

점점 더 매서워지는 한밤중의 추위에도 불구하고 강가 난간에 팔꿈치를 괴고 서 있는 한 여인의 모습이 다리 위로 보였다. 몸을 감싸고 있는 모피 코트와 같은 소재의 모자를 쓴 이 여인을 잠시 이곳을 지나는 도회의 점잔 빼는 귀부인 정도로 여길 수도 있을 터였다. 그런데 가만히 생각해 보면 개미 한 마리 보이지 않는 이런 곳에서 대체 누구에게 자신의 모습을 과시하려 들겠는가? 다행히 나의 지능은 그녀가 무엇보다도 이 겨울에 경의를 표하고 있는 중이라는 것을 이해할 정도는 되었다. 그녀는 겨울을 사랑하였고, 겨울로부터 등을 돌리려 하지 않았다. 추위에 움츠리기보다 자발적으로 몸을 실었고, 바람은 매서울수록 좋았다. 그녀의 얼굴은 차츰 찬란하게 빛나기 시작했고, 만일 미지근한 바람이 불고 있었다면 그 얼굴이 그렇듯 찬란하지는 않았으리라. 나는 그녀에게 한마디도 하지 않았다. 북극의 창공을 깨는 별 같은 얼음 조각상과 대화를 나눈다는 것은 뭔가 어울리지 않을 것 같았다. 밤이 내리고, 한 시간쯤 흐른 후 그녀는 그 자리를 떠났다. 이렇게 하여 나는 아무런 물질적 도움 없이 이 겨울을 살 용기를 얻었다.

아름다운 계절이 서서히 다가오고 있었으며, 사람들은 피부로 그것을 예감하고 있었다. 그녀는 이제 곧 문을 열 선술집 주위를 배회하고 있었다. 맹렬한 기세로 도시를 장악하고, 그 나름대로 다가올 계절을 예고하는 여름 정기 바겐세일 따위에는 아랑곳하지 않았다. 그녀는 비를 사랑하였고, 이 사월의 비는 도시에 청량함을 부여했다. 이때가 되면 카페들은 벽지를 새로이 단장해 왔다. 우리 대부분은 예고 없이 쏟아지는 소나기에 불평을 하였지만, 그 거짓 싱싱함(이 소나기는 미지근했다)이 찬란한 봄을 예고했다. 선술집은 다시 문을 열었고, 모두들 탱고와 왈츠를 추지 못해 발이 근질거렸다. 우리는 현기증으로 하늘이 노래질 때까지 춤을 추었고, 마침내 그녀는 스무 살 난 청년의 매력에 더욱 끌려 나를 버렸다.

경험으로 알고 있는 여름은 쉬이 겪어낼 나날들이 못되었다. 나에게 여름은 모든 구속에서 벗어나 나 자신으로 돌아와 허무라는 절벽과 마주하는 시간들이었다. 이런 때 몇몇 노인들이 아파트에서 바리케이드를 치고 여름이 지나가기를 끈기 있게 기다리는, 어린 시절 남프랑스의 작은 마을에서 잠시 체류할 수도 있었을 것이다. 노인의 아파트는 사방에서 내리쬐는 태양빛의 눈부심과 대조되는 어둠침침함을 간직하고 있어서 마치 기분 좋은 선착장 같았다. 그러나 이 작은 마을을 찾아가 본 지 또한 아득하니, 그동안 많은 변화가 있었을 것임에 틀림없다. 그러니까 현대적인 인도와 레스토랑·술집들에 밀려 세월의 향기를 느낄 수 있는 낡음은 자취를 감추었을 것이다. 게다가 나는 잔소리나 해대는 노인네 곁에 눌러앉아 있을 나이도 아니었다. 이러저러한 이유로 그곳에서 지내는 여름이 나의 언제나의 선입견처럼 그렇게 나쁘지는 않을 것이라 열심히 자기 암시를 하며 니스의 군보초대 근처에 머물기로 했다. 루울의 해변가에서 한 아가씨가 무슨 엉뚱한 생각으로 그랬는지는 모르지만 내게 물을 끼얹었다. 이 물이 결국은 축복받은 물이었던 것이 여자와 바캉스를 보내고자 하는 희망을 거의 버리고 있던 차에 그녀가 나의 동반자가 되기로 한 것이다. 그녀는 아파트가 아직까지도 밤의 물보라를 머금고 있는 동안 나와 함께 느긋하게 아침 식사를 즐길 줄 알았다. 열두 시경이 되어 자유로운 해변보다 분위기가 가라앉은 집으로 돌아오기 전까지 태양열로 뜨끈뜨끈해진 조약돌 위에서 선탠을 했다. 태양열이 사그라질 때까지 기다리며 자는 척하기도 하고, 산책을 하는 동안에는 마치 이 고장 출신인 양 본능적으로 바닷가에서 불어오는 신선한 동시에 숨막히는 공기를 능숙하게 만끽했다.

　별로 내키지는 않았지만 종종 디스코텍에 함께 가기도 하였는데, 이 아가씨가 그 재미에 푹 빠지고 말았다. 그녀에 대한 애정을 생각해서라도 소음을 참아내기는 하였지만, 결국 우리의 일과가 망가지기 시작했다. 다시 말해서 적기에 그늘을 포착하여 태양의 마력에 골탕을 먹이거나, 반대로 뜨겁게 달궈진 백사장에 몸을 내던지거나 하는 나만의 일광욕법이 어긋나기 시작한 것이다. 사실 그녀가 꺼져 가는 신선함을 즐기기엔 너무 늦은 시간에 일어났으므로 우리는 어쩔 수 없이 가족 단위의 관광객들이 꽉 들어찬 시간에나 백사장에 도착하게 되었다. 나는 머뭇머뭇하며 그녀의 행동으로 인한 피해를 설명하였고, 그때부터 그녀는 혼자서 디스코텍에 드나들기 시작했다. 그리고 어느 날 아침 그녀는 짐을 챙겨 떠나 버렸다.

　다른 사람들은 가을을 무척 맛깔스럽게 난다. 발목까지 올라오는 양말을 신은 초등학생들에게서, 사무실 동료들에게서, 도래할 멋진 행사들에 대한 기대에서, 바캉스 동안 있었던 대단한 일화들을 이야기할 기쁨과 멋진 사진들을 자랑할 기쁨, 이 모든 것들이 몰고 오는 냄새가 가을을 자극한다. 사람들은 겅중대는 말처럼 마음속 깊은 곳으로부터 약진할 생각에 온통 들떠 있다. 그렇지만 나의 가을은 그들의 가을과 닮은 데가 없다. 나는 가을을 포도 따기와 버섯 채집하기, 새 책이나 거의 새 책에 가까운 책들과 접하기에 열중하며 시골에서 보냈다. 나에게 가을은 "곧 대지는 겨울잠에 들어갈 것이고, 현재는 곧 잠이 들 대지로부터 나오는 마지막 수확물을 지체 없이 차곡차곡 챙겨야 할 시간"이라는 의미의 노래가 담긴 시기였고, 그런 사연이 들어 있지 않는 노래는 한낱 허튼소리에 불과했다. 숲 속을 오랜 시간 산책하거나 남다른 애수 같은 것들이 불모의, 그러나 아름다운 정신으로 몰고 가는 시기이다. 아뿔싸! 이런 정신과 합류하려는 찰나 가을은 나를 무방비 상태로 만들고 만다. 그런데 누구에게도 구태여 마음을 끌려 애쓰지 않고 무성하게 자라는 초목을 인정사정 두지 않고 휩쓸어 버리는 현대성이 나의 대지를 모두 불태워 버렸다.

삼림이여, 화산이여, 향토여, 갖은 정성으로 아기자기하였던 마을이여 영원히 안녕! 나의 여신, 신성한 그녀를 바닷가에서 만났다. 그녀는 머리끝부터 발끝까지 온몸을 바람에 맡기고서 때로는 모래사장을, 때로는 가게들이 모두 빠져나가 텅 빈 거리를 거닐고 있었다. 밀려들었다가 나가는 물결의 움직임을 따라 지그재그를 그리면서 바닷가를 걷고 또 걸었다. 그러다 싸움이 불공평하다는 것을 인식하였고, 결국은 토지를 양보하라는 판정을 받은 그녀는 정면 투쟁했다. 그녀가 이상한 소리를 지르며 위급한 대책을 세우려 그때까지 문을 열고 있던 카페나 레스토랑에 무단침입하지 않았더라면, 그 누구도 감히 그 행동을 불쾌하게 여기지 않았을 것이다. 나는 첨단 기술의 요새가 단단히 보호하고 있는 무감각한 시대에 온 대지가 어두움으로 뒤덮일 때까지 밤의 두께를 향한 공포를 증언하는 그녀에게 마음으로 찬사를 보냈다. 그러나 사람들이 그녀를 이끌어 정신병원에 감금하였고, 나는 그녀를 위해 아무것도 해줄 수 없었다. 만일 내가 고집을 부려 그녀의 편임을 과시라도 한다면, 이들은 충분히 나까지도 정신병원에 감금시키고 남을 것이었기 때문이다.

공모자 없이 계절을 횡단할 의미란 더 이상 없었다. 그렇다면 사계가 없는 한 해를 살아낼 자신이라도 있다는 말인가? 이런 계산에 나는 좌절했고, 쓸쓸한 기분이 되었다. 그런데 잘 생각해 보면 그것이 꼭 불가능하지만은 않은 모양이다. 요즘은 사계의 순환을 건너뛰어 사시사철 포도나 토마토를 먹고 있지 않은가? 고급 주택가에서는 주름이 주글주글한 노인들이 소위 영원한 봄을 만끽하고 있다. 게다가 겨울의 쌀쌀함과 여름의 무더위에 불평하며 에어컨과 스팀의 편안함을 주장하는 사람들은 모두 사계를 잊고 사는 일에 찬성한 듯하다.

나는 인생에서 가장 중요한 것을 포기하고 무감각해진 세상에서 유혹할 기력마저도 없이 이러다가 대체 어디서 마음에 드는 여인과 파반 춤곡에 맞추어 이리 뛰고 저리 뛰며 흥겨워할 원천을 발견할는지 모르겠다.

## 진정한 미망인이 아니라면 다 싫다

나는 여태껏 정연한 질서의 추종자가 되어 본 적이 한번도 없으니, 그것과는 차라리 담을 쌓았다고 하는 편이 옳을 것이다. 게다가 주변인들마저도 나의 성격에서 환상이 차지하는 부분이 상당하고, 어떨 때는 도무지 종잡을 수가 없다고 핀잔하기까지 한다. 그런데 줄타기를 하는 곡예사가 자신의 주요 기예를 보여 주기 위해서는 무엇보다 기준이 필요하지 않겠는가. 앞으로 발을 내디딜 때마다 눈에 보이지 않는 줄의 어느 부분에 정확히 몸을 겨냥해야 하는지를 알아야 하는 것이다. 나는 또한 의식(儀式)에 민감한 미학의 추종자이기도 했다. 그래서 각자가 맡은 역할을 자신만의 방법으로 딱 부러지게 행함으로써 사회라는 다중음성의 콘서트가 완성되었으면 하고 바랐다.

그러나 언젠가 군인과 민간인의 구별이 더 이상 뚜렷하지 않음을 느꼈고, 그로 인해 군 생활(사실 이 생활은 나의 내면의 사이클과는 맞아떨어지지 않는다고 해야 할 것이다)을 그만두었다. 짧게 깎은 머리도, 사하라 사막의 폭염에 까맣게 그을린 피부도, 시로코 열풍으로 헝클어진 머리칼도, 손에 든 막대기도, 소집병의 노역에 지친 손으로 윤을 낸 군화도 모두 기억 속에 묻히고 말았다. 그것은 사제들에게도 마찬가지였는데, 어느 날 나는 반바지 차림에 기타를 치는 한 무리의 사제들을 만난 적이 있다. 라틴어나 프랑스어의 전통 관용어법에 기댄 종교 언어를 무시하는 것은 물론이요, 어찌나 심하게 변두리 방언을 쓰는지 그들이 무슨 말을 하는지 거의 알아듣지 못했다. 결국 나는 고백과 속삭임, 잘못과 뉘우침에 적합한 고해실의 어두움에 잦아들기 위해 쓸데없이 마을을 헤매야 했다. 그리고 참회를 통한 집단 심리요법이 좋다면서 사람들이 나를 초대했을 때도 끝내 사양했다.

더 이상 진정한 군인과 사제들이 존재하지 않는 것처럼 더 이상 고아도 이혼녀도 존재하지 않는가 보다. 그 나이가 몇 살이든 혈색 좋은 고아 소녀는 어두운 빛깔의 옷을 입을 필요가 없었다. (게다가 자그마한 까만 모자를 쓰는 것만으로도 그 슬픈 마음 상태를 보여 주기에 충분한 것이었다.) 서글픈 미소와 슬픈 글 몇 줄, 보이지 않는 무언가를 향해 돌려진 시선, 그들의 작은 책상, 학교에서 사용하는 노트들만 보아도 슬픔이 묻어나왔다. 그들의 미소는 혼란으로 가득 차 있고, 그들 앞에서라면 측근들 또한 큰 소리로 말을 하거나 좋은 포도주를 마시며 입맛을 다시거나 다시 돌아온 태양에 관능적으로 기지개를 켠다거나 하는 일들을 삼갔다. 바로 이런 고아 소녀가 하나 있었는데, 이 아이는 모든 사람들의 동정뿐 아니라 몇몇 사기꾼까지도 끌어들였던 모양이다. 정신적인 비참은 시체 먹는 독수리들을 흥분시키고 끌어들이는 법이라고 했던가. 처음에는 위로하는 척하다가 망자의 자리를 빼앗고, 불행한 삶을 부추겨 아무것도 모르는 아이는 이 패륜의 눈빛에 어떻게 거절해야 할 줄을 모르게 된다.

이번에는 이혼녀들이 우리를 버릴 차례이다. 이혼을 경험한 여인의 특징을 기술하기에는 오늘날 그것은 너무 식상한 것이 되고 말았다. 이혼이 아직도 한 사람의 일생에서 요란한 사건으로 남아 있는가? 지금은 이혼을 하고도 서로 좋은 친구로 남아 함께 레스토랑(오소 부코를 맛있게 하는 작은 이탈리아 레스토랑)에도 가고, 또 바캉스를 함께 보내기도 하는 것이 유행이 되었다. 전남편이나 아내에게 60세나 65세에 가까이 된 상대를 차마 새 배우자라고는 소개하지 못하고 '내 남자 친구' 또는 '내 여자 친구'라고 소개하기도 한다.

오랜 전투를 치르고 돌아온 성주의 얼굴에서 전쟁의 흔적을 찾아내려는 것처럼, 이혼한 여인의 얼굴에서 이혼의 흔적을 간파하려는 것은 이미 먼 옛날 일이 되었다. 그보다는 무엇이 잘못되어

이혼한 것인지, 필연적으로 이혼할 수밖에 없었는지를 감식하는 데만도 눈치가 다 닳을 지경이다. 뭔가가 잘못되어 이혼한 여인의 인생에서 이혼은 우발적인 사건처럼 일어난다. 중병에 걸리거나 집에 화재가 나거나 하는 다른 방법으로 운명의 여신이 개입하는 것처럼 말이다. 다른 타입의 여자들은 주모자들이다. 이러한 여자들은 가정을 파괴하기 위해, 또 배우자 집안의 화목이 너무 싫은 나머지 이 가족에게 슬픔을 안겨 주기 위해서 결혼하였을 뿐이라는 속마음이 훤히 들여다보인다. 이 두 범주에 들어가지 않는 다른 부류의 이혼녀들이 있는데, 그것은 그녀들이 희생자들이어서가 아니다. 그렇다고 해서 지상에 내려온 여자 터미네이터들도 아니다. 일단 이혼한 후 사회 생활의 가장자리에 자리잡은 이들은 법칙을 벗어나 아파치족들이나 전사들처럼 그들만의 논리로 살아간다. 그 나름의 법칙이 지배하는 변두리를 탐험하여 광적인 사랑과 폭력이 함께 자행되는 동굴과 공터를 발견할지도 모른다. 이런 여자들은 퇴폐적이지는 않을지언정 관대한 한 방과 꼬일 대로 꼬인 한 대도 충분히 후려칠 수 있는 엉뚱한 성격의 소유자들이리라.

측근 가운데 누군가가 이혼을 하면, 그것이 어떤 종류의 이혼이었는지 잘 살펴서 처신해야 한다. 상황이 그렇게 풀려 어쩔 수 없이 한 이혼이라면 그 한탄의 소리에 귀 기울여야 할 것이며, 정신분석 상담과 마찬가지로 끝없이 위로하여야 할 책무를 짊어질 위험에 노출된다. 필연적 이혼녀들인 경우 함께 불타오를 작정을 해야 하고, 나쁜 소문과 주변의 마녀사냥을 견뎌낼 각오가 되어 있어야 한다. 마지막으로 나머지 부류의 여자들에게는 좀더 관심을 기울일 필요가 있다. 그녀들과 함께하면 매일매일 새로운 일이 벌어질 것이고, 매순간이 우연과 삶의 선물일 것이다. 이 여자들은 우리를 놀래 주는 데 질리지도 않는가 보다. 그러니 지금에 와서는 내가 왜 이 위험한 기회를 찾아나서지 않았는지 후회가 될 정도이다.

노총각들이나 지방의 노숙녀들〔老淑女: 연애를 충분히 하였거나 할 능력이 있음에도 불구하고 혼자서 늙어 가는 처녀들〕(노처녀들과 혼동하지 말 것), 파리의 불량소년들, 리옹의 조무래기들, 서툰 요리 견습생들, 여드름 난 사춘기 아이들, 지골로-제비족들(므제브의 카지노에 붙어사는 노름꾼들이나 후안-레-팽에서 탱고를 추는 이들과 혼동해서는 안 된다), 군목(軍牧)들, 제1차 세계대전(1914-1918) 참전용사들, 이들 모두 이제는 자주 보기가 힘들어졌다. 보다 큰 불행은 미망인들을 거의 볼 수 없게 된 것이다. 사실 평생을 운명적으로 당구대와 카페 사이나 왔다갔다하게 되어 있는 노총각들과 작은 골목길을 메우고 있는 리옹의 조무래기들, 흔하디 흔한 고기 단자가 아닌 송아지 가슴살 요리를 몇 쟁반씩 운반하는 요리 견습생들을 자주 볼 수 없다 한들 나와 무슨 상관이 있겠는가. 나의 목표는 좀더 고상한 것이었다. 깊은 슬픔과 그토록 아름다운 시의 원천이 되는, 슬프게 누워 있는 긴 의자나 처량한 거울

처럼 우수에 스스로의 존재 자체를 바친 여자들, 그러니까 미망인들을 말하는 것이다.

　나는 특히 미망인들이 사라져 가는 데 개탄하는 것이다. 이제는 노년기에 접어들어 대체 어떤 사건들이 그 운명을 할퀴고 갔는지 기억조차 가물가물한 노파들을 말하려는 것이 아니다. 그렇다고 해서 남편을 잃은 후 이혼녀나 철저한 독신주의자와도 그다지 다를 것 없는 생활을 하는 그런 과부들을 말하려는 것도 아니다. 그러니까 오늘날 죽음이 남편과 그녀를 갈라 놓은 여자들과, 단 한 번 또는 여러 번 애인들과 헤어진 경험을 가진 여자들을 구별할 무슨 표시라도 있는 것일까? 내가 바라는 미망인은 그 생활에 인생을 바치는 그런 여인이어야 했다. 그러므로 어쩔 수 없이 그런 일에 모든 것을 바치기에는 당장 살길이 막막한 여자들은 제외시켜야 했다. 이들은 분명히 라신의 극에 등장하는 공주들이나 여왕들처럼 독점적인 정열의 화신으로서 사랑하고 죽는 데 모든 것을 거는 그런 여자들이리라.

　이렇듯 확실치 않은 탐색(이졸데나 오렐리아를 찾아나서는 것만큼이나 허무맹랑한)을 거의 포기해 가고 있을 무렵 새로이 등록한 테니스 클럽에서 한 여자를 만났다. 그녀가 바로 나의 그녀라는 것을 나는 한순간도 의심치 않았다. 그렇다고 그녀가 검은 옷을 입었거나 슬프다고 얼굴에 써붙이고 있는 것도 아니었다. 그보다 그녀가 구태여 사람들과 거리를 두려 하진 않았지만 뭔가 멀리 있다는 느낌이 드는 것이었다. 마치 이 세상 사람이 아닌 것 같은 시선, 그토록 사랑하던 존재와 함께하였던 시간으로부터 이 세상을 방만하게 바라보는 그 시선으로 말이다. 우리의 잡담이 최신 뉴스라든가 경제 문제, 샘프라스의 재기나 리우데자네이루의 성난 군중들로 화제가 돌아갈 때면 그녀도 흥미를 보이는 듯했다. 그러나 그것은 무관심으로 우리에게 쇼크를 주지 않으려는 예의였다는 것을 나는 감으로 알아차렸다.

그 얼굴에서 나는 좀더 고상한 무언가를 읽을 수 있었다. 그러니까 이미 끝나 버린 시간, 남편과 함께 보낸 과거의 행복이 그 얼굴에 무엇과도 비교할 수 없는 평온함을 새기고 있었던 것이다. 사실 과거가 현재에 각인되어 힘들었던 경험은 누구에게나 있다. 그런데 그녀의 경우는 그와 반대로 과거가 현재의 삶이 때로 지나친 국면으로 치달을 때 그것을 경감시키고, 시간이 맹렬한 하천처럼 흐르지 않는 시기로 마치 마술같이 데려가는 것 같았다. 나는 아주 귀한 꽃병을 보면서 그와 똑같은 인상을 받은 적이 있다. 즉 다른 문화권에서 우리와 전혀 다른 사람들이 우리를 위해 만든 것으로, 그 숨겨진 의미는 절대로 완벽히 해독되지 않을 것이었다.

그녀의 이름이 에드위지였던 것에 나는 행복해했다. 그 이름은 전쟁 전의 스타 여배우 에드위지 푀이에르와 오스트리아 공작부인을 연상시켰다. 사실 다른 여자들이라면 좀더 현대적 이름인 모나 크리스로 불러 줄 것을 원했을 텐데 말이다. 또한 이본이라는 이름은 그 매력적인 이본 프렝탕이나 이본 갈레가 존재함에도 불구하고 별로 마음에 들지 않았다. 나는 재빨리 그녀를 사랑스럽지만 조용한 장군의 부인이리라 짐작하고 말았다. 그런 경우 가정과 자녀들에 지극히 충실한 여자들이어서 나의 낭만적인 경향에 찬물을 끼얹을 때가 있지만 말이다. 어느 날 혼성복식 경기를 위해 제비뽑기로 조를 짰는데, 우연히 그녀와 내가 한 조가 되었다. 그리고 그녀의 선전으로 우리 팀이 이 친선 경기에서 승리를 거두었다. 그녀의 정확한 타법과 지능적인 경기 진행이 돋보이는 순간이었다. 그런데 나는 그녀의 남편이라면 절대로 저지르지 않았을 몇 번의 멍청한 실수를 범하고 말았다. 그리고는 이런 생각을 당장 쫓아냈다. 절대로 대체할 수 없는 자리를 대체하려고 그 자리에 있었던 것은 아니지 않은가. 게다가 나도 결정적인 공 몇 개를 쳐넘기긴 했으니 말이다.

    클럽의 저녁 식사 모임에서 우리는 자리를 나란히 하였고, 나는 더듬거리느라 제대로 된 말을 하지 못했다. 그리고 스스로를 위로하느라 지나치게 능란한 사람으로 비치기보다는 조금 모자란 듯한 편이 낫다고 생각하고 말았던 것이다. 그런데 그녀는 나의 침묵과 앞뒤 맞지 않는 문장을 나름의 친절한 배려로 해석했다. "사실 우리 둘 다 외로운 처지이지요." 나를 이토록 덕망 있는 사람으로 취급하다니. 우리의 고독은 실상 서로 비교할 수 있는 성질의 것이 아니었는데도 말이다. 나의 고독은 수줍음과 눈만 높아 존재하지도 않는 공상에 비해 상대적으로 낮은 주변 환경에 대한 멸시로부터 나온 것이었다. 하지만 그녀는 기상천외한 세계 각국을 돌아보고 평범하기 그지없는 대지로 힘들게 다시 돌아오는 긴 항해길의 여행자와 닮은 데가 있었다. 내가 그녀를 관찰하는 동안 그녀는 옆자리의 남자와 대화를 나누고 있었다. 넓은 이마에 광대뼈가 높이 솟아 있어 어딘가 엄격한 부분이 엿보였다. 그런데 내가 이렇게 누군가를 자세히 들여다보아도 괜찮은 것인가? 관능적인 입술과 풍성한 머리칼을 바란 것이었는가? 다행히도 분위기가 무르익으면서 그녀는 자신을 관조하는 사람들을 안심시키는 사려 깊음을 자아냈다.

다음주 목요일, 그녀는 찻집으로 나를 초대했다가 이내 생각을 바꾸었다. 그런 장소에서 나이 지긋한 남녀가 만난다는 것이 마치 은밀한 만남 같은 느낌이 들었던 까닭이다. 그러니 이런저런 잡음이 들리지 않도록 약간은 우스꽝스런 서정시를 꾸몄는데, 그것은 오후 다섯 시경 나를 자신의 집에 초대하는 것이었다. 이렇게 해서 차는 간식으로 바뀌었고, 그것은 실망과는 거리가 먼 것이었다. 가장 정통적인 기법으로 준비된 코코아에 걸맞게 그녀는 일종의 개인 호텔 같은 곳에서 주변과 조화를 이루며 살고 있었다. 건물 입구에는 몽펠리에 의과대학의 교수였던 남편(그리고 서가에 꽂힌 책들을 힐끗 보니, 고전 명작 소설들과 철학 에세이에도 상당한 관심을 가졌던 이 사람은 진정한 인본주의자였구나 하고 여겨졌다)

의 사진이 걸려 있었다. 거침없는 행동을 참아내지 않을 것 같은 층계를 오르면서, 나는 이 집에서 미덕을 넘어서는 무언가 침묵이나 일종의 명상·기도를 환영하는 듯한 풍성한 부피를 느꼈다. 이런 장소에서 뻔뻔스레 행동하거나 복수심에 불타거나 허풍선이의 모습을 보인다는 것은 격에 맞지 않을 것 같았다. 그러니까 언젠가 나 자신과 화해하고 싶다거나 내 자신이 이 정도밖에 안 되는 것을 용서해 주고 싶을 때 가장 적합한 장소는 그 어떤 수도원이나 깊은 산 속의 농장도 아닌 바로 이 성이리라고 생각했다.

언제나 사려 깊은 모습을 보인 결과 한 달 후에는 오찬에 초대되었다. 이번에 초대받은 거실에도 의과대학 교수였던 남편의 사진이 걸려 있었다. 아직 젊은 것으로 보아 아마 의과대학 재학 시절에 찍은 사진이리라. 그 옆에 서니 내가 갑자기 폭삭 늙어 버린 기분이 들었다. 그리고 그의 사진은 안방에도 걸려 있었는데, 마치 부인의 정숙함을 가장 가까이에서 지켜보려는 것 같았다. 오찬이 끝나자 그녀가 은근히 산책을 암시했다. 사실 나로서는 어떤 종류의 구체적인 계획도 가지고 있지 않았다. 그녀는 습관인 듯 남편의 묘지에 들를 것을 제안했다. 이런 유의 제안에 기분 나빠했을 수도 있지만 이 메시지에서 나의 자리를 지키라는, 그러니까 비록 작으나마 지켜보자는 의미를 읽었다.

실상은 이런 천박한 생각에 오래 열중하고 싶지 않았다. 사귄 지 얼마 되지도 않은 남자 친구 때문에 그녀가 작고한 남편을 희생하고 싶지는 않을 것이라 생각했다. 얼마 후 남편의 사진을 복도 끝으로 몰아냈을 때(틀림없이 현재의 구애자에게 자기가 예전에 사랑했던 사람에 대한 기억으로 부담을 지우지 않으려는 배려였을 것이며, 또 매일 저녁 침대 발치에 앉아 죽은 남편을 위해 신에게 기도하는 미망인처럼 되고 싶지는 않았기 때문이리라), 나는 우쭐해지기는커녕 슬슬 걱정이 되기 시작했다. 그녀가 감히 건드릴 수 없는 여인으로 남아 있는 편이 더 좋았던 것이다. 그녀에게 애정을 표시하기 전 내가 사랑하였던 것은, 그녀 안에 있는 시간의 흐름과 시간의 배반에 초연하였던 여인의 면모였다.

그녀가 변화한 것은 이것만이 아니었다. 의상의 선택에 있어서도 이전보다 훨씬 화사한 색상으로 바뀌었고, 치마의 길이도 점점 짧아지기 시작했다. 지나치게 무겁고 칙칙한 가구들을 집 안에서 몰아내고, 스웨덴풍에서 호두나무 재목의 노르망디풍 인테리어로 바꾸었다. 그 와중에 삼색 향수가 든 상자들 위로 새 카페트를 깔지나 않을까 두려울 정도였다. 어쩐지 내게는 그녀의 얼굴이 변한 것처럼 느껴졌다. 집 안에서 풍기는 침묵이랄까, 집 안의 한구석이 연상되던 사랑스런 그녀의 얼굴에서 이전의 고상함이 조금씩 사라지고 있었다.

그곳에서 보내는 사시사철은 각각 나름의 매력을 지니고 있었다. 겨울, 하늘의 변덕으로부터 후퇴한 이 궁전, 그 무거운 벽을 피신처로 삼고 우리는 자연이 얼마나 고약해질 수 있는지를 잊고 산다. 그러다가 혹시나 눈이 내리고 있는지, 자연재해가 지금 흩날리고 있는 눈발처럼 가능한 가장 우아한 모습으로 바뀌지나 않았는지 무거운 커튼을 살짝 들치고 바깥을 살펴본다. 여름이 되면 해변에서 선탠을 한다거나, 디스코텍에서 정신없이 흔들어대는 일은 얼간이들에게 맡기고 느긋하게 지냈다. 하루 중 가장 무더운 시간대가 되면, 일종의 무기력 상태가 뿜어내는 독가스가 제거된 순수한 침묵이 이 마을 전체를 감쌌다. 봄은 반란을 꿈꾸는 듯했다. 강가의 고목나무가 내뿜는 향기로운 숨결은 코코넛 향기만큼이나 멀리 날아올라 단조로운 노랫소리로 관심을 끌려는 새들이 있는 곳까지 가닿았다.

나는 에드위지라는 인간 자체만큼이나 이 장소에 끌렸었다. 그러나 그녀가 자기 집의 미덕을 상관하지 않게 되자 우리의 관계도 얼마 가지 않아 끝나리라는 것을 예감했다. 그녀는 아무런 가책 없이 새들의 바보스런 짹짹 소리에 귀 기울였고, 바깥 공기를 온 가슴으로 호흡하려고 창가에 다가갔다.

이제 슬슬 질투가 나기 시작했다. 오랫동안 그녀와 삶을 같이했던 그에게 이런 감정을 느낀 적은 한번도 없었다. 그런데 마치 바로 옆에 있기라도 하는 양 다정하게 그의 이름을 입 밖에 낸다든가 그의 장점, 이를테면 그의 싹싹함, 지적인 호기심, 하다못해 편집광적 습관까지를 이야기할 때면 나도 모르게 질투심에 사로잡히고 만다. 게다가 이제는 선택을 해야 할 순간인데, 나보다도 과거를 더욱 그리워하는 듯한 모습을 보일 때는 그만 참을 수가 없어진다. 별 뒷생각 없이 이야기하는 과거의 작은 일화도 그 당시에 존재하지 않던 나에게는 소외감을 자아냈다. 그래서 새롭게 단장한 방이나 방금 출시된 영화, 현대적인 번화가에 놀러 가는 등, 나를 압박하는 그녀의 과거를 몰아낼 수 있는 것만을 함께했다. 그런데 이제는 이 새로운 것들에 맛들린 그녀를 보는 것이 견딜 수가 없다.

그녀와 동행하지 않으려 독감 초기라느니 미열이 지독하다느니 하는 핑계를 대기 시작했다. 내 인간성 자체를 폄하하는 버릇이 있는 나는, 마치 남편과의 잠자리를 피하기 위해 상상의 질병을 만들어 내는 여자 같다고 생각되어졌다.

그녀가 밤늦도록 귀가하지 않을 때면 나는 잠을 설쳤다. 그래도 그녀에게 애인이 생겼으리라고는 생각지 않았다. 그럴 여자가 아니었다. 그렇다면 그녀는 대체 어떤 유형의 여자인가? 디스코텍에 가서 러브 호텔로 직행한다는 것은 말도 안 되었다. 차라리 그렇다 해도 그것은 대수로운 일이 아니었을 것이다. 그보다 그녀는 나를 망각하고 있었던 것이다. 반짝이는 모든 환락과 사교 생활의 흥취에 열중하면서 우리 사이의 우정의 끈을 끊었다. 틀림없이 자신이 선택한 은둔 생활과 미망인 시절에 잃어버린 시간을 회복하고 싶었으리라. 그녀가 없는 동안 나는 그녀가 사랑하던 망자의 초상화를 원래의 자리에 걸어 놓았다. 그리고 그와 대화를 하기 시작했다. "그녀가 얼마나 변했는지 알겠소? 나로선 어쩔 수 없었다오. 제발 이 집에 돌아오지 말아요. 그녀를 알아보지도 못할 거요." 그리곤 이 아름다운 이를 복도 안쪽, 그러니까 그녀가 몰아낸 자리에 다시 걸어 놓았다.

늦은 밤, 그녀가 귀가할 때면 나는 곤히 잠든 척했다. 그녀는 그토록 행복하고 즐거웠던 저녁 외출에서 있었던 일을 얘기해 주기를 좋아했다. '냉소적인 분위기에 결국은 절망스런 내용이지만' 이상한 아름다움을 지닌 연극 작품이나 축제의 불꽃놀이가 한창인 도시를 자랑했다. 부와 권력을 가진 이들의 지칠 줄 모르는 향락은 그렇듯 행복으로 가득한 것이었다.

우리는 교양 있는 사람들이 그렇듯 목소리 한 번 높이지 않고 헤어졌다. 그녀는 우리가 서로의 역할을 온전히 교환했음을 명민하게 지적했다. 그녀는 더 이상 완벽한 미망인이 아니었다. 반면에 나는 홀아비의 역할을 짊어지게 되었다. 지금껏 한번도 존재하지 않았던, 그러면서도 내가 애도하는 공상 속의 한 시기, 그 시기의 홀아비, 고아로서의 역할 말이다.

새롭게 얻은 자유에 익숙해지는 데는 시간이 걸렸다. 누군가가 나를 염탐하고, 포위된 듯한 기분이 들었다. 마치 내가 합법적으로 방어해야 했듯이 내 주위에 쌓여 가는 현대성의 폐허 한가운데서 비틀거렸다. 내가 만일 독재자나 권력자였더라면 열화 같은 분노와 피로 응수했을 것이다. 그런데 이렇게 무능한 상태에 있으니 간신히 야유나 투덜거림으로 만족해야 한다. 이유도 없이 에드위지의 애정을 거부했으니, 내가 한낱 투정쟁이에 불과한 것은 사실이다.

시끄러우면서도 조용한 이 텅 빈 도시에 있으니 내 삶의 목적이 무엇인지조차 잘 모르겠다. 대체 내가 어떤 자격자인지 알 수 없어 꽃을 갖다 놓을 자신까지는 없지만 그녀의 남편의 무덤에 자주 가게 된다. 그곳에서 한번도 에드위지를 만나지 못했다. 아무리 생각해도 그녀는 남편을 버린 것 같다. (이렇게 말하다니 왠지 내가 못된 놈이 된 것 같기도 하고, 공정하지 못하다는 생각이 든다.) 그 이후로도 몇 명의 미망인을 만난 적이 있지만 그 애수에서, 그 위엄에서, 또 그 아름다움에서 나의 밤의 제국의 공주와 대적할 만한 여자는 보지 못했다.

진정한 미망인이 아니라면 다 싫다. 그래서 유혹을 포기한 것이다.

몇몇 여학생들 때문에 수업이 불편해졌다.
특히 나의 심기를 불편케 한 것은,
그녀들의 얼굴에 '나는 육식성이오'
라고 쓰여 있었기 때문이다.
그녀들의 코와 입술, 그리고 양손은
지나치리만큼 싱싱한 고기를 찾아
헤매는 모습을 투영하고 있었다.

## 미소를 퍼뜨리는 사람

이곳저곳 참으로 많이도 돌아다녔다. 그러다 보니 이제는 어디를 가야 할지 지표마저 잃어버린 듯했다. 그러던 차에 별다른 기대 없이 치과연합회에 이력서를 내보았다가 뜻밖에 합격통지서가 날아와 리옹 지방의 치과연합회 회계실에 근무하게 되었다. 다행히도 아직까지는 서민적이고 따뜻한 인정도 느껴지는 기유(기요티에르) 근처에 방을 하나 얻을 수 있었다. 게다가 나는 이제껏 시골 사람다운 상냥함을 잃지 않고 있었다. 사실 시골 사람들은 상인들(빵집 주인, 정육점 주인, 선술집 주인)과도 허물없이 악수를 나누고, 어깨를 툭툭 치기도 하고, 아이나 노인들이 길을 건널 때면 흔쾌히 돕기도 한다. 지금껏 이런 것들에 익숙해 온 터라 몽클라다주나이스 거리에서 마주치는 이들과는 모르는 사이일지언정 인사를 했다. 나의 친절로 길들여진 거리들이어서 작은 광장이건 사거리이건 나의 거리들이라고 자신 있게 부르기에 이르렀고, 사람들은 내가 인사를 하면 응답을 하지 않고는 배기기 어려웠다. 존재 자체에 화가 나 있는 심술쟁이 노인들이나 비행소년들처럼 방황하는 만사에 무관심한 소년들을 제외하고는 말이다. 내가 지나치면 연인들은 더욱 열렬히 포옹을 하였고, 다섯 아이들로 둘러싸인 어머니는 이 모든 변화에 감탄하여 걸음을 멈추고서 눈으로 나를 좇았다.

허름한 집들마저도 원기를 회복하고서 번듯해지려 애쓰는 것 같아 보였다. 내가 온 지 얼마나 되었다고 이럴 수가 하면서 나는 내심 놀랐다. 제1보병연대 11사단에서 양궁 시합이 있었는데, 서툴기 짝이 없는 내가 실력 있는 궁수들과 겨루어 승리를 거두었다. 또 한 번은 위험에 처한 노파를 도와 준 적이 있다. 그때는 각오를 하고 덤벼들던 덩치 큰 두 불량배와 맞붙어 멀리 쫓아내 버렸다. 이렇게 상상할 수 없는 힘은 내가 그동안 자랑스레 여겨 왔던 승리보다 더 큰 힘을 발휘했다. 내가 무슨 착각을 하고 있는 것은 아닌가? 인상 쓴 표정이나 꿈꾸는 듯한 표정, 아니면 얼굴에 쏟아지는 햇빛을 미소로 착각하고 있는 것은 아니었나?

앙리 르루는 나의 심증을 굳히는 증언을 하였다. 그도 나와 같은 회사에서 보험에 관한 일을 하고 있었다. 그는 마르세유 태생으로 골족의 옛 도읍에서 그곳으로 이주한 사람들의 후예였다.

천성적으로 호기심이 많아 회사 일이 끝나면 이 리옹에서 내가 무슨 일을 하는지 알고 싶어했다. 그래서 들키지 않게 조사하기 위해 멀리서 나를 쫓았던 모양이다. 그러다가 나와는 반대 방향으로 마주 걸어오게 되면서 나 때문에 군중의 얼굴에 퍼지는 미소를 목격하게 되었다. 반면 내가 걷는 길과 평행하는 길에는 자기 일에 바빠 산만한 사람들의 물결만이 있을 뿐이었다. 그러나 내가 그쪽으로 가면 희열의 거품은 다시 그쪽으로 옮아갔고, 또 내가 가던 길을 되돌아서면 행복의 막대기도 나를 따라 되돌아섰다.

앙리 르루는 목격한 것을 알려 주면서 나의 능력에 의심을 가져서는 안 된다고 일렀다. 그리고 사무실의 다른 누구에게도 이 사실을 알리지 않겠노라고 약속했다. 나는 숭배의 대상이 되고 싶지 않았다. 나 말고도 성인이니 사도니 스타니 팝 스타니 하는 숭배의 대상들이 넘쳐나니 말이다. 그가 보는 앞에서 같은 상황을 다시 한 번 연출하자 그는 자기 말이 틀리지 않았음을 확신했다. 광장에서 아이들이 저희들끼리 놀다가 내가 앉아 있는 벤치로 몰려와 빙 둘러쌌다. 중학생들은 오토바이들로 원을 그리며 내 주위를 빙빙 돌다가, 마치 총독이나 대통령의 리무진을 호위하는 오토바이 부대처럼 나를 위해 길을 터주었다.

나는 소리 없이 미소를 전파할 뿐 아니라, 좀더 드문 현상이긴 하지만 성형 수술의 도움 없이 미소를 변형시킬 수 있었다. 몇 년

동안 습관적으로 미소를 짓다 보면, 우리 얼굴의 일정 부분의 근육만 계속해서 사용하게 된다는 것을 명심해 보라. 얼굴의 한쪽 살을 살짝 들어올리면 다른 쪽에 주름이 파이면서 변형이 와 그것을 개조하려면 대형 공사를 해야 한다. 이것이 오랫동안 성형외과 의사들의 의무가 되었는데, 나는 천성적으로 몇 초 만에 그 일을 해치운다. 그러니까 나는 문제가 되는 미소를 해방시키는 것이다. 배시시 웃는 바보 같아 보이는 미소도 갈아치운다. 한쪽 입술 끝을 추켜올리며 짓는 미소에서 문제가 생기지만 않았다면 완벽했을 것이다. 왼쪽 아니 오른쪽(왼손잡이면 왼쪽, 오른손잡이면 오른쪽) 입술 끝을 추켜올렸다가 내릴 때 입술 사이에 걱정스러운 공간이 생기고, 볼 아래쪽도 함께 추켜올라간다. 한편으로는 약간 이상한 분위기를 자아내지만 투명하고 매력적인 미소의 방식도 조금 바꾸어 보았다. 그런데 투명한 미소는 미소인 주제에 감히 허락도 없이 웃음의 양식을 빌린 것이 다소 놀라웠다. 이런 종류의 미소는 실의에 빠져 있는 가슴을 사정없이 매료시킬 위험이 있다. 한편 나는 노란빛의 미소를 짓는 여자들과 죽이 가장 잘 맞았다. 그 노란빛이 짚색을 띠건 금색을 띠건 빛깔 자체에는 아무런 선입견이 없다. 그런데 간혹 분노로 끓는 담즙 빛깔을 상기시킬 때가 있어 조금 찜찜하다. 내 곁을 스쳐 지나간 이들 중에는 다감한 푸른 미소를 짓는 여자들이 있었는데, 그럴 때면 온 거리가 열광했다. 그렇다고 이 정도로 만족할 내가 아니다. 주홍빛 미소도 있고, 선홍색, 라벤더 그린, 크림처럼 흰색의 미소들이 마치 만개한 꽃들 같다. 이 여자들 모두가 가까운 장래에 분명히 행복해지리라는 것을 알기에 나도 덩달아 행복한 기분이 들곤 하였다. 이렇듯 세상에 둘도 없는 멋진 미소를 지닌 여자들이라면 얼마 안가 인생의 반려자를 만날 것이 아닌가. 그런데 운명의 장난인지 나는 언제나 이 여자들이 혼자일 때 만나게 되었다. 그녀들의 멋진 미소가 구애자들을 매혹하는 대신 쫓아내었거나, 선홍색 미소가 몇 분 만에 바래고 말았나 보다. 내 예상대로 세상이 굴러가지 않는 것을 보니 이제 겸손해져야겠다는 생각이 들었다. 내가 신은 아니지 않는가? 아니 발끝에도 미치지 못한다는 편이 더 옳은 표현일 것이다. 내가 전파하는 모든 것은 덧없을 뿐이다. 그런데 전지전능한 하나님 아버지는 과연 덧없는 것 이외의 무언가를 우리에게 베풀 능력이 있기나 한 것인가?

나는 그 여인에게 조금 멍청해 보이긴 하지만 자부심 가득한 모나리자의 미소를 지어 보였다. 아무리 그래도 모든 사람에게 행복을 가져다 준다는 생각은 역부족이었던 것 같다. 사람들이 나에게 왜 불행한 여인의 오열을 멈추게 하지 못했느냐거나, 난폭한 사나이의 화를 누그러뜨리지 못했느냐고 다그칠지도 몰랐다. 그러나 그들의 불행에 내가 보탬된 일도, 책임질 일도 없다는 것만은 명확히 해야 하지 않을까. 이제 나의 이상한 능력 때문에 걱정이 되기 시작했다. 혹여 남자들의 질투를 자아내지는 않을까. 만

일 그렇다면 신이라고 해서 내게 질투하지 말라는 법이 없지 않은가? 내가 설혹 능력이 있다고 하더라도 남의 일에 감초처럼 끼어들어 간섭하는 일이 과연 좋은 결과를 가져올까? 화를 참지 못하는 사람들은 제 화에 못 이겨 죽을 운명이 아닌가. 나도 모르게 남의 일에 개입한 경우 나는 아무런 책임이 없다. 어떤 개들은 달을 보고 짖어대고, 어떤 빵집 주인들은 새벽 공기를 가르며 흰 작업복을 몸에 걸치며, 선생들은 아이들에게 받아쓰기를 가르친다. 나는 그저 원하는 사람들에게 미소지은 죄밖에 없다. 그런데 나의 단순한 미소가 공공의 안녕을 맡고 있는 사람들의 의심을 자아내기에 충분했던 모양이다.

공권력은 문서상의 허락 없이 하는 즉흥적인 행동과 그로 인한 무질서를 싫어한다. 예전에는 폭력만이 지배하던 거리를 빨리빨리 사무실로 가서 일해야 할 사람들이 평화로운 행렬을 만들며 거닐고, 쇼윈도에 진열된 물건들을 들여다보는 대신에 거리가 이토록 사랑스러워진 것과 인간적인 장소가 된 것에 감사하고 있었.

또한 공권력은 몇 장의 익명 편지와 증언에 귀 기울이고 있었고, 아동 편향의 성도착자에 대한 경고가 내려진 가운데 상황은 나에게 불리한 쪽으로 흐르고 있었다. 내가 몇 명의 중학생들을 학교 바깥으로 유인하여 공원의 음침한 곳으로 인도했다는 것이었다.

나로서는 현재의 정치-스포츠계의 선전 문구처럼 얼마든지 발언의 주도권을 잡고 결백을 주장해 볼 수 있었지만, 그저 경찰이 하는 대로 놓아두었다. 이렇게 미행을 당하고 보니 내가 마치 정계 인물이나 위험 인물이 된 듯한 기분이 들었다. 이리하여 나는 안부 인사와 미소들을 버렸으며, 거리를 걷는 다른 사람들처럼 무표정한 회색빛 얼굴을 지었다. 이제 거리에는 일종의 슬픔이 떠다니고 있다. 내게 매혹당했던 이들은 그래도 몇 달 동안은 내가 전파한 행복한 기억을 간직하고 있었지만, 모든 기억이 그러하듯 시간 속에 사그라져 버렸다. 그리고 한때 집단적 최면에 걸렸었나 보다 하고들 믿게 되었다.

사용하지 않게 된 안부 인사와 미소들을 소중히 간직해 두었다가 아주 오랜 시간이 흐른 후 양로원에 가서 풀어 놓으리라. 나의 '용변'을 받아내고 치워 줄 간호사들과 보조원들에게, 나에게 "솔직히 말해서 상태가 안 좋습니다"라고 어렵게 말을 꺼낼 의사들에게, 그리고 특히 피곤과 비참 · 고통으로 잔뜩 찌푸리고 있을 내 양로원 친구들에게 써먹으련다.

그러고도 남는 것은 잘 두었다가 저세상에서 나를 반겨 줄 이들에게 풀어 놓아 코끝을 찡하게 해주리라.

내 자신 유혹을 심각하거나

그런 체하는 태도와는 상관없는,

이유 없이 앞으로 나아가려는,

또 정처 없는 시간 속에서

기분 좋은 것을 찾아 모험을 떠나고자 하는

욕망이라 간주하고 있었기에

단순히 한 여인의 마음을 사로잡는 것만을

모색하지는 않았다.

## 우수와 가까워지는 법

인생의 절반을 살았으니, 내가 아직 그렇게 많은 나이를 먹었다고는 생각지 않는다. 그런데도 벌써 사랑하던 많은 사람들이 저세상으로 떠났다. 유혹했던 한 여자는 자살하였고, 많은 다른 여자들도 우울증 초기에 빠져 방황하며 절망적으로 구원책을 모색하고 있다. 그 나머지도 한층 증가 추세에 있는 갖은 질병으로 고통 받고 있다.

그녀들의 불행이나 비탄에 내 책임이 있다고는 생각지 않는다. 그녀들은 나와 상관없이 그런 커다란 불행을 견뎌내기에는 너무도 나약했으며, 그렇다고 내가 그녀들에게 조금이라도 향락과 행복을 맛보게 했다고 자부할 만한 자신도 없다. 내 인생은 황혼으로 기울고 있고, 그림자의 행렬을 따라가고 있다는 확신이 그런 마음 편한 선문선답 때문에 흐려지지는 않는다. 마치 아무런 일도 없었던 것처럼 목청껏 웃어제끼거나 전속력으로 고속도로를 질주하고, 봄날 저녁 집 안의 문이란 문은 모조리 열어 보아도 무감각해질 뿐이고, 나의 가장 소중한 의무마저 저버리고 있다는 느낌이 든다.

  내가 해야 할 일은 다른 데 있고, 그 일은 더 이상 이 세상 일이 아니다. 이미 저세상으로 간 내 여자 친구들의 빛나던 모습을 회상하며, 그녀들이 내게 준 행복에 다시 한 번 감사하는 것이다. 너무 슬퍼할 필요도 없이 조용한 왈츠에 몸을 맡기며 우정어린 반 그림자로 그녀들을 동반하는 것이다. 세월을 거슬러 올라가 이삼십대 당시의 그녀들을 회상하며 회춘시켰으니, 이제 나도 사춘기 때로 돌아가 젊은 그녀들과 합류하리라.

## 그녀에게 새 생명을 불어넣은 기분이 든다

대부분의 사람들이 배은망덕하기 이를 데 없음을 발견한다는 것은 견디기 힘든 노릇이다. 이웃집의 고장난 기구를 수리하느라 와이셔츠를 버렸건만, 그는 때마침 동나 버린 빵을 좀 꾸어 달라는 당신의 말에도 머뭇댄다. 그보다 더한 일도 있다. 한 친구에게 얼마간의 돈을 꾸어 주었다. 그런데 갚을 때가 되니 고마움을 표하기는커녕 영 까마귀가 되어 버렸다. 당신으로서는 돈 달라는 말하기가 그의 심장을 쥐어뜯는 것처럼 어려운 일이 된다. 부모로서 그들을 위해 온갖 희생을 다하였건만 식탁에 스푼 놓는 일조차 안하려 드는 아이들은 아예 언급하지 말기로 하자. 연로한 부모를 모시는데 만사가 불평의 근원이다. 국이 너무 뜨겁다느니 너무 식었다느니, 이럴 바에는 왜 너무 미지근하다고는 안하는지 모르겠다. 한 청년의 취직에 결정적인 도움을 주었는데, 그가 새 직장에서 당신의 험담을 하고 다닌다.

　대충 이런 형국이고 보니, 나의 관심에 더없이 고마워하는 앙리에트에게서 느낀 기쁨이 얼마나 컸는지 상상이 갈 것이다. 내가 무슨 꽃다발을 갖다 바치거나, 극장에 초대를 하거나, 도빌에서 주말을 함께 보냈거나 했다는 것이 아니다. 그저 곁에 있어 주는 것만으로도 그녀는 너무나 행복해하는 것이다. 구태여 소란스런 말로 표현하는 것도 아닌 그 정숙함이 또 나의 마음에 꽉 차오른다. 그녀의 양볼, 그녀의 두 눈, 그녀의 양어깨는 내가 곁에 있어 얼마나 감사한지를 말해 준다. 나는 이런 최고의 행복을 결단코 흐려 놓지 않으리라 하늘에 대고 맹세한다. 내가 누군가에게 이렇듯 커다란 기쁨을 줄 수 있으리라고는 상상도 하지 못했으니 말이다. 예전에 측근들에게 작은 호의를 베푼 적이 있지만 그후에도 그들은 계속해서 헐벗었고, 결국은 자기 힘으로 연명해야 했다.

　내가 마치 방금 아기를 낳은 여인같이 느껴진다. 오랜 기다림이 지나고, 이제 막 이 세상에 태어난 그녀에게 새 생명을 불어넣은 듯한 기분이 든다. 그러니 나의 그녀를 교란시켜 무의 가장자리로 던져 버릴 소란스런 무리들과 사건들은 다 물러가라!

## 내 자신 그대로를 드러내는 위험마저도 감수하리라

이 모든 것이 차라리 사랑하고, 내 자신 그대로를 드러내는 위험마저도 감수하기로 한 때문이다. 이런 유혹하려는 경향은 일종의 비열함과 저속함, 세상일에 대한 무관심으로 나를 몰아간다는 것을 의식하고 있었다. 사춘기를 지나고 신중한 성인으로 성장하면서 고통당하지 않는 나를 자랑스럽게 여겼다. 인간 존재라는 것이 단순히 행복만을 의미하진 않는다는 것, 언젠가는 고통과의 대결의 순간이 있다는 것을 알고 싶어하지 않았다. 그래서 그런지 내 속에서 공포를 자아내게 하는 이상한 부분을 지닌 타인들과는 거리를 두었다. 가장 열정적인(가장 세련된) 나의 말과 행동에는 냉정함과 조심성이 서려 있었다. 사랑하는 사람들에게 꽃다발이나 상냥한 말, 며칠이나 몇 주간의 여행도 거의 제공한 적이 없다.

이제 현실 도피는 그만두어야겠다는 생각이 들었다. 그러자 지금껏 마치 대성주나 되는 양 잘난 체하며 인색하게 나누어 주던 푼돈이 부끄러워졌다. 앞으로는 예전처럼 고통을 피해 감으로써 삶의 진수를 놓치는 우를 범하지는 않겠다. 대신 고통을 피할 수 없는 상황이고, 운명이 나에게 부여한 고통이라면 달게 견뎌내야겠다고 생각했다.

게다가 내가 아무것도 요구하지 않는데 무엇을 두려워할 것이며, 그녀의 존재를 존중은 하거니와 연정을 품지 않는 마당에 거절당할 일이 무엇이 있겠는가! 아주 소박하게, 또 번민하지 않고 우리 각자는 자신을 향하여 조금씩 나아갈 것이다. 무슨 일이 벌어져도 존재한다는 것의 기쁨은 예전의 나의 존재 양식이었던 우아하게 돋보이려는 노력, 쟁취하고 말겠다는 의지가 비쳐지던 삶의 모습과는 전혀 다른 모습으로 투영될 것이다.

## 누가 정겨움을 하찮다고 하는가

　어린 시절이나 여인, 그리고 동물들로부터 느껴지는 정겨움은 아무런 물질적 증거 없는 단순한 이미지에 그칠 수 있다. 그렇지만 이런 이미지들을 통해 정겨움이라는 개념이 바라는 것을 더욱 쉽게 포착할 수 있다. 어린아이들은 화가 나 때로 발을 동동 구르거나, 친구들에게 장난감을 빌려 주기는커녕 되레 빼앗는 행동을 한다. 어떤 대가를 치르더라도 사회적인 성공을 거두고야 말겠다는 여자들이 가차없이 자기 경쟁자들을 밟고 올라서는 경우도 있다. 육식 동물이거나 잡식 동물이거나를 막론하고 모든 동물들은 포획물의 간청에는 아랑곳하지 않고 갈기갈기 찢어 먹어치운다. 그럼에도 불구하고 이들에게는 정겨움이라 불리는 것의 의미와 형태를 연상시키는 무언가가 있다. 연약함과 정겨움을 함께 연결

짓는 것이 옳은 일일는지 모르겠지만 부드럽고 연약하며 감동적인 피부를 가진 어린이를 보라, 완벽한 보호의 손길 없이 그 삶은 위태로운 것이 된다. 넘어진 아이를 일으켜 세우는 어머니이자 세대를 이어가는 주체인 그녀의 몸짓을 보라. 그 속에 난폭함과 서두름이란 찾아볼 수 없다. 먼 곳과 동시에 가까운 곳을 보는 듯한 시선과 그 몸짓에는 부드러움과 연민, 그리고 고요함이 잦아든다. 우아함을 잃지 않고 뛰어오르고 서로 엉기다가 다시 솟구쳐 오르는 동물들의 몸짓에서 자연과 완벽히 조화를 이룬 순수함이 엿보인다. 이들에 비해 원죄로 얼룩진 인류는 우주와는 도저히 합일될 수 없는 운명을 지니고서 이 땅에 살고 있다.

식물 또한 땅속에 위태로이 뿌리를 내리고 존속을 위해 끈질긴 노력을 계속하고 있다. 결국 상징성에서 보면 식물이 동물들보다 유리한 고지를 점령하고 있다고 할까. 이들은 천천히 성장하고, 어느새 열매를 맺는다. 이동과 유배의 고통을 잊고 뿌리내리고 있는 장소에 조용히 동화되어 간다. 특별한 경우를 제외하고, 대지 전체를 자연적인 존재나 초자연적인 존재나를 막론하여 하나의 존재로 간주해 보면 대지는 인류의 커다란 은혜임이 금세 드러난다. 아무것도 바라지 않고, 우리의 요구를 한번도 거절한 적이 없다. 지층의 균열도, 암석의 파편화도 그 분리될 수 없는 신성한 아성을 무너뜨릴 수 없다는 것을 대지는 우리에게 상기시킨다.

이런 대지의 상징성은 우리에게는 현실적인 구원책이다. 적어도 이 상징성을 은유적인 역할과 분리시키면 오해의 소지가 있다. 이럴 때는 문학적인 해석을 배제한, 차라리 추상화 작품 쪽으로 관심을 돌려 보는 것도 괜찮은 일일 것이다. 마티스의 그림이나 슈베르트의 음악, 릴케의 시를 접해 보면 비록 우리가 사는 동안 정겨움을 전혀 느껴 보지 못했다 하더라도 그것의 존재를 보여준다. 그 감동은 너무나 소중하고 은밀하게 우리의 마음을 움직여 깨달음의 기쁨으로 말랐던 심장은 눈물을 끌어올린다.

이 자리를 빌려 두 존재를 구분하고자 한다. 한 부류는 천성이 정겨운 이들이고, 다른 한 부류는 만남 같은 사건을 계기로 정겨운 행동을 하게 되는 이들이다. 천성이 정겨운 이들은 어떤 경우 정겹게 행동해야지 하는 선택 같은 것을 할 필요가 없다. 그들에게 거친 행동을 한다는 것은 쇼킹한 일이어서, 일시적으로라도 그런 기회가 생기면 초인적인 노력을 기울여야 한다. 두번째 부류의 사람들은 인류애가 부족해서가 아니라 인생을 있는 그대로 받아들이는 이들로서, 일단 사회적인 성공을 인생의 목표로 정한 다음 그것의 성취를 위해 인간을 약하게 하는 성정들, 그러니까 정겨움을 희생한 부류들이라고 할 수 있다. 그런데 왜 이들이 이러한 삶의 방식을 선택하였을까? 그것은 인간의 완벽함(때에 따라서는 남성다움)을 철저한 자기 통제처럼 인식하는 사회 통념 때문이다. 그러니까 타인에게 동정심을 드러내거나 울고 웃는 것은 그들로서는 수치스러운 일이다. 사실 언제 시작했는지 언제 끝날지 모르는 웃음보가 터지면 온몸은 뒤틀려 경련하고, 근육의 움직임에 몸을 내맡길 수밖에 없지 않은가?

나는 온갖 수단을 동원하여 정겨움을 피하려는 한 남자를 지금껏 존중해 온 것이 사실이다. 어떤 이들은 고집쟁이 곱슬머리들이나 무지한 사람들처럼 천성적으로 난폭하고 안하무인격이다. 그런 식으로 말을 내뱉고 아무렇게나 하는 행동이 누구에게나 익숙해져서 이제는 사회적이고 가족적인 모델이 되어 버렸다 해도 그리 중요한 일이 아닐 정도이다. 그 냉정한 시선은 차라리 보지 않는 편이 나을 그럴 미사일이 되어 상대방을 쏘아본다. 그 입술은 명령할 줄만 알 뿐 애원과 요구, 정겨움의 말과는 담을 쌓는다. 급기야 이런 식으로 자기 합리화를 한다. "강한 것이 최고야. 나약한 것들이나 친절을 베풀지. 그런 것들은 발로 차서 내몰아야 해. 사회는 정글과 같고, 그 속에서는 주먹이 강한 자만이 살아남을 수 있는 거야."

이보다 섬세한 어떤 이들은 사랑의 힘으로 암울한 운명으로부터 탈출한다. 그들은 훌륭한 장점을 많이 가지고도 자신을 보호할 줄 모르는 이를 만난 것에 진심으로 고마워한다. 이렇게 하여 자신도 무장을 해제하고 약해질 것을 받아들인다. 바야흐로 신임

조약이 체결된다. "네가 나보다 더 위라고 과시하지 마라. 내 보호막의 결점과 나약한 부분을 보였다고 해서 나를 경멸해서는 안 된다." 그리고는 자신이 그토록 보드라운 살집을 가졌던가 황홀해한다. 마치 맨발로 걸으면서도 창피한 줄 모르는 걸인의 무방비, 잃어버렸을지도 모르는 어린 시절의 정겨움처럼 한때 왜 자기가 그렇듯 강한 척하였고, 그 강함을 남용했는지 의아해하기까지 한다.

이런 극적인 전환은 보는 사람을 기쁘게 한다. 원래는 완고하게 살아갈 사람이었는데, 기적적으로 그 운명을 피해 정겨운 삶을 살게 된 이들이 있다. 그들은 두꺼운 갑옷을 벗어 버리고 맨가슴을 드러낸 채 손을 들어 평화의 사인을 한다. 그리고 사도 바울을 좇아 이렇게 말한다. "내가 약할 그때가 곧 강함이고, 내가 강할 그때가 곧 약함이라."

그렇다고 모두가 구원받은 것은 아니다. 사소한 계기 하나로 10년 노력이 물거품이 되어 이전의 삶으로 돌아오는 경우도 있다. 때로는 왜 이렇게 나약해졌지 싶어 정신이 번뜩 들어 그렇지 않은 척하고 숨기는 경우도 있으며, 때로는 전적으로 믿었던 사람으로부터 약점을 이용당하는 경우도 있다. 물론 그 비열한 작자는 속임수 싸움에서 결국 승리했다며 좋아하겠지만 말이다.

우리 모두는 거의 거역할 수 없는 힘에 이끌려 영혼의 완고함에 몸을 맡기는 것 같다. 상대방으로부터 공격을 당하면 우리도 어쩔 수 없이 공격을 하게 된다. 스스로를 방어하기 위해 싸움에 말려든다고 해야 할까. 이런 과정 속의 자질구레한 사건들은 차치하고라도 인생 자체가 길어질수록 마치 피부가 질겨지듯이 영혼도 질겨지게 마련이다. 그리고 이 사실에는 어느 누구도 이의를 제기할 수 없을 것이다. 일단 자극을 가해도 아프지 않은 굳은살이 박이면 보드라운 속살로 돌아오기란 쉽지 않다. 기계적으로 행하는 행동들이 그의 진정한 태도로 자리잡는다. 시선도 그 순수함과 싱그러움을 잃어 가고, 가능한 한 가장 명예로이 늙는 방법밖에는 없다.

어떤 커플은 그들의 정겨움을 다른 이들과 나누면서 사랑을 존속시킨다. 세월이 흐르고, 두 남녀는 처음처럼 서로를 더 이상 뜨거운 연인으로 생각지 않고 있다는 것을 깨닫는다. 만난 해의 열병 같은 사랑이 식은 자리 위로 시간의 익숙함이 자리잡고, 각자 새로운 위상을 받아들이게 된다. 이제 더 이상 사랑으로 번민하며 어둠 속에서 은밀한 관계를 이어 나가지 않아도 되었다. 더 절절했다면 마치 동반자살이라도 할 것처럼 타인을 배제한 둘만의 완벽한 융합을 더 이상 고집하지도 않게 되었다. 이렇게 하여 불가능함을 주장하기보다는(네가 아니라면 아무도 필요 없다) 여기저기 조금씩 행복의 조각들을 떨어뜨린다. 상대가 잠시 자리를 비우거나 조금 소홀하여도 이전처럼 커다란 슬픔에 사로잡히거나 하지 않는다. 이렇게 하여 그들은 어떻게 애정을 분할해야 하는

지 배우기 시작한다. 한쪽은 친구들에게 나누어 주고, 다른 한쪽은 자녀들에게, 또 부모에게, 이웃들에게 나누어 줄 부분도 잊지 말아야 한다. 아무리 나누어도 정겨움의 제국은 거대하기만 하다.

그러나 그토록 경멸해 왔던 범속하고 행복한 인간의 무리 속에 내가 섞인 것은 아닌가 자문하고 의심하는 경우도 있다. 이렇듯 평범한 이들은 그다지 중요하지 않은 일에 고심하고, 그것에 많은 시간을 소비할는지도 모른다. 여러 항목의 지출을 가상으로 조절해 가며 가계부를 쓰거나, 바캉스 계획을 세우거나 하는 일들 말이다. 때로는 아주 주의 깊게 가구점을 돌아보거나, 가죽옷과 신발 가게를 방문하고, 수리 전문 백화점에 가보기도 한다. 상사의 업무가 끝나기를 기다려 커피라도 한잔 하며 대화를 나누다가 승진 이야기라도 나왔으면 하고 바란다.

이들은 약간의 흥미와 영광만 보장된다면 인생을 내리막길로 인도할 결정이라도 아무런 후회 없이 받아들인다. 우정이 사랑을 대체한다고 해도 반론을 제기하려 들지 않을 것이며, 친구의 일이라면 사적인 이해 관계는 접어두고 무조건 잘되기를 바란다. 모든 욕망과 그것의 상징적이거나 실질적인 충족과는 상관없이 친구들에게 바라는 것이 있다면 그저 그가 곁에 함께 있어 주는 것이다. 서로 친한 것을 과시하려고 억지로 뛰어들어 얼싸안거나 할 필요는 없다. 친구가 어려움에 봉착했을 때는 함께할 것이라는 믿음이 있다. 정열의 불꽃이 잦아들었거나, 이제 다른 이가 생

겼으니 버림받을 것이라는 두려움은 갖지 않아도 된다. 그가 숨 쉬는 소리, 밥 먹는 소리, 부스럭거리며 옷을 주워 입는 소리, 불평하는 소리가 들린다. 이 소리의 인상이 너무도 평화로워 이 세상의 그 무엇도 그를 감히 교란하지 않을 것이라는 생각이 든다. 반면 '정열'의 순간이 지속되기 위해서는 언제나 강한 자극과 사건들 같은 끊임없이 놀라운 거리가 필요하다. 귀머거리가 되었으니 정열의 표시도 시끄러워야 하고, 반쯤 장님이 되었으니(정열에 눈멀어서) 휘황찬란한 빛이 사방에서 솟구쳐 우리 연인의 방을 태울 정도가 되어야 속이 시원한 모양이다. 나이가 들면 직감이 발달하고 지혜로워진다. 뭐가 뭔지 몰라서 사람들이 두려워하는 바로 이 직감으로 오랜 벗이 우울증에 빠지거나, 지나치게 열광하여 흥분 상태에 놓여도 그것을 실수 없이 감지하는 것이다.

　세월과 함께 정겨움도 필연적으로 슬픈 색채를 띠기 시작하여 갑작스런 이별에 항의하기 시작한다. 세월이 흐르면 과거에 젊고 아름다운 얼굴로 문을 열던 그 모습이 너무나 소중해진다. 그 얼굴을, 그 이미지를 머릿속에 풀어 놓아 내 육체와 섞어 본다. 나와 혼연일체가 되어 그 사고로부터도 살아남고, 나에게 언제까지나 그 열기를 전해 주기를 기원해 본다. 사랑하는 시선이 그를 꼭 붙잡고 놓아 주지 않는 이상 그도 정신을 잃지 않으리라. 젊은 시절 앞길이 창창할 때는 몇 시간, 아니 한 주일쯤은 온전히 망쳐 버려도 크게 상관하지 않았다. 화해의 시기가 되면 행복은 오뚝이처럼 제자리에 와 있었으니 말이다. 차라리 만사에 조심스럽다는 것은, 마치 우리의 감정에 확신이 없거나 모험이 어떻게 끝날까 두려워하고 있음을 들키기라도 하는 것 같았다. 그런데 지금은 아슬아슬한 균형을 깨뜨리지 않도록 온갖 노력을 기울여야 한다. 안락의자를 옮기거나, 서툴게 움직이다가 문에 부딪히거나, 장난치려고 인사말을 변경한다든가 하는 것이 자칫 위태롭던 균형을 깨뜨릴 수 있어 모든 것이 제자리로 돌아온다는 보장을 아무도 할 수 없게 되었다.

세월이 흐르면서 상대방은 신비로움을 더해 갔다. 몇몇 편집광적인 습관이나 성격상의 특징으로 설명할 수 없는 이 사람이 대체 누구인가 말이다. 오래전 순진한 마음으로 처음 사귀게 되었을 때는 남보다 그를 더 잘 알고 있다고 느꼈다. 그런데 그라는 인간에게 좀더 관심을 가지면 가질수록 수수께끼에 가득한 그 마음속 깊이를 도저히 헤아릴 수가 없게 되었다. 결국 한편으로는 그를 존중하는 마음과, 다른 한편으로는 그 나름대로 비밀스런 부분을 간직하라는 뜻으로 그의 존재의 문턱을 넘지 않기로 했다. 말 한마디 한마디도 조심하고, 그를 보는 시선도 강요하거나 살피는 것이 되지 않도록 노력했다.

우리의 과거를 한번 돌아보면 생각했던 것처럼 그렇게 투명하지 않다는 것을 알아차리게 된다. 그것이 만일 전적으로 투명하다면, 우리는 삶을 수박 겉핥기 식으로밖에 살지 못했다는 것과 같다. 나는 예전에 그토록 직설적이었으며, 순수하지도 못하면서 지나치게 솔직했던 것에 수치심을 느낀다. 마치 복서가 상대방을 케이오시키려 돌진하는 것처럼 직접적이었는데, 이런 방법은 링 안에서나 통하지 오랜 연인들의 방에서는 통하지 않는다. 그 때문인지 모두들 숨김없이 죄다 얘기하자는 오늘날의 풍조가 영 마음에 들지 않는다. 이런 방법은 서로간의 존경과 사랑을 바탕으로 한 인간 관계를 그르치기에나 알맞은 듯하다.

우리가 함께 산 나날들이 무슨 대단한 연대 의식의 표시나, 함께 나누어야 할 추억의 원천이라고는 생각지 않는다. 그러니까 조명을 밝혀 속속들이 살피기보다는 신비 속에 묻어두어야 할 나날들로 여겨진다. 서로 완전히 다른 개체 둘이 함께 얽히고 설킨 끝에 이 세상에 단 하나밖에 없는 천을 짠 것을 보면, 누가 주도하여 이것을 하고 저것을 하였다고 말할 거리도 없다. 우리가 만일 함께 글을 쓰기 시작했다면, 그것은 이미 지난 아름다운 나날들을 상기시키기 위해서가 아니라 그 나날들을 재건하는 것도, 오만함으로부터 건져내는 것도 우리 둘의 몫이기 때문이다. 우리의 사명이자 임무는 매일같이 미사에서 같은 구절을 암송하듯, 자기 마을을 사랑하는 산책자가 눈감고도 걸을 수 있는 산책로를 매일 아침 걷듯이 우리의 인생을 증언하고, 있는 그대로 존속시키는 데 있다. 같은 추억을 기억해 내었다고 그것을 입 밖에 내지 않고, 그들을 행복하게 해준 기억과 비바람과 늪, 정치·사회·경제·심리적인 혼란에 함께 맞서 이겨낸 영예를 간직한다. 그들 중 하나가 죽고 나면, 보좌 수녀는 매일의 미사를 함께하던 동료를 잃고 혼자 남는다. 남은 한 사람도 그를 따라 영웅적으로 죽든지, 아니면 안락의자에 앉아서 또는 침대에 누워 함께 명주실처럼 기억의 실마리를 조금씩 풀어 놓으리라.

그렇다고 모든 노인들이 다 이렇듯 기분 좋은 지혜의 혜택을 받고 있지는 못하다. 어떤 노인들은 나이 들어가면서 더욱더 고집이 세어져, 타인에게 친절하지 않고서도 머리는 맑아 자기의 잘못된 행동을 합리화시킨다. 투덜거리고 불평하고 욕하면서 자기가 아직도 살아 있음을 확인하는 것 같다. 눈물은 메말라 동정심이라곤 하나도 없고, 자기가 이렇게밖에 대접받지 못함을 쉴새없이 한탄한다. 피곤과 육체의 고통은 나쁜 생각만 끌어들이고, 자비심을 말려 버린다. 가끔 병상을 방문하는 노인들 가운데 한 노파가 있었다. 이 노파는 거의 수목과 같은 우아함을 지니고 있었는데, 그녀를 바라보면 왠지 물이 흐르는 듯한 기분이 들어 그것이 그 말의 어눌함과 몸짓의 경직성을 가려 주었다. 휠체어에 푹 파묻혀 가까스로 몸을 움직이던 노파의 눈에서 나오는 빛 때문에 우리는 그녀가 다시 우리 앞으로 걸어와 어둠 속에서 춤을 추고 있는 듯한 환상을 보았다. 어떤 사람들에게서 느껴지는 정겨움은 그 존재와 동질의 것이며, 어떤 일이 일어나도 완전히 사라지지는 않는 것이었다.

\* \*

정겨움이 배반이나 기만, 친구의 죽음, 나이 들어가는 것에 대한 구원책일까? 정겨움으로부터 너무 많은 것을 바라지 말자. 그래도 존재한다는 것의 어려움에 직면한 우리에게 어떤 형식의 도움이든지 대환영이 아니었던가. 정겨움의 넘쳐나는 능력을 밝은 곳으로 끌어내자. 그런데 정겨움이 증오에 맞서서 어떤 힘을 발휘할 수 있을까 생각해 본 적이 있는가? 어떤 면에서 보면 정겨움보다 증오가 욕구 충족에 있어 더욱 커다란 힘을 발휘하지 않을까? 이렇게 말해도 좋다면, 증오란 악을 실천하고 적을 상대하여 효율적으로 준비함으로써 모든 악의 원천을 알 수 있는 기회이다. 도처에 증오가 있을 때, 온 세상은 추악해진다. 이런 의미에서 증오는 아름다운 별이나 고상한 부인처럼 정적인 이미지를 가진 정겨움보다 역동적인 천성을 가지는 것 같다. 정겨움이란 따뜻한 태양이나 별이 총총히 박힌 하늘인데, 증오만이 가득한 이들의 눈에 그처럼 방어만 하는 자세는 시원치가 않다. 적이 숨어 있는 곳을 찾아 몰아내고, 그가 살고 있는 곳이나 예전에 살았던 곳을 불태우며, 혹여 피신해 있을지 모를 동굴을 막아 영원히 번

성하지 못하게 씨를 말리는 것이다. 증오는 한 존재의 삶을 영속적으로 추적한다. 평생 증오를 엮어 나갈 수밖에 없는 이의 핵심적인 존재 이유는 (추악한) 목표에 있다.

정겨움은 이런 논리를 거부한다. 미움으로 가득한 이들이 쉴새 없이 증오를 뿜어내는 동안, 정겨움은 가슴 두근거리며 꿈꾸고 또 꿈꾸며 그저 이렇게 살아 있음에 만족한다. 그것은 자신이 정겹고, 이 세상은 살 만한 곳이라는 것을 구태여 증명할 필요가 없기 때문이리라. 한편에서는 마시고 눕고 잠들었다가 멀리서 간간이 들려오는 이야기 소리에 깜짝 놀라 일어난다. 다른 한편에서는 또 다른 사람들이 거대한 바다의 파란만장한 목소리와 바닷가의 카지노에서 아득히 들려오는 여과된 음악 소리에 귀를 기울인다. 그러나 미움으로 가득한 이들은 암울하고 선혈이 낭자한 생각으로, 저주와 위협에 따른 무조건적인 휴전 요구로 증오를 증폭시킨다. 우리는 정겹게 사는 법을 망각하여 타인의 이름을 고의로 잘못 발음하거나, 처음에는 좋았던 의향을 흐리거나, 미소 짓기를 잊거나, 어쩌면 본의 아니게 살해할 수도 있다. 그러나 미움은 이같이 할까말까 하는 흐릿한 주저나 망각과는 상관이 없다. 그런 까닭에 가장 승화된 영혼과 가장 어두운 영혼은 그 상반성에도 불구하고 동시에 즉각적이며 정제된 성질을 갖는 것 같다. 정겨운 이들은 똑같이 아름답고 찬사할 가치가 있는 얼굴들과 풍경들 중에서 하나를 선택해야 할 때 주저하고 어찌할 바를 모른다. 증오에는 기쁨(의무)들간의 작은 분쟁이 존재하지 않는다. 증오는 자기의 입장에서 악의 근원이라 생각되는 사람을 공격하는 데 한시도 주저하는 법이 없다.

그렇다면 정겨움이 증오의 무장을 해제시키고 싶어할까? 정겨운 이들의 친절과 행복은 증오로 가득한 이들을 절망시킬 뿐이다. 뭐 세상도 점점 나쁜 쪽으로 흘러가니 그로서는 신념을 가지고 살고 싶은 것이었을까! 대체 무슨 까닭에 세상의 한쪽은 환희의 빛으로 가득한데, 다른 한쪽에는 회한만이 가득할까? 타인의 행복은 참을 수가 없다. 차라리 눈에 보이지 않거나 천치가 아니라면 이런 종류의 사람들은 악의 공모자라고 해야 한다. 그러니까 정겨움 하나만으로는 증오에 가득한 이들의 마음의 동요를 가라앉힐 수가 없다. 그들의 행동은 설혹 이 세상에서 가장 순수한 형태일지언정 저마다 악마의 조종에 의한 거짓 상징일 수 있기 때문이다.

반대로 정겨운 이들도 일종의 에덴 동산의 몽상으로부터 깨어날 때가 있다. 그토록 만족스러웠던 조화가 경험해 보니 예상한 것만큼 완벽하지 않았던 것이다. 멋진 그림을 망치는 데 작은 얼룩과 죄악으로 물든 생각, 특히 저주받을지도 모른다는 두려움으로 충분하지 않을까? 그럼에도 불구하고 무한한 경탄의 원천 속에서 여전히 웃음보가 터져 나올 여지는 없는 것인가?

\* \*

    인생을 살아가는 방법이 여러 갈래인 만큼 그 중의 한 갈래에 더욱 마음이 쏠리는 것은 당연한 일이고 보면, 때로 정겨움보다 관대함에 더 큰 가치를 둘 수도 있지 않을까? 관대함은 나름의 의식화를 필요로 하고, 나 자신도 적당한 동기가 있을 때 실천하는 편이다. 나는 보통 사람들 각자는 타인으로부터 존중받아 마땅할 자유를 가지고 있다고 생각하며, 내가 타인에게 도움을 줄 수 있을 만한 능력은 된다고 본다. 관대함은 긍정적인 행동의 조류를 타고 표출되는 미덕인 반면, 정겨움은 인간의 존재 양식 또는 사물을 느끼는 방법으로 인식되는 편이다. 비록 정겨움이 모든 다른 이들처럼 행동하게 하는 경향이 있다 할지라도, 행동에 옮기는 것은 근본적인 선택의 결과로서가 아니라 근본적인 선택을 넘어서는 행위로부터 유래한다. 무엇보다도 정겨움은 모든 참여 행위가 본의 아니게 그에 따른 상처를 남길 수 있는 까닭에 남을 해치지 않고, 감탄하고, 온순한, 감동적인 대화를 시도할 수는 있다. 나는 식물과 아기 피부의 부드러움을 연상하면서, 이같이 미학에 가까운 경험은 일종의 명상의 기회가 된다는 것을 깨달았다. 그와는 반대로 내가 만일 한 그루 나무를 가지고 관대하다고 표현한다면 뭔가 이상하지 않을까. 고작 그 나무가 지나치게 빨리 자라는 것을 말하려고 관대함을 끌어들일 수는 없는 일일 테니 말이다.

이렇게 하여 나는 사랑하는 것에는 두 가지 상반된 방법이 있다는 결론을 내리게 되었다. 그 하나는 관대함으로 보다 대담하고 격앙된 표현 방식이며, 장기간이나 단기간에 다 적응할 수 있다. 다른 하나는 보다 조용한 표현 방식인 정겨움으로 작고 가벼운 표시 속에서 행복을 길어낼 수 있는 보다 명상적인 특성을 가진 것이다.

그 둘을 합한 사랑이면 참 좋겠다는 생각을 해본다. 정겨움은 조심성만 가지고서는 운명에 큰 영향을 미칠 수 없을 것이며, 다른 것과 연합하지 않은 관대함 자체는 멋진 승리와 쏟아지는 칭찬 속에서 길을 잘못 들지도 모른다고 감히 말해 본다.

이를테면 섬세한 피부라든가, 만지면 부드러울 것 같은 영혼을 느끼는 방법으로서의 정겨움은 왠지 나약함이나 수동성으로 이끌릴 위험이 없지 않다. 한 인간이 그처럼 예민하기만 해서는 거의 미지근한 희미함으로 빠질 영향을 받을 위험에 노출된다. 그러니 생존을 위해서는 신중한 사람들처럼, 오늘 할 일을 제외한 일에는 근심을 하지 않는 사람들처럼 선택할 것은 선택하고 버릴 것은 버려야 하지 않을까? 그럼에도 불구하고 그것이 무슨 일에서건 앞장선다면, 정겨움은 하나의 행위이자 세상을 향해 다가가는 방법이다. 그러기 위해서는 맹목적으로 엉겨붙기보다는 조심스럽게 다가가야 한다. 그러니 정겨움의 속성은 흐물흐물하다기보다는 부지런함 쪽에 가깝다고 보아야 할 것이다.

정겨움은 온순함과 더불어 난폭함이나 건방진 사람들의 거친 행동, 폭력적인 수단 등에는 적대감을 느낀다. 보다 긍정적인 입장에서 정겨움과 온순함은 인간이건 동물이건 식물이건 어떤 존재에게도 해를 입히지 않을 방법을 모색한다. 또한 평온함이 동물과 식물 속으로 퍼질 때, 정겨움과 온순함은 그 평온함을 교란시키지 않으려 한다. 나는 온순함보다는 정겨움 속에서 위험을 각오한 보다 비장한 운명을 엿볼 수 있고, 따뜻한 가슴으로부터 나온 흔치 않은 친절, 보다 굳건한 신념과 연민을 느낀다.

그런데 정겨움에 상반되는 개념을 찾기가 어렵다. 온순함은 완고함과, 예민함은 무감각과, 가벼움은 무거움과 잘 대치되는데 말이다. 정겨움이 다른 개념들처럼 그것과 상반되는 개념이 없다고 해서 크게 괘념하지 않는다. 만에 하나 힘을 잃어 현실 속에서 그것과는 너무나 먼 느낌을 주는 미움 같은 것과 만나더라도 타협 않고 그 자체로 만족하면 그만이니 말이다.

정겨운 이들은 영웅이나 성인·현자 같은 너무 튀는 인물은 아닐는지 모른다. 그래도 그런 이들이 내게는 모델이 되고, 그들의 행동이 나의 영감의 산물이기도 하다. 이를테면 다른 사람을 방해하지 않고, 과장된 친절을 베풀지 않으며, 나와 다른 사람을 엮는 우정의 관계를 단절하지 않고, 비록 세상이 내게 상처를 줄지라도 세상으로부터 오는 영향에 나를 노출시키는 행동들 말이다.

우리들 대부분은 어린 시절을 마감함과 동시에 너무도 쉽게 정겨움으로부터 등을 돌리고 대단한 정열로 살리라 갈망한다. 사실 진정한 열정으로 누군가를 사랑하는 이는, 단 한 사람으로부터 자신의 삶의 의미와 행복을 길어온다. 어떻게 그런 특권을 단 한 사람에게만 부여하고 나머지는 모두 배제하는지 의아해할 이도 분명히 있을 것이다. 게다가 자신의 운명을 단 한 사람에게 걸다니 신중하지 못한 처사가 아닌가 항의할 이도 있으리라. 사실 현대인들은 한 사람에게 만족하지 못하고, 여럿에게 열정을 느낄 자격이 모두에게 있다고 믿는다. 그러나 사물함에 가방을 던져 놓듯이 아무에게나 던질 수 있는 열정은, 우리가 굳게 믿어 마지않았던 순수한 열정의 숭고한 광기와는 하등의 상관이 없는 오락에 불과하다.

정겨움은 열정과는 다르게 모두에게 골고루 혜택을 부여하여 그 복스런 효과가 미치지 않는 곳이 없다. 어떤 이는 입가에, 다른 이는 이마에, 또 가슴으로 그 효력을 받는다. 설혹 거절당하거나 조롱당해도 괘념하지 않는 것이 언젠가는 감사하는 마음으로 자기를 받아들일 이가 있다는 것을 잘 알기 때문이다. 그런데 이토록 자유로이 퍼뜨리는 정겨움의 효과가 혹시 감정의 낭비는 아닐까? 한 사람의 얼굴을 들여다보며 정답게 얘기를 나누고, 또 다른 사람의 손을 지그시 잡는 것이 나쁜 일일까? 정겨움은 힘을 잘

조정하여, 일단 힘이 고갈되면 한 방울 한 방울의 에너지를 짜낼 것이다. 그렇다면 이것을 인색함이라기보다는 고갈 또는 소진이라고 해야 옳을 것이다. 세계 최고의 미인도 자기가 가진 것 이상은 줄 수 없지 않겠는가?

  결국 이런 걱정을 하는 것은 어리석기 짝이 없다. 왜냐하면 정겨움이라는 미덕은 소진될 수 있는 성질의 것도 아니고, 일단 고갈되면 저절로 보충이 되니 말이다. 정겨움은 때로 공정하게 여럿에게 나누어 주는 형태를 빌릴 수도 있는데, 그것은 단 한번의 경험을 위해 가진 모든 것을 내놓으려 하지 않기 때문이다.

  그리고 이 모든 행위에는 사랑이 있다.

  사랑하는 사람이나 벗으로부터 좋지 않은 말을 들었을 때, 근본이 정겨운 인간으로부터 풍기는 정겨움은 그것을 지혜롭게 극복할 수 있도록 도와 준다. 바로 그럴 때 우리는 관대함을 발휘하고, 우리의 사랑이 타인에게까지 뻗치기를 바란다. 때로는 그들(단순한 친구들이 아니라 진정한 벗)과 어울리지 않는 이들, 다시 말해서 스스로 그룹에서 떨어져 나가거나 적어도 타인들에게 무관심한 이들도 있다. 한 쌍의 남녀가 둘에서 충분히 행복하다고 치자. 이들은 필요한 경우에만 주변 사람들을 만난다. 만일 어떤 이가 원하지 않는데도 이 두 사람 사이에 끼어들 때 그는 침입자가 된다. 이 사람은 우리와 같은 어휘(우리 커플이 함께 지어낸 어휘들)로 말하지 않고, 재미없고 정신나간 소리들만 지껄인다고 그들은 말하리라. 둘만의 소중한 시간을 빼앗고, 원하지도 않는데 대중 앞으로 끌어들인다고 속으로 욕할 것이다. 그러니까 이런 감정은 한창 사랑에 빠진 젊은 여자들에게는 비속한 질투가 아닌 너무도 당연한 자기 권리이다. 따라서 이들에게 타인은 그들이 원할 때에만 기분 좋은 매개자로 나서야 할 뿐인 것이다.

진정한 우정도 그러한 방식으로 요약될 수 있을 것이다. "난 네가 어떤 친군지 잘 모를 뿐더러 내가 없다고 해서 네가 날 그리워할 것이라고는 생각지 않아. 내가 아무리 장점이 많아도, 나의 충만한 우정의 관계에서 너의 자리는 없어. 존재한다는 말의 진정한 의미에서 볼 때 너는 내게 존재하지 않는 것이나 마찬가지야." 이런 경우는 참으로 답답하다. 타인으로부터 떨어져 나올 만큼 누군가와 강한 유대 관계를 맺기 위해 아무도 이런 상황을 피할 수 없고, 또 결코 속되다고만 할 수 없다 해도 말이다.

정겨운 이들은 이런 유의 고립주의적인 행동 따윈 하지 않을 것이다. 그는 세상과 별, 어린이, 섬세한 사람들, 불우한 얼굴을 한 사람들, 눈앞에 펼쳐지는 고속도로와 막다른 길 쪽으로 마음을 열어둔다. 이렇게 그의 마음에 와닿는 모든 것은 처음의 매력을 잃지 않으면서 교묘히 그를 빠져나간다. 그로서는 타자(세상)로부터 눈을 돌리지 않으니 세상에 무관심할 수도, 때로는 흐뭇한 초대일 수도 있고 때로는 다급한 구원 요청일 수도 있는 세상이 부르는 소리에 귀를 기울이지 않을 수도 없다. 그러다가 이제 사람들과 사물들을 다정하게 매만지고, 그 사이를 눈으로나마 거니는 것에 맛을 들이고 만다. 그의 웃음어린 눈길을 받은 순결하고 용감한 사람들은 잠시 동요하지만, 이내 그들이 평화로이 쉴 수 있도록 놓아둔다. 친구를 배반하려는 생각도, 집합 대신 해산하려는 생각도 하지 않는다. 그저 각 상황마다 지키기 어렵지만 무한한 가치가 있는 수많은 관계망을 만들어 놓는다. 친구의 살가운 우정을 듬뿍 받은 처지에 그가 잠시 한눈을 판다고 불평을 할 수도 없지 않는가? 사랑조차도 매번 기적을 일으키지 않는 마당에 정겹지 않은 이들마저도 곧 정겨워질 테니 이제 걱정은 그만해도 될 성싶다.

\* \*

어린 시절부터 우리는 다정한 애무와 정겨움을 뭉뚱그려 생각하곤 했다. 그러다 조금 자라서는 어린 시절 어머니께서 쓰다듬어 주고 자근자근 깨물어 주었던, 마치 때리는 척하였던 모습들을 기억해 내곤 하였다. 물론 우리도 어머니에게 다가가 몸을 비비대고, 온통 뽀뽀로 도배를 한 기억이 있지만 말이다. 애무는 그냥 애무일 뿐 움켜쥐는 것이 아니다. 그것은 남성보다는 여성 쪽에 가깝고, 폭력보다는 온순함에, 힘의 대결보다는 우정의 약속에, 거리를 두기보다는 융합에 가까운 것이다. 나약하고 예민하

며 덧없는 피부는 다정한 애무를 불러일으킨다. 이 피부를 단순한 가죽이나 표면에 불과하다고 믿는 한 역할은 최소화될 수밖에 없다. 피부라는 표면은 경우에 따라 꼭 필요한 삼차원, 다시 말해서 깊이가 존재하지 않는다. 피부는 노출시키는 대신에 가리는 역할을 한다. 피부가 떤다고 해서 인체의 신비를 다 드러내지는 않는다. 피부의 다양성은 피부와 접하고 있는 사지로부터 오는 것이지 피부 자체로부터 오는 것이 아니다. 일반적으로 아름다운 것이 그 기능도 잘할 것이라는 우리의 통념을 오늘날 과학이 입증하고 있는 추세이다. 그러니까 겉모습이나 형태는 거의 무용한 것이 아니라 완벽을 향한 과정이라고 보아야 할 것이다. 때로는 육체적으로 아름답지만 부도덕하거나 머릿속은 텅 빈 사람들도 있고 보면, 지나치게 미학적인 면에 치우치는 것은 유감스러운 일임도 부정할 수 없다.

  피부는 중용의 미덕을 표방하지 않고, 안과 바깥과의 역동적인 관계 속에 놓여 있다. 안은 살집과 영적인 모험이자 삶의 약진이라고 할 수 있는, 움직이는 내장일 것이요, 바깥은 외부와의 접촉으로 변신하기 전의 무질서한 다중음성적 소음이다. 바깥은 안, 그러니까 피부라는 보호막이 없으면 흉한 편인 내장보다 덜 위협적으로 보인다. 피부는 진동하지도, 꼬르륵대지도 않는다. 우리의 생존에 불가피한 수많은 기능들로 엉망이 되지도 않는다. 피부가 아무리 그 넓디넓은 폭으로 안과 바깥을 모두 수용한다고 해도 모든 것을 다 받아들이지는 않는다. 피부는 상징적인 신체 기관인 눈이나 귀보다도 훨씬 상황에 잘 적응하여 다양한 기능의 차이를 통해 우리 존재에 걸맞은 교향악을 만들어 낸다.

피부는 절대 생기 없는 현실이 아니다. 비록 동질적인 형태를 가지고 있지만 수용체와 분석체, 저항선과 수용점·침전층들을 가지고 있는 역동적인 현실이다. 이 모두 생물학을 통해서 알게 되었지만, 사실 피부라는 무한한 다양성의 현실 속에서 나는 현기증을 느껴서 그 현실을 잊고 싶은 생각이 들 정도였다.

애무는 피부의 안과 바깥이 섞이는 역동적인 부분을 취해 능숙하게 매만지며 만끽한다. 애무는 손으로 이루어지는 몸짓이지만, 동시에 많은 것을 수용한다. 때로는 상대방의 감각을 깨우고, 상대의 몸 전체에서 어떤 반응이 올지를 질문하고 걱정하기도 한다. 애무가 갖는 특권적인 기능은 그 이중성, 다시 말해서 감각을 느끼는 동시에 예민할 수 있고, 주도를 하지만 그 주도를 통해 변화를 겪을 수 있음에 있다.

애무로만 정겨움을 표현할 수 있는 것은 아니지만, 정겨움의 중요한 한 부분이 될 수는 있다. 애무는 물질적인 터치보다 훨씬 더 강한 에너지를 순전히 플라토닉한 형태로부터 끌어내기도 한다. 물질적이거나 감각적인 압력이 부족한 시선도 기막힌 방법으로 애무를 실현하지 않는가. 이제 시선에 이어 손이 그 숭고한 임무를 다할 차례이다. 임종을 지켜보며, 우리는 내밀어진 그의 손을 살며시 잡는다. 자식을 잃어 비틀거리며 방황하는 친구에게 위로의 말은 아무 쓸모가 없다. 그 불행에 함께 슬퍼하며 아무 말 없이 몇 초 동안 그의 어깨 위에 손을 얹는다면, 비록 작은 몸짓에 지나지 않을망정 적어도 그가 이 힘든 세상에 혼자 버려졌다는 느낌을 갖지는 않을 것이다.

가스실로 보내기 위해 떼어 놓은 두 사람이 누가 먼저랄 것 없이 현재의 비탄에도 불구하고 상대방에게 희망의 미소를 보낸다. 그것은 언젠가는 다시 만날 수 있으리라는, 우리 둘은 운명적으로 맺어져 있기에 요란스레 얼싸안지 않아도 된다는 것을 상징하는 미소이리라.

세상이 점점 살기 힘들게 변해 가고 야만스러워지고 사랑 부족이 심화되었다 해도, 세상의 응석을 다 받아 주거나 끔찍한 일들에 전혀 아랑곳하지 않는 듯 행동해서는 안 된다. 끔찍한 것들은 이 세상으로부터 몰아내 버려야 하고, 삶의 폭풍 속에 휘말린 이들에게는 비록 미약할지언정 가끔씩이나마 정겨운 몸짓을 보여야 한다. 우리는 감각적이고 관능적인 것, 사랑하는 존재와 가까이 하며 느끼는 자잘한 행복은 포기할 수 있다. 그러나 존엄성을 가진 인간으로서 자기보다 강한 자에게 항거할 수 있는 용기와 용납할 수 없는 것을 거절할 수 있는 위엄을 포기해서는 안 된다. 이제 정겨움은 더 이상 온순함이 아닌 시대에 부합하는 아첨의 거절, 더 이상 애정 확인의 찬가가 아닌 부당함에 대항하여 단결을 부르짖는 외침인 것이다.

그래야 비로소 행복의 물결이 넘실대고, 살 만하며, 사랑이 넘쳐나는 그런 세상이 돌아오리라.

그녀는 언제나 그림을 그리고 또 그렸다. 그림 그리는 행위의 양을 헤아릴 수 있다면 지나칠 정도로 그렸다. 이 세상에 그릴 수 있는 것이라면 모두 다 그렸다. 들판과 강, 다리와 숲도 그렸고, 사람들과 거리, 항구에 정박한 배들, 폭풍 전야와 폭풍이 부는 동안의 하늘의 변화도 그렸다. 하다못해 카페에서까지 단골손님들이 그다지 좋아하지 않는데도 그렸고, 사람들로 미어터지는 전철역의 전경도 그렸다. 그녀는 사람들의 눈에 별로 띄지 않는 스타일이었고, 혼자서 이젤과 캔버스를 들고 시골에 내려가 머물기를 좋아했다. 또한 그리려는 장소에 적합한 형태와 색상을 써서 그림을 잘 그렸고, 잔꾀 따윈 부리지 않았다.

그녀는 일상 생활의 행복에 젖어들기 위해 가끔 그림 그리기를 멈추기도 했다. 그런데 적어도 나에게는 그녀가 나와 대화를 하면서도 머릿속으로는 데생을 하고 있지 않나 하는 생각이 들었다. 내가 말할 때, 적어도 내 말을 듣기나 하는 것인가? 그녀는 우리의 질문에 적절한 대답을 하였는데, 자신의 일에 집중하면서도 그렇듯 안 그런 척하는 재주가 있었다. 칭찬을 해도, 상처입힐 말을 해도 그녀는 미소만 지을 뿐이었다. 때문에 나는 그녀가 좀 멍청한 건가, 아니면 너무 온순한 건가 의심해 보지 않을 수 없었다. 또한 그녀는 한번도 자신의 재능을 자랑하지 않았고, 원한다면 손쉽게 데생에서 손을 떼기도 했다. 예술 위에는 아무것도 놓지 않는 그런 예술가들처럼 구태여 자신을 화가라고 소개하지도 않았다. 그저 대지가 우리 앞에 보여지는 방법에 민감했을 뿐이었으며, 이 자연의 은혜로운 움직임 하나하나에 감동하여 순간적으로 그것을 포착함으로써 그 증인이 되려 했을 뿐이었다.

지금은 왜 그녀의 그같은 섬세함에 더욱 민감하지 않았을까 후회한다. 우리들 대부분은 삶을 살면서 우리에게 주어진 것의 소중함을 가늠하지 못한다. 그런데 나는 그녀의 그런 점에 화를 냈고, 왜 내가 기분이 나쁜지조차 말할 엄두를 내지 못하고 말았다. 나는 그녀가 이 세상의 모든 움직임에 그토록 자신을 내주면서 어떻게 나에게도 애정을 나누어 줄 수 있을지를 의심했다. 그러니까 그녀에게 있어 나는 광활한 대륙과 계절을 멋지게 순환시키는 거대한 수레바퀴의 작은 톱니에 불과할 것이라고 믿어 버렸다.

나는 일말의 양심의 가책도 느끼지 않으며 그녀를 떠났고, 그녀가 나를 잊기에 이 우주는 충분히 아름다울 것이라 생각했다. 그러나 얼마쯤 지나 친구들은 그녀가 우리의 헤어짐에서 큰 상처를 받아 우울증을 앓고 있다고 말해 주었다. 이제는 되돌릴 수 없을 나의 맹목적인 고집과 바보스러움을 사죄하기 위해, 사실은 그녀가 옳았다는 것을 정겨움이라는 주제를 통해 증명하기 위해 이렇게 몇 줄 적어 보았다.

가스실로 보내기 위해 떼어 놓은 두 사람이
누가 먼저랄 것 없이 현재의 비탄에도 불구하고
상대방에게 희망의 미소를 보낸다.
그것은 언젠가는 다시 만날 수 있으리라는,
우리 둘은 운명적으로 맺어져 있기에
요란스레 얼싸안지 않아도 된다는 것을 상징하는
미소이리라.

서민원

성신여대 불문과 졸업
한국외국어대 불어과 석사
한국외국어대 불어과 박사과정 수료
프랑스 프랑슈콩테대학 DEA과정 수료
역서: 《여성의 상태》《공포의 권력》《욕망에 대하여》
《미친 진실》《보건 유토피아》《의학적 추론》


이젠 다시 유혹하지 않으런다

초판발행 : 2003년 10월 10일

지은이 : 피에르 쌍소
옮긴이 : 서민원
총편집 : **韓仁淑**
펴낸곳 : **東文選**
제10-64호, 78. 12. 16 등록
110-300 서울 종로구 관훈동 74
전화 : 737-2795

편집설계 : **劉泫兒 李姃롯**
ISBN 89-8038-918-3 03860

【東文選 現代新書】

| | | | |
|---|---|---|---|
| 1 | 21세기를 위한 새로운 엘리트 | FORESEEN 연구소 / 김경현 | 7,000원 |
| 2 | 의지, 의무, 자유 — 주제별 논술 | L. 밀러 / 이대희 | 6,000원 |
| 3 | 사유의 패배 | A. 핑켈크로트 / 주태환 | 7,000원 |
| 4 | 문학이론 | J. 컬러 / 이은경·임옥희 | 7,000원 |
| 5 | 불교란 무엇인가 | D. 키언 / 고길환 | 6,000원 |
| 6 | 유대교란 무엇인가 | N. 솔로몬 / 최창모 | 6,000원 |
| 7 | 20세기 프랑스철학 | E. 매슈스 / 김종갑 | 8,000원 |
| 8 | 강의에 대한 강의 | P. 부르디외 / 현택수 | 6,000원 |
| 9 | 텔레비전에 대하여 | P. 부르디외 / 현택수 | 7,000원 |
| 10 | 고고학이란 무엇인가 | P. 반 / 박범수 | 8,000원 |
| 11 | 우리는 무엇을 아는가 | T. 나겔 / 오영미 | 5,000원 |
| 12 | 에쁘롱 — 니체의 문체들 | J. 데리다 / 김다은 | 7,000원 |
| 13 | 히스테리 사례분석 | S. 프로이트 / 태혜숙 | 7,000원 |
| 14 | 사랑의 지혜 | A. 핑켈크로트 / 권유현 | 6,000원 |
| 15 | 일반미학 | R. 카이유와 / 이경자 | 6,000원 |
| 16 | 본다는 것의 의미 | J. 버거 / 박범수 | 10,000원 |
| 17 | 일본영화사 | M. 테시에 / 최은미 | 7,000원 |
| 18 | 청소년을 위한 철학교실 | A. 자카르 / 장혜영 | 7,000원 |
| 19 | 미술사학 입문 | M. 포인턴 / 박범수 | 8,000원 |
| 20 | 클래식 | M. 비어드·J. 헨더슨 / 박범수 | 6,000원 |
| 21 | 정치란 무엇인가 | K. 미노그 / 이정철 | 6,000원 |
| 22 | 이미지의 폭력 | O. 몽젱 / 이은민 | 8,000원 |
| 23 | 청소년을 위한 경제학교실 | J. C. 드루엥 / 조은미 | 6,000원 |
| 24 | 순진함의 유혹 〔메디시스賞 수상작〕 | P. 브뤼크네르 / 김웅권 | 9,000원 |
| 25 | 청소년을 위한 이야기 경제학 | A. 푸르상 / 이은민 | 8,000원 |
| 26 | 부르디외 사회학 입문 | P. 보네위츠 / 문경자 | 7,000원 |
| 27 | 돈은 하늘에서 떨어지지 않는다 | K. 아른트 / 유영미 | 6,000원 |
| 28 | 상상력의 세계사 | R. 보이아 / 김웅권 | 9,000원 |
| 29 | 지식을 교환하는 새로운 기술 | A. 벵토릴라 外 / 김혜경 | 6,000원 |
| 30 | 니체 읽기 | R. 비어즈워스 / 김웅권 | 6,000원 |
| 31 | 노동, 교환, 기술 — 주제별 논술 | B. 데코사 / 신은영 | 6,000원 |
| 32 | 미국만들기 | R. 로티 / 임옥희 | 10,000원 |
| 33 | 연극의 이해 | A. 쿠프리 / 장혜영 | 8,000원 |
| 34 | 라틴문학의 이해 | J. 가야르 / 김교신 | 8,000원 |
| 35 | 여성적 가치의 선택 | FORESEEN연구소 / 문신원 | 7,000원 |
| 36 | 동양과 서양 사이 | L. 이리가라이 / 이은민 | 7,000원 |
| 37 | 영화와 문학 | R. 리처드슨 / 이형식 | 8,000원 |
| 38 | 분류하기의 유혹 — 생각하기와 조직하기 | G. 비뇨 / 임기대 | 7,000원 |
| 39 | 사실주의 문학의 이해 | G. 라루 / 조성애 | 8,000원 |
| 40 | 윤리학 — 악에 대한 의식에 관하여 | A. 바디우 / 이종영 | 7,000원 |
| 41 | 흙과 재 〔소설〕 | A. 라히미 / 김주경 | 6,000원 |

| | | | |
|---|---|---|---|
| 42 | 진보의 미래 | D. 르쿠르 / 김영선 | 6,000원 |
| 43 | 중세에 살기 | J. 르 고프 外 / 최애리 | 8,000원 |
| 44 | 쾌락의 횡포·상 | J. C. 기유보 / 김웅권 | 10,000원 |
| 45 | 쾌락의 횡포·하 | J. C. 기유보 / 김웅권 | 10,000원 |
| 46 | 운디네와 지식의 불 | B. 데스파냐 / 김웅권 | 8,000원 |
| 47 | 이성의 한가운데에서 — 이성과 신앙 | A. 퀴노 / 최은영 | 6,000원 |
| 48 | 도덕적 명령 | FORESEEN 연구소 / 우강택 | 6,000원 |
| 49 | 망각의 형태 | M. 오제 / 김수경 | 6,000원 |
| 50 | 느리게 산다는 것의 의미·1 | P. 쌍소 / 김주경 | 7,000원 |
| 51 | 나만의 자유를 찾아서 | C. 토마스 / 문신원 | 6,000원 |
| 52 | 음악적 삶의 의미 | M. 존스 / 송인영 | 근간 |
| 53 | 나의 철학 유언 | J. 기통 / 권유현 | 8,000원 |
| 54 | 타르튀프 / 서민귀족 [희곡] | 몰리에르 / 덕성여대극예술비교연구회 | 8,000원 |
| 55 | 판타지 공장 | A. 플라워즈 / 박범수 | 10,000원 |
| 56 | 홍수·상 [완역판] | J. M. G. 르 클레지오 / 신미경 | 8,000원 |
| 57 | 홍수·하 [완역판] | J. M. G. 르 클레지오 / 신미경 | 8,000원 |
| 58 | 일신교 — 성경과 철학자들 | E. 오르티그 / 전광호 | 6,000원 |
| 59 | 프랑스 시의 이해 | A. 바이양 / 김다은·이혜지 | 8,000원 |
| 60 | 종교철학 | J. P. 힉 / 김희수 | 10,000원 |
| 61 | 고요함의 폭력 | V. 포레스테 / 박은영 | 8,000원 |
| 62 | 고대 그리스의 시민 | C. 모세 / 김덕희 | 7,000원 |
| 63 | 미학개론 — 예술철학입문 | A. 셰퍼드 / 유호전 | 10,000원 |
| 64 | 논증 — 담화에서 사고까지 | G. 비뇨 / 임기대 | 6,000원 |
| 65 | 역사 — 성찰된 시간 | F. 도스 / 김미겸 | 7,000원 |
| 66 | 비교문학개요 | F. 클로동·K. 아다-보트링 / 김정란 | 8,000원 |
| 67 | 남성지배 | P. 부르디외 / 김용숙 | 개정판 10,000원 |
| 68 | 호모사피언스에서 인터렉티브인간으로 | FORESEEN 연구소 / 공나리 | 8,000원 |
| 69 | 상투어 — 언어·담론·사회 | R. 아모시·A. H. 피에로 / 조성애 | 9,000원 |
| 70 | 우주론이란 무엇인가 | P. 코올즈 / 송형석 | 근간 |
| 71 | 푸코 읽기 | P. 빌루에 / 나길래 | 8,000원 |
| 72 | 문학논술 | J. 파프·D. 로쉬 / 권종분 | 8,000원 |
| 73 | 한국전통예술개론 | 沈雨晟 | 10,000원 |
| 74 | 시학 — 문학 형식 일반론 입문 | D. 퐁텐 / 이용주 | 8,000원 |
| 75 | 진리의 길 | A. 보다르 / 김승철·최정아 | 9,000원 |
| 76 | 동물성 — 인간의 위상에 관하여 | D. 르스텔 / 김승철 | 6,000원 |
| 77 | 랑가쥬 이론 서설 | L. 옐름슬레우 / 김용숙·김혜련 | 10,000원 |
| 78 | 잔혹성의 미학 | F. 토넬리 / 박형섭 | 9,000원 |
| 79 | 문학 텍스트의 정신분석 | M. J. 벨멩-노엘 / 심재중·최애영 | 9,000원 |
| 80 | 무관심의 절정 | J. 보드리야르 / 이은민 | 8,000원 |
| 81 | 영원한 황홀 | P. 브뤼크네르 / 김웅권 | 9,000원 |
| 82 | 노동의 종말에 반하여 | D. 슈나페르 / 김교신 | 6,000원 |
| 83 | 프랑스영화사 | J. -P. 장콜라 / 김혜련 | 8,000원 |

| | | | |
|---|---|---|---|
| 84 | 조와(弔蛙) | 金教臣 / 노치준·민혜숙 | 8,000원 |
| 85 | 역사적 관점에서 본 시네마 | J.-L. 뢰트라 / 곽노경 | 8,000원 |
| 86 | 욕망에 대하여 | M. 슈벨 / 서민원 | 8,000원 |
| 87 | 산다는 것의 의미·1—여분의 행복 | P. 쌍소 / 김주경 | 7,000원 |
| 88 | 철학 연습 | M. 아롱델-로오 / 최은영 | 8,000원 |
| 89 | 삶의 기쁨들 | D. 노게 / 이은민 | 6,000원 |
| 90 | 이탈리아영화사 | L. 스키파노 / 이주현 | 8,000원 |
| 91 | 한국문화론 | 趙興胤 | 10,000원 |
| 92 | 현대연극미학 | M.-A. 샤르보니에 / 홍지화 | 8,000원 |
| 93 | 느리게 산다는 것의 의미·2 | P. 쌍소 / 김주경 | 7,000원 |
| 94 | 진정한 모럴은 모럴을 비웃는다 | A. 에슈고엔 / 김웅권 | 8,000원 |
| 95 | 한국종교문화론 | 趙興胤 | 10,000원 |
| 96 | 근원적 열정 | L. 이리가라이 / 박정오 | 9,000원 |
| 97 | 라캉, 주체 개념의 형성 | B. 오질비 / 김 석 | 9,000원 |
| 98 | 미국식 사회 모델 | J. 바이스 / 김종명 | 7,000원 |
| 99 | 소쉬르와 언어과학 | P. 가데 / 김용숙·임정혜 | 10,000원 |
| 100 | 철학적 기본 개념 | R. 페르버 / 조국현 | 8,000원 |
| 101 | 철학자들의 동물원 | A. L. 브라-쇼파르 / 문신원 | 근간 |
| 102 | 글렌 굴드, 피아노 솔로 | M. 슈나이더 / 이창실 | 7,000원 |
| 103 | 문학비평에서의 실험 | C. S. 루이스 / 허 종 | 8,000원 |
| 104 | 코뿔소 〔희곡〕 | E. 이오네스코 / 박형섭 | 8,000원 |
| 105 | 지각—감각에 관하여 | R. 바르바라 / 공정아 | 7,000원 |
| 106 | 철학이란 무엇인가 | E. 크레이그 / 최생열 | 8,000원 |
| 107 | 경제, 거대한 사탄인가? | P.-N. 지로 / 김교신 | 7,000원 |
| 108 | 딸에게 들려 주는 작은 철학 | R. 시몬 셰퍼 / 안상원 | 7,000원 |
| 109 | 도덕에 관한 에세이 | C. 로슈·J.-J. 바레르 / 고수현 | 6,000원 |
| 110 | 프랑스 고전비극 | B. 클레망 / 송민숙 | 8,000원 |
| 111 | 고전수사학 | G. 위딩 / 박성철 | 10,000원 |
| 112 | 유토피아 | T. 파코 / 조성애 | 7,000원 |
| 113 | 쥐비알 | A. 자르댕 / 김남주 | 7,000원 |
| 114 | 증오의 모호한 대상 | J. 아순 / 김승철 | 8,000원 |
| 115 | 개인—주체철학에 대한 고찰 | A. 르노 / 장정아 | 7,000원 |
| 116 | 이슬람이란 무엇인가 | M. 루스벤 / 최생열 | 8,000원 |
| 117 | 테러리즘의 정신 | J. 보드리야르 / 배영달 | 8,000원 |
| 118 | 역사란 무엇인가 | 존 H. 아널드 / 최생열 | 8,000원 |
| 119 | 느리게 산다는 것의 의미·3 | P. 쌍소 / 김주경 | 7,000원 |
| 120 | 문학과 정치 사상 | P. 페티티에 / 이종민 | 8,000원 |
| 121 | 가장 아름다운 하나님 이야기 | A. 보테르 外 / 주태환 | 8,000원 |
| 122 | 시민 교육 | P. 카니베즈 / 박주원 | 9,000원 |
| 123 | 스페인영화사 | J.-C. 스갱 / 정동섭 | 8,000원 |
| 124 | 인터넷상에서—행동하는 지성 | H. L. 드레퓌스 / 정혜욱 | 9,000원 |
| 125 | 내 몸의 신비—세상에서 가장 큰 기적 | A. 지오르당 / 이규식 | 7,000원 |

| 126 세 가지 생태학 | F. 가타리 / 윤수종 | 8,000원 |
| 127 모리스 블랑쇼에 대하여 | E. 레비나스 / 박규현 | 9,000원 |
| 128 위뷔 왕 〔희곡〕 | A. 자리 / 박형섭 | 8,000원 |
| 129 번영의 비참 | P. 브뤼크네르 / 이창실 | 8,000원 |
| 130 무사도란 무엇인가 | 新渡戶稻造 / 沈雨晟 | 7,000원 |
| 131 천 개의 집 〔소설〕 | A. 라히미 / 김주경 | 근간 |
| 132 문학은 무슨 소용이 있는가? | D. 살나브 / 김교신 | 7,000원 |
| 133 종교에 대하여─행동하는 지성 | 존 D. 카푸토 / 최생열 | 9,000원 |
| 134 노동사회학 | M. 스트루방 / 박주원 | 8,000원 |
| 135 맞불·2 | P. 부르디외 / 김교신 | 10,000원 |
| 136 믿음에 대하여─행동하는 지성 | S. 지제크 / 최생열 | 9,000원 |
| 137 법, 정의, 국가 | A. 기그 / 민혜숙 | 8,000원 |
| 138 인식, 상상력, 예술 | E. 아카마츄 / 최돈호 | 근간 |
| 139 위기의 대학 | ARESER / 김교신 | 10,000원 |
| 140 카오스모제 | F. 가타리 / 윤수종 | 10,000원 |
| 141 코란이란 무엇인가 | M. 쿡 / 이강훈 | 근간 |
| 142 신학이란 무엇인가 | D. F. 포드 / 노치준·강혜원 | 근간 |
| 143 누보 로망, 누보 시네마 | C. 뮈르시아 / 이창실 | 8,000원 |
| 144 지능이란 무엇인가 | I. J. 디어리 / 송형석 | 근간 |
| 145 중세의 기사들 | E. 부라생 / 임호경 | 근간 |
| 146 철학에 입문하기 | Y. 카탱 / 박선주 | 8,000원 |
| 147 지옥의 힘 | J. 보드리야르 / 배영달 | 8,000원 |
| 148 철학 기초 강의 | F. 로피 / 공나리 | 8,000원 |
| 149 시네마토그래프에 대한 단상 | R. 브레송 / 오일환·김경온 | 9,000원 |
| 150 성서란 무엇인가 | J. 리치스 / 최생열 | 근간 |
| 151 프랑스 문학사회학 | 신미경 | 8,000원 |
| 152 잡사와 문학 | F. 에브라르 / 최정아 | 근간 |
| 153 세계의 폭력 | J. 보드리야르·E. 모랭 / 배영달 | 근간 |
| 154 잠수복과 나비 | J. -D. 보비 / 양영란 | 6,000원 |
| 155 고전 할리우드 영화 | 자클린 나가쉬 / 최은영 | 근간 |
| 156 마지막 말, 마지막 미소 | B. 드 카스텔바자크 / 김승철·장정아 | 근간 |
| 157 몸의 시학 | J. 피죠 / 김선미 | 근간 |
| 158 철학의 기원에 대하여 | C. 콜로베르 / 김정란 | 근간 |
| 1001 《제7의 봉인》 비평연구 | E. 그랑조르주 / 이은민 | 근간 |
| 1002 《쥘과 짐》 비평연구 | C. 르 베르 / 이은민 | 근간 |
| 1003 《시민 케인》 | L. 멀비 / 이형식 | 근간 |
| 1004 《새》 | C. 파질리아 / 이형식 | 근간 |

**【東文選 文藝新書】**

| 1 저주받은 詩人들 | A. 뻬이르 / 최수철·김종호 | 개정근간 |
| 2 민속문화론서설 | 沈雨晟 | 40,000원 |
| 3 인형극의 기술 | A. 훼도토프 / 沈雨晟 | 8,000원 |

| | | | |
|---|---|---|---|
| 4 | 전위연극론 | J. 로스 에반스 / 沈雨晟 | 12,000원 |
| 5 | 남사당패연구 | 沈雨晟 | 19,000원 |
| 6 | 현대영미희곡선(전4권) | N. 코워드 外 / 李辰洙 | 절판 |
| 7 | 행위예술 | L. 골드버그 / 沈雨晟 | 18,000원 |
| 8 | 문예미학 | 蔡 儀 / 姜慶鎬 | 절판 |
| 9 | 神의 起源 | 何 新 / 洪 熹 | 16,000원 |
| 10 | 중국예술정신 | 徐復觀 / 權德周 外 | 24,000원 |
| 11 | 中國古代書史 | 錢存訓 / 金允子 | 14,000원 |
| 12 | 이미지 — 시각과 미디어 | J. 버거 / 편집부 | 12,000원 |
| 13 | 연극의 역사 | P. 하트놀 / 沈雨晟 | 12,000원 |
| 14 | 詩 論 | 朱光潛 / 鄭相泓 | 22,000원 |
| 15 | 탄트라 | A. 무케르지 / 金龜山 | 16,000원 |
| 16 | 조선민족무용기본 | 최승희 | 15,000원 |
| 17 | 몽고문화사 | D. 마이달 / 金龜山 | 8,000원 |
| 18 | 신화 미술 제사 | 張光直 / 李 徹 | 10,000원 |
| 19 | 아시아 무용의 인류학 | 宮尾慈良 / 沈雨晟 | 20,000원 |
| 20 | 아시아 민족음악순례 | 藤井知昭 / 沈雨晟 | 5,000원 |
| 21 | 華夏美學 | 李澤厚 / 權 瑚 | 15,000원 |
| 22 | 道 | 張立文 / 權 瑚 | 18,000원 |
| 23 | 朝鮮의 占卜과 豫言 | 村山智順 / 金禧慶 | 15,000원 |
| 24 | 원시미술 | L. 아담 / 金仁煥 | 16,000원 |
| 25 | 朝鮮民俗誌 | 秋葉隆 / 沈雨晟 | 12,000원 |
| 26 | 神話의 이미지 | J. 캠벨 / 扈承喜 | 근간 |
| 27 | 原始佛敎 | 中村元 / 鄭泰爀 | 8,000원 |
| 28 | 朝鮮女俗考 | 李能和 / 金尙憶 | 24,000원 |
| 29 | 朝鮮解語花史(조선기생사) | 李能和 / 李在崑 | 25,000원 |
| 30 | 조선창극사 | 鄭魯湜 | 17,000원 |
| 31 | 동양회화미학 | 崔炳植 | 18,000원 |
| 32 | 性과 결혼의 민족학 | 和田正平 / 沈雨晟 | 9,000원 |
| 33 | 農漁俗談辭典 | 宋在璇 | 12,000원 |
| 34 | 朝鮮의 鬼神 | 村山智順 / 金禧慶 | 12,000원 |
| 35 | 道敎와 中國文化 | 葛兆光 / 沈揆昊 | 15,000원 |
| 36 | 禪宗과 中國文化 | 葛兆光 / 鄭相泓·任炳權 | 8,000원 |
| 37 | 오페라의 역사 | L. 오레이 / 류연희 | 18,000원 |
| 38 | 인도종교미술 | A. 무케르지 / 崔炳植 | 14,000원 |
| 39 | 힌두교의 그림언어 | 안넬리제 外 / 全在星 | 9,000원 |
| 40 | 중국고대사회 | 許進雄 / 洪 熹 | 30,000원 |
| 41 | 중국문화개론 | 李宗桂 / 李宰碩 | 23,000원 |
| 42 | 龍鳳文化源流 | 王大有 / 林東錫 | 25,000원 |
| 43 | 甲骨學通論 | 王宇信 / 李宰碩 | 근간 |
| 44 | 朝鮮巫俗考 | 李能和 / 李在崑 | 20,000원 |
| 45 | 미술과 페미니즘 | N. 부루드 外 / 扈承喜 | 9,000원 |

| | | | |
|---|---|---|---|
| 46 | 아프리카미술 | P. 윌레뜨 / 崔炳植 | 절판 |
| 47 | 美의 歷程 | 李澤厚 / 尹壽榮 | 28,000원 |
| 48 | 曼茶羅의 神들 | 立川武藏 / 金龜山 | 19,000원 |
| 49 | 朝鮮歲時記 | 洪錫謨 外/李錫浩 | 30,000원 |
| 50 | 하 상 | 蘇曉康 外 / 洪 熹 | 절판 |
| 51 | 武藝圖譜通志 實技解題 | 正 祖 / 沈雨晟・金光錫 | 15,000원 |
| 52 | 古文字學첫걸음 | 李學勤 / 河永三 | 14,000원 |
| 53 | 體育美學 | 胡小明 / 閔永淑 | 10,000원 |
| 54 | 아시아 美術의 再發見 | 崔炳植 | 9,000원 |
| 55 | 曆과 占의 科學 | 永田久 / 沈雨晟 | 8,000원 |
| 56 | 中國小學史 | 胡奇光 / 李宰碩 | 20,000원 |
| 57 | 中國甲骨學史 | 吳浩坤 外 / 梁東淑 | 35,000원 |
| 58 | 꿈의 철학 | 劉文英 / 河永三 | 22,000원 |
| 59 | 女神들의 인도 | 立川武藏 / 金龜山 | 19,000원 |
| 60 | 性의 역사 | J. L. 플랑드렝 / 편집부 | 18,000원 |
| 61 | 쉬르섹슈얼리티 | W. 챠드윅 / 편집부 | 10,000원 |
| 62 | 여성속담사전 | 宋在璇 | 18,000원 |
| 63 | 박재서희곡선 | 朴栽緖 | 10,000원 |
| 64 | 東北民族源流 | 孫進己 / 林東錫 | 13,000원 |
| 65 | 朝鮮巫俗의 硏究(상・하) | 赤松智城・秋葉隆 / 沈雨晟 | 28,000원 |
| 66 | 中國文學 속의 孤獨感 | 斯波六郎 / 尹壽榮 | 8,000원 |
| 67 | 한국사회주의 연극운동사 | 李康列 | 8,000원 |
| 68 | 스포츠인류학 | K. 블랑챠드 外 / 박기동 外 | 12,000원 |
| 69 | 리조복식도감 | 리팔찬 | 20,000원 |
| 70 | 娼 婦 | A. 꼬르뱅 / 李宗旼 | 22,000원 |
| 71 | 조선민요연구 | 高晶玉 | 30,000원 |
| 72 | 楚文化史 | 張正明 / 南宗鎭 | 26,000원 |
| 73 | 시간, 욕망, 그리고 공포 | A. 코르뱅 / 변기찬 | 18,000원 |
| 74 | 本國劍 | 金光錫 | 40,000원 |
| 75 | 노트와 반노트 | E. 이오네스코 / 박형섭 | 20,000원 |
| 76 | 朝鮮美術史硏究 | 尹喜淳 | 7,000원 |
| 77 | 拳法要訣 | 金光錫 | 30,000원 |
| 78 | 艸衣選集 | 艸衣意恂 / 林鍾旭 | 20,000원 |
| 79 | 漢語音韻學講義 | 董少文 / 林東錫 | 10,000원 |
| 80 | 이오네스코 연극미학 | C. 위베르 / 박형섭 | 9,000원 |
| 81 | 중국문자훈고학사전 | 全廣鎭 편역 | 23,000원 |
| 82 | 상말속담사전 | 宋在璇 | 10,000원 |
| 83 | 書法論叢 | 沈尹默 / 郭魯鳳 | 8,000원 |
| 84 | 침실의 문화사 | P. 디비 / 편집부 | 9,000원 |
| 85 | 禮의 精神 | 柳 肅 / 洪 熹 | 20,000원 |
| 86 | 조선공예개관 | 沈雨晟 편역 | 30,000원 |
| 87 | 性愛의 社會史 | J. 솔레 / 李宗旼 | 18,000원 |

| | | | |
|---|---|---|---|
| 88 | 러시아미술사 | A. I. 조토프 / 이건수 | 22,000원 |
| 89 | 中國書藝論文選 | 郭魯鳳 選譯 | 25,000원 |
| 90 | 朝鮮美術史 | 關野貞 / 沈雨晟 | 30,000원 |
| 91 | 美術版 탄트라 | P. 로슨 / 편집부 | 8,000원 |
| 92 | 군달리니 | A. 무케르지 / 편집부 | 9,000원 |
| 93 | 카마수트라 | 바쨔야나 / 鄭泰爀 | 18,000원 |
| 94 | 중국언어학총론 | J. 노먼 / 全廣鎭 | 28,000원 |
| 95 | 運氣學說 | 任應秋 / 李宰碩 | 15,000원 |
| 96 | 동물속담사전 | 宋在璇 | 20,000원 |
| 97 | 자본주의의 아비투스 | P. 부르디외 / 최종철 | 10,000원 |
| 98 | 宗敎學入門 | F. 막스 뮐러 / 金龜山 | 10,000원 |
| 99 | 변 화 | P. 바츨라빅크 外 / 박인철 | 10,000원 |
| 100 | 우리나라 민속놀이 | 沈雨晟 | 15,000원 |
| 101 | 歌訣(중국역대명언경구집) | 李宰碩 편역 | 20,000원 |
| 102 | 아니마와 아니무스 | A. 융 / 박해순 | 8,000원 |
| 103 | 나, 너, 우리 | L. 이리가라이 / 박정오 | 12,000원 |
| 104 | 베케트연극론 | M. 푸크레 / 박형섭 | 8,000원 |
| 105 | 포르노그래피 | A. 드워킨 / 유혜련 | 12,000원 |
| 106 | 셸 링 | M. 하이데거 / 최상욱 | 12,000원 |
| 107 | 프랑수아 비용 | 宋 勉 | 18,000원 |
| 108 | 중국서예 80제 | 郭魯鳳 편역 | 16,000원 |
| 109 | 性과 미디어 | W. B. 키 / 박해순 | 12,000원 |
| 110 | 中國正史朝鮮列國傳(전2권) | 金聲九 편역 | 120,000원 |
| 111 | 질병의 기원 | T. 매큐언 / 서 일·박종연 | 12,000원 |
| 112 | 과학과 젠더 | E. F. 켈러 / 민경숙·이현주 | 10,000원 |
| 113 | 물질문명·경제·자본주의 | F. 브로델 / 이문숙 外 | 절판 |
| 114 | 이탈리아인 태고의 지혜 | G. 비코 / 李源斗 | 8,000원 |
| 115 | 中國武俠史 | 陳 山 / 姜鳳求 | 18,000원 |
| 116 | 공포의 권력 | J. 크리스테바 / 서민원 | 23,000원 |
| 117 | 주색잡기속담사전 | 宋在璇 | 15,000원 |
| 118 | 죽음 앞에 선 인간(상·하) | P. 아리에스 / 劉仙子 | 각권 8,000원 |
| 119 | 철학에 대하여 | L. 알튀세르 / 서관모·백승욱 | 12,000원 |
| 120 | 다른 곳 | J. 데리다 / 김다은·이혜지 | 10,000원 |
| 121 | 문학비평방법론 | D. 베르제 外 / 민혜숙 | 12,000원 |
| 122 | 자기의 테크놀로지 | M. 푸코 / 이희원 | 16,000원 |
| 123 | 새로운 학문 | G. 비코 / 李源斗 | 22,000원 |
| 124 | 천재와 광기 | P. 브르노 / 김응권 | 13,000원 |
| 125 | 중국은사문화 | 馬 華·陳正宏 / 강경범·천현경 | 12,000원 |
| 126 | 푸코와 페미니즘 | C. 라마자노글루 外 / 최 영 外 | 16,000원 |
| 127 | 역사주의 | P. 해밀턴 / 임옥희 | 12,000원 |
| 128 | 中國書藝美學 | 宋 民 / 郭魯鳳 | 16,000원 |
| 129 | 죽음의 역사 | P. 아리에스 / 이종민 | 18,000원 |

| | | | |
|---|---|---|---|
| 130 | 돈속담사전 | 宋在璇 편 | 15,000원 |
| 131 | 동양극장과 연극인들 | 김영무 | 15,000원 |
| 132 | 生育神과 性巫術 | 宋兆麟 / 洪 熹 | 20,000원 |
| 133 | 미학의 핵심 | M. M. 이턴 / 유호전 | 20,000원 |
| 134 | 전사와 농민 | J. 뒤비 / 최생열 | 18,000원 |
| 135 | 여성의 상태 | N. 에니크 / 서민원 | 22,000원 |
| 136 | 중세의 지식인들 | J. 르 고프 / 최애리 | 18,000원 |
| 137 | 구조주의의 역사(전4권) | F. 도스 / 김웅권 外　Ⅰ·Ⅱ·Ⅳ 15,000원 / Ⅲ | 18,000원 |
| 138 | 글쓰기의 문제해결전략 | L. 플라워 / 원진숙·황정현 | 20,000원 |
| 139 | 음식속담사전 | 宋在璇 편 | 16,000원 |
| 140 | 고전수필개론 | 權 瑚 | 16,000원 |
| 141 | 예술의 규칙 | P. 부르디외 / 하태환 | 23,000원 |
| 142 | "사회를 보호해야 한다" | M. 푸코 / 박정자 | 20,000원 |
| 143 | 페미니즘사전 | L. 터틀 / 호승희·유혜련 | 26,000원 |
| 144 | 여성심벌사전 | B. G. 워커 / 정소영 | 근간 |
| 145 | 모데르니테 모데르니테 | H. 메쇼닉 / 김다은 | 20,000원 |
| 146 | 눈물의 역사 | A. 벵상뷔포 / 이자경 | 18,000원 |
| 147 | 모더니티입문 | H. 르페브르 / 이종민 | 24,000원 |
| 148 | 재생산 | P. 부르디외 / 이상호 | 18,000원 |
| 149 | 종교철학의 핵심 | W. J. 웨인라이트 / 김희수 | 18,000원 |
| 150 | 기호와 몽상 | A. 시몽 / 박형섭 | 22,000원 |
| 151 | 융분석비평사전 | A. 새뮤얼 外 / 민혜숙 | 16,000원 |
| 152 | 운보 김기창 예술론연구 | 최병식 | 14,000원 |
| 153 | 시적 언어의 혁명 | J. 크리스테바 / 김인환 | 20,000원 |
| 154 | 예술의 위기 | Y. 미쇼 / 하태환 | 15,000원 |
| 155 | 프랑스사회사 | G. 뒤프 / 박 단 | 16,000원 |
| 156 | 중국문예심리학사 | 劉偉林 / 沈揆昊 | 30,000원 |
| 157 | 무지카 프라티카 | M. 캐넌 / 김혜중 | 25,000원 |
| 158 | 불교산책 | 鄭泰爀 | 20,000원 |
| 159 | 인간과 죽음 | E. 모랭 / 김명숙 | 23,000원 |
| 160 | 地中海(전5권) | F. 브로델 / 李宗旼 | 근간 |
| 161 | 漢語文字學史 | 黃德實·陳秉新 / 河永三 | 24,000원 |
| 162 | 글쓰기와 차이 | J. 데리다 / 남수인 | 28,000원 |
| 163 | 朝鮮神事誌 | 李能和 / 李在崑 | 근간 |
| 164 | 영국제국주의 | S. C. 스미스 / 이태숙·김종원 | 16,000원 |
| 165 | 영화서술학 | A. 고드로·F. 조스트 / 송지연 | 17,000원 |
| 166 | 美學辭典 | 사사키 겡이치 / 민주식 | 22,000원 |
| 167 | 하나이지 않은 성 | L. 이리가라이 / 이은민 | 18,000원 |
| 168 | 中國歷代書論 | 郭魯鳳 譯註 | 25,000원 |
| 169 | 요가수트라 | 鄭泰爀 | 15,000원 |
| 170 | 비정상인들 | M. 푸코 / 박정자 | 25,000원 |
| 171 | 미친 진실 | J. 크리스테바 外 / 서민원 | 25,000원 |

| 172 | 디스탱숑(상·하) | P. 부르디외 / 이종민 | 근간 |
| 173 | 세계의 비참(전3권) | P. 부르디외 外 / 김주경 | 각권 26,000원 |
| 174 | 수묵의 사상과 역사 | 崔炳植 | 근간 |
| 175 | 파스칼적 명상 | P. 부르디외 / 김웅권 | 22,000원 |
| 176 | 지방의 계몽주의 | D. 로슈 / 주명철 | 30,000원 |
| 177 | 이혼의 역사 | R. 필립스 / 박범수 | 25,000원 |
| 178 | 사랑의 단상 | R. 바르트 / 김희영 | 근간 |
| 179 | 中國書藝理論體系 | 熊秉明 / 郭魯鳳 | 23,000원 |
| 180 | 미술시장과 경영 | 崔炳植 | 16,000원 |
| 181 | 카프카 — 소수적인 문학을 위하여 | G. 들뢰즈·F. 가타리 / 이진경 | 13,000원 |
| 182 | 이미지의 힘 — 영상과 섹슈얼리티 | A. 쿤 / 이형식 | 13,000원 |
| 183 | 공간의 시학 | G. 바슐라르 / 곽광수 | 23,000원 |
| 184 | 랑데부 — 이미지와의 만남 | J. 버거 / 임옥희·이은경 | 18,000원 |
| 185 | 푸코와 문학 — 글쓰기의 계보학을 향하여 | S. 듀링 / 오경심·홍유미 | 근간 |
| 186 | 각색, 연극에서 영화로 | A. 엘보 / 이선형 | 16,000원 |
| 187 | 폭력과 여성들 | C. 도펭 外 / 이은민 | 18,000원 |
| 188 | 하드 바디 — 할리우드 영화에 나타난 남성성 | S. 제퍼드 / 이형식 | 18,000원 |
| 189 | 영화의 환상성 | J.-L. 뢰트라 / 김경온·오일환 | 18,000원 |
| 190 | 번역과 제국 | D. 로빈슨 / 정혜욱 | 16,000원 |
| 191 | 그라마톨로지에 대하여 | J. 데리다 / 김웅권 | 근간 |
| 192 | 보건 유토피아 | R. 브로만 外 / 서민원 | 20,000원 |
| 193 | 현대의 신화 | R. 바르트 / 이화여대기호학연구소 | 20,000원 |
| 194 | 중국회화백문백답 | 郭魯鳳 | 근간 |
| 195 | 고서화감정개론 | 徐邦達 / 郭魯鳳 | 근간 |
| 196 | 상상의 박물관 | A. 말로 / 김웅권 | 근간 |
| 197 | 부빈의 일요일 | J. 뒤비 / 최생열 | 22,000원 |
| 198 | 아인슈타인의 최대 실수 | D. 골드스미스 / 박범수 | 16,000원 |
| 199 | 유인원, 사이보그, 그리고 여자 | D. 해러웨이 / 민경숙 | 25,000원 |
| 200 | 공동생활 속의 개인주의 | F. 드 생글리 / 최은영 | 20,000원 |
| 201 | 기식자 | M. 세르 / 김웅권 | 24,000원 |
| 202 | 연극미학 — 플라톤에서 브레히트까지의 텍스트들 | J. 셰레 外 / 홍지화 | 24,000원 |
| 203 | 철학자들의 신 | W. 바이셰델 / 최상욱 | 34,000원 |
| 204 | 고대 세계의 정치 | 모제스 I. 핀레이 / 최생열 | 16,000원 |
| 205 | 프란츠 카프카의 고독 | M. 로베르 / 이창실 | 18,000원 |
| 206 | 문화 학습 — 실천적 입문서 | J. 자일스·T. 미들턴 / 장성희 | 24,000원 |
| 207 | 호모 아카데미쿠스 | P. 부르디외 / 임기대 | 근간 |
| 208 | 朝鮮槍棒敎程 | 金光錫 | 40,000원 |
| 209 | 자유의 순간 | P. M. 코헨 / 최하영 | 16,000원 |
| 210 | 밀교의 세계 | 鄭泰爀 | 16,000원 |
| 211 | 토탈 스크린 | J. 보드리야르 / 배영달 | 19,000원 |
| 212 | 영화와 문학의 서술학 | F. 바누아 / 송지연 | 22,000원 |
| 213 | 텍스트의 즐거움 | R. 바르트 / 김희영 | 15,000원 |

| 번호 | 제목 | 저자/역자 | 가격 |
|---|---|---|---|
| 214 | 영화의 직업들 | B. 라트롱슈 / 김경온·오일환 | 16,000원 |
| 215 | 소설과 신화 | 이용주 | 15,000원 |
| 216 | 문화와 계급 ─ 부르디외와 한국 사회 | 홍성민 外 | 18,000원 |
| 217 | 작은 사건들 | R. 바르트 / 김주경 | 14,000원 |
| 218 | 연극분석입문 | J.-P. 링가르 / 박형섭 | 18,000원 |
| 219 | 푸코 | G. 들뢰즈 / 허 경 | 17,000원 |
| 220 | 우리나라 도자기와 가마터 | 宋在璇 | 30,000원 |
| 221 | 보이는 것과 보이지 않는 것 | M. 퐁티 / 남수인·최의영 | 근간 |
| 222 | 메두사의 웃음/출구 | H. 식수 / 박혜영 | 근간 |
| 223 | 담화 속의 논증 | R. 아모시 / 장인봉 | 20,000원 |
| 224 | 포켓의 형태 | J. 버거 / 이영주 | 근간 |
| 225 | 이미지심벌사전 | A. 드 브리스 / 이원두 | 근간 |
| 226 | 이데올로기 | D. 호크스 / 고길환 | 16,000원 |
| 227 | 영화의 이론 | B. 발라즈 / 이형식 | 20,000원 |
| 228 | 건축과 철학 | J. 보드리야르·J. 누벨 / 배영달 | 16,000원 |
| 229 | 폴 리쾨르 ─ 삶의 의미들 | F. 도스 / 이봉지 外 | 근간 |
| 230 | 서양철학사 | A. 케니 / 이영주 | 근간 |
| 231 | 근대성과 육체의 정치학 | D. 르 브르통 / 홍성민 | 20,000원 |
| 232 | 허난설헌 | 金成南 | 16,000원 |
| 233 | 인터넷 철학 | G. 그레이엄 / 이영주 | 15,000원 |
| 234 | 촛불의 미학 | G. 바슐라르 / 이가림 | 근간 |
| 235 | 의학적 추론 | A. 시쿠렐 / 서민원 | 20,000원 |
| 236 | 튜링 ─ 인공지능 창시자 | J. 라세구 / 임기대 | 16,000원 |
| 237 | 이성의 역사 | F. 샤틀레 / 심세광 | 근간 |
| 238 | 조선연극사 | 金在喆 | 22,000원 |
| 239 | 미학이란 무엇인가 | M. 지므네즈 / 김응권 | 23,000원 |
| 240 | 古文字類編 | 高 明 | 40,000원 |
| 241 | 부르디외 사회학 이론 | L. 핀토 / 김용숙·김은희 | 20,000원 |
| 242 | 문학은 무슨 생각을 하는가? | P. 마셰레 / 서민원 | 근간 |
| 243 | 행복해지기 위해 무엇을 배워야 하는가? | A. 우지오 外 / 김교신 | 근간 |
| 244 | 영화와 회화 | P. 보니체 / 홍지화 | 근간 |
| 245 | 영화 학습 ─ 실천적 지표들 | F. 바누아 外 / 문신원 | 16,000원 |
| 246 | 회화 학습 ─ 실천적 지표들 | F. 기블레 / 고수현 | 근간 |
| 247 | 영화미학 | J. 오몽 外 / 이용주 | 근간 |
| 248 | 시 ─ 형식과 기능 | J.-L. 주베르 / 김경온 | 근간 |
| 249 | 우리나라 옹기 | 宋在璇 | 근간 |
| 250 | 검은 태양 | J. 크리스테바 / 김인환 | 근간 |
| 1001 | 베토벤: 전원교향곡 | D. W. 존스 / 김지순 | 15,000원 |
| 1002 | 모차르트: 하이든 현악 4중주곡 | J. 어빙 / 김지순 | 14,000원 |

## 【기 타】

| | | |
|---|---|---|
| ▨ 모드의 체계 | R. 바르트 / 이화여대기호학연구소 | 18,000원 |

| | | |
|---|---|---|
| ▨ 라신에 관하여 | R. 바르트 / 남수인 | 10,000원 |
| ▨ 說 苑 (上·下) | 林東錫 譯註 | 각권 30,000원 |
| ▨ 晏子春秋 | 林東錫 譯註 | 30,000원 |
| ▨ 西京雜記 | 林東錫 譯註 | 20,000원 |
| ▨ 搜神記 (上·下) | 林東錫 譯註 | 각권 30,000원 |
| ■ 경제적 공포〔메디치賞 수상작〕 | V. 포레스테 / 김주경 | 7,000원 |
| ■ 古陶文字徵 | 高 明·葛英會 | 20,000원 |
| ■ 金文編 | 容 庚 | 36,000원 |
| ■ 고독하지 않은 홀로되기 | P. 들레름·M. 들레름 / 박정오 | 8,000원 |
| ■ 그리하여 어느날 사랑이여 | 이외수 편 | 4,000원 |
| ■ 딸에게 들려 주는 작은 지혜 | N. 레호레이트너 / 양영란 | 6,500원 |
| ■ 노력을 대신하는 것은 없다 | R. 쉬이 / 유혜련 | 5,000원 |
| ■ 노블레스 오블리주 | 현택수 사회비평집 | 7,500원 |
| ■ 미래를 원한다 | J. D. 로스네 / 문 선·김덕희 | 8,500원 |
| ■ 사랑의 존재 | 한용운 | 3,000원 |
| ■ 산이 높으면 마땅히 우러러볼 일이다 | 유 향 / 임동석 | 5,000원 |
| ■ 서기 1000년과 서기 2000년 그 두려움의 흔적들 | J. 뒤비 / 양영란 | 8,000원 |
| ■ 서비스는 유행을 타지 않는다 | B. 바게트 / 정소영 | 5,000원 |
| ■ 선종이야기 | 홍 희 편저 | 8,000원 |
| ■ 섬으로 흐르는 역사 | 김영희 | 10,000원 |
| ■ 세계사상 | 창간호~3호: 각권 10,000원 / 4호: 14,000원 | |
| ■ 십이속상도안집 | 편집부 | 8,000원 |
| ■ 어린이 수묵화의 첫걸음(전6권) | 趙 陽 / 편집부 | 각권 5,000원 |
| ■ 오늘 다 못다한 말은 | 이외수 편 | 7,000원 |
| ■ 오블라디 오블라다, 인생은 브래지어 위를 흐른다 | 무라카미 하루키 / 김난주 | 7,000원 |
| ■ 인생은 앞유리를 통해서 보라 | B. 바게트 / 박해순 | 5,000원 |
| ■ 잠수복과 나비 | J. D. 보비 / 양영란 | 6,000원 |
| ■ 천연기념물이 된 바보 | 최병식 | 7,800원 |
| ■ 原本 武藝圖譜通志 | 正祖 命撰 | 60,000원 |
| ■ 隸字編 | 洪鈞陶 | 40,000원 |
| ■ 테오의 여행 (전5권) | C. 클레망 / 양영란 | 각권 6,000원 |
| ■ 한글 설원 (상·중·하) | 임동석 옮김 | 각권 7,000원 |
| ■ 한글 안자춘추 | 임동석 옮김 | 8,000원 |
| ■ 한글 수신기 (상·하) | 임동석 옮김 | 각권 8,000원 |
| ■ 이젠 다시 유혹하지 않으련다 | P. 쌍소 / 서민원 | 9,000원 |

【이외수 작품집】

| | | |
|---|---|---|
| ■ 겨울나기 | 창작소설 | 7,000원 |
| ■ 그대에게 던지는 사랑의 그물 | 에세이 | 7,000원 |
| ■ 그리움도 화석이 된다 | 시화집 | 6,000원 |
| ■ 꿈꾸는 식물 | 장편소설 | 7,000원 |
| ■ 내 잠 속에 비 내리는데 | 에세이 | 7,000원 |

| | | |
|---|---|---|
| ■ 들 개 | 장편소설 | 7,000원 |
| ■ 말더듬이의 겨울수첩 | 에스프리모음집 | 7,000원 |
| ■ 벽오금학도 | 장편소설 | 7,000원 |
| ■ 장수하늘소 | 창작소설 | 7,000원 |
| ■ 칼 | 장편소설 | 7,000원 |
| ■ 풀꽃 술잔 나비 | 서정시집 | 4,000원 |
| ■ 황금비늘 (1·2) | 장편소설 | 각권 7,000원 |

【조병화 작품집】

| | | |
|---|---|---|
| ■ 공존의 이유 | 제11시점 | 5,000원 |
| ■ 그리운 사람이 있다는 것은 | 제45시집 | 5,000원 |
| ■ 길 | 애송시모음집 | 10,000원 |
| ■ 개구리의 명상 | 제40시집 | 3,000원 |
| ■ 꿈 | 고희기념자선시집 | 10,000원 |
| ■ 따뜻한 슬픔 | 제49시집 | 5,000원 |
| ■ 버리고 싶은 유산 | 제 1시집 | 3,000원 |
| ■ 사랑의 노숙 | 애송시집 | 4,000원 |
| ■ 사랑의 여백 | 애송시화집 | 5,000원 |
| ■ 사랑이 가기 전에 | 제 5시집 | 4,000원 |
| ■ 남은 세월의 이삭 | 제 52시집 | 6,000원 |
| ■ 시와 그림 | 애장본시화집 | 30,000원 |
| ■ 아내의 방 | 제44시집 | 4,000원 |
| ■ 잠 잃은 밤에 | 제39시집 | 3,400원 |
| ■ 패각의 침실 | 제 3시집 | 3,000원 |
| ■ 하루만의 위안 | 제 2시집 | 3,000원 |

나비가 되어 날아간 한 남자의 치열하고도 아름다운 생의 마지막 노래. 세상에서 가장 아름답고도 애절한 이야기가 비틀스의 노래와 함께 펼쳐진다.

# 잠수복과 나비

**장 도미니크 보비** / 양영란 옮김

장 도미니크 보비. 프랑스 《엘르》지 편집장. 저명한 저널리스트이며 두 아이를 둔 자상한 아버지. 멋진 말을 골라 쓰는 유머러스한 남자. 앞서가는 정신의 소유자로서 누구보다도 자유를 구가하던 그는 1995년 12월 8일 금요일 오후 갑작스런 뇌졸중으로 쓰러졌다. 3주 후 의식을 회복했으나, 그가 움직일 수 있는 것은 오직 왼쪽 눈꺼풀뿐. 그로부터 그의 또 다른 인생, 비록 15개월 남짓에 불과한 '새로운' 인생이 시작되었다.

유일한 의사 소통 수단인 왼쪽 눈꺼풀을 20만 번 이상 깜박거려 15개월 만에 완성한 책《잠수복과 나비》. 마지막 생명력을 쏟아부어 쓴 이 책은, 길지 않은 그의 삶에서 일어났던 일화들을 진솔하게 묘사하고 있다.

그러나 그의 이야기는 유머와 풍자로 가득 차 있다. 슬프지만 측은하지 않으며, 억지로 눈물과 동정을 유도할 만큼 감상적이지도 않다. 오히려 멋진 문장들로 읽는 이를 즐겁게 해준다. 그리하여 살아남은 자들에게 희망과 용기를 주며, 삶의 그 모든 것들이 얼마나 소중한가를 새삼 일깨워 준다. 아무튼 독자들은 이제껏 경험해 보지 못한 진한 감동과 형언할 수 없는 경건함을 맛보게 될 것이다.

《잠수복과 나비》는 출간되자마자 프랑스 출판사상 그 유례가 없는 엄청난 베스트셀러가 되었으며, 보비는 자기만의 필법으로 쓴 자신의 책을 그의 소중한 한쪽 눈으로 확인한 사흘 후 옥죄던 잠수복을 벗어던지고 나비가 되어 날아갔다. 자유로운 그만의 세계로······.

국영 프랑스 TV는 그의 치열하고도 아름다운 마지막 삶을 다큐멘터리로 2회에 걸쳐 방영하였으며, 프랑스 전국민들은 이 젊은 지식인의 죽음 앞에 최대한의 존경과 애도를 보냈다.

東文選 現代新書 16

# 딸에게 들려 주는 작은 철학

**롤란트 시몬 셰퍼**
안상원 옮김

★독일 청소년 저작상 수상(97)
★청소년을 위한 좋은 책(99, 한국간행물윤리위원회)

작은 철학이 큰사람을 만든다. 아이들과 철학을 이야기하는 것이 요즘 유행처럼 되었다. 아이들에게 철학을 감추지 않는 것, 그것은 분명히 옳은 일이다. 세계에 대한 어른들의 질문이나 아이들의 질문들은 종종 큰 차이가 없으며, 철학은 여기에 답을 줄 수 있다. 이 작은 책은 신중하고 재미있게, 그러면서도 주도면밀하게 철학의 질문들에 대답해 준다.

이 책의 저자 시몬 셰퍼 교수는 독일의 원로 철학자이다. 그가 원숙한 나이에 철학에 대한 깊은 이해를 가지고 자신의 딸이거나 손녀로 가정되고 있는 베레니케에게 대화하듯 철학 이야기를 들려 주고 있다. 만약 그 어려운 수수께끼를 설명한다면 어떻게 할 것인가를 모형적으로 제시하고 있다.
철학은 우리의 구체적인 삶과 멀리 떨어져 있는 삶이 아니다. 우리가 사용하고 있는 말이란 무엇이며, 안다는 것은 무엇인가. 세계와 자연, 사회와 도덕적 질서, 신과 인간의 의미는 무엇인가 등 철학적 사유의 본질적 테마들로 모두 아홉 개의 장으로 나누어 이야기하고 있다. 쉽게 서술되었지만 내용은 무게를 가지고 있어서 중·고등학생뿐만 아니라 대학생과 성인들에게 철학에 대한 평이한 길라잡이가 될 것이다.

東文選 現代新書 50

# 느리게 산다는 것의 의미 1, 2, 3

**피에르 쌍소**

김주경 옮김

"삶의 길을 가는 동안 나 자신을 잃어버리지 않을 수 있는 능력과 세상을 받아들일 수 있는 능력을 확고히 심어주는 책"

  우리에게 다가오는 사건을 기쁘게 받아들일 수 있는 능력을 갖기 위해서 필요한 지혜가 있다. 그것은 갑자기 달려드는 시간에게 허를 찔리지 않고, 허둥지둥 시간에게 쫓겨다니지도 않겠다는 분명한 의지로 알 수 있는 지혜이다. 우리는 그 지혜를 '느림'이라고 불렀다.

  느림은 우리에게 시간에다 모든 기회를 부여하라고 속삭인다. 그리고 한가롭게 거닐고, 글을 쓰고, 타인의 말에 귀를 기울이고 휴식을 취함으로써 우리의 영혼이 숨쉴 수 있게 하라고 말한다. 여기서 문제되는 느림 또는 고요함은 세계에 접근하는 방식의 문제이다. 그것은 빠른 속도로 박자를 맞추지 못하는 무능력을 의미하는 것이 아니라 서두르지 않는 의지, 시간이 뒤죽박죽되도록 허용치 않는 의지, 그리고 사건들을 대하는 능력을 배양하는 것과 우리가 어느 길에 서 있는지 잊지 않는 것을 의미한다. 물론 과업은 시간성을 이긋나게 하거나 우리의 생에서 가장 본질적이고 중요한 것을 잊게 하지 않는다면, 어느 정도 들볶이거나 바쁘기도 하면서 우리에게 더 유익하게 다가올 수도 있는 것이다. '느림'과 '빠름'은 가치 비교의 문제가 아니라 선택의 문제라는 것이다.

  책은 마치 천천히 도심을 거니는 게으름뱅이의 일기처럼 쉽고 편안하게 씌어져 있다. 누구나 한번쯤은 생각해 봤을 법한 '우리는 왜 이렇게 살고 있는 것일까' 란 보편적인 주제를 다룬다.

東文選 現代新書 113

# 쥐비알

## 알렉상드르 자르댕
### 김남주 옮김

아버지의 유산, 우리들 가슴속엔 어떤 아버지가 자리하고 있는가?
　정신적 지주였던 아버지에 관한 자전적 이야기인 이 작품은, 소설보다 더 소설적인 부자(父子)의 삶을 감동적으로 담아내고 있다. 자녀들에게 쥐비알이라는 애칭으로 불렸던 그의 아버지 파스칼 자르댕은 여러 편의 소설과 1백여 편의 시나리오를 남겼다. 그 또한 자신의 아버지, 그러니까 저자의 할아버지에 대한 소설 《노란 곱추》를 발표하였으며, 이 작품 또한 수년 전 한국에 소개된 바 있다. 하지만 자유 그 자체였던 그의 존재 이유는 무엇보다도 여자를 사랑하는 일에 있었다. 그의 진정한 일은 여인을 사랑하는 것이었다, 특히 자신의 아내를.
　그는 열여섯의 나이에 아버지의 여자친구인 거대한 재산 상속녀의 침대로 기운차게 뛰어들어 그녀의 정부가 되었으며, 자신들의 관계를 기념하기 위해 베르사유궁의 프티 트리아농과 똑같은 저택을 짓게 하고 파티를 열어 그의 아버지를 초대하는가 하면, 창녀를 친구로 사귀어 몇 달 동안 하루도 거르지 않고 서너 차례씩 꽃다발을 보내어 관리인으로 하여금 그녀가 혹시 공주가 아닐까 하는 착각에 빠지게끔 만들기도 하였다. 그런가 하면 자신의 어머니의 절친한 연인의 해골과 뼈를 집 안에 들여다 놓고, 그것이 저 유명한 나폴레옹 외무상이었던 탈레랑의 뼈라고 능청스레 둘러대다가 탄로나서 집 안을 발칵 뒤집히게 하는 등, 기상천외한 기행과 사랑의 모험을 한순간도 멈추지 않았다. 심지어 죽어서까지 그의 영원한 연인이자 아내였던 저자의 어머니에게 끊임없이 무덤으로부터 열렬한 사랑의 편지가 배달되게 하는가 하면, 17년이 지난 오늘날까지 그의 아내를 포함하여 그를 사랑했던 30여 명의 여인들을 해마다 그가 죽은 날을 기해 성당에 모여 눈물을 흘리게 하여, 그가 죽음으로써 안도의 숨을 내쉬었던 그녀들의 남자들을 참담하게 만들기도 하였다. 스위스의 그의 무덤에는 하루도 빠짐없이 지금까지도 제비꽃 다발이 놓이고 있다.